한국어로 내려온
New Bible

새로운 성 경

제55권

4부 | 총10부

하얀마음

하나님 말씀 중에서

1. 사랑의 하나님

- 세상을 창조하신 하나님은 모두를 사랑하신다. 인간만 특별히 더 사랑하지 않고, 우주 만물을 다 똑같이 사랑하신다. 그러니 하나님이 창조하신 천지 만물과 화친하고, 미물까지도 소중히 대하라.

- 하나님은 특정 종파나 민족만을 더 사랑하지 않으신다. 자기 자신만 구원받겠다는 욕심을 버리고, 자기 종파만 구원받는다는 편협한 교리에서 벗어나야 한다. 종파를 초월해서, 모두를 사랑하라.

- 원수까지 사랑하라 했으니, 이 세상에 사랑하지 못할 자가 누가 있겠는가? 종파가 다르다고 해서 부모 형제와 원수처럼 지내는 자는 인간의 근본을 모르는 자다. 가장 가까운 가족부터 사랑할 때 남도 진심으로 사랑할 수 있다.

- 한 사람을 원수같이 생각하던 마음에서 사랑하는 마음으로 돌리면, 자기 자신의 마음이 가장 기쁘고 행복하다. 하나님께서는 인간의 마음속에 무거움이 없이 기쁘고 행복한 삶을 살기를 바라신다.

- 이웃을 "내 몸처럼" 사랑하라 했으니, 마지막 한 장 남은 천국의 티켓도 이웃에게 양보하라. 자기 중심적인 신앙에서 벗어나서 남을 위해 살아야 한다.

- 독초도, 약초도, 이단도 사탄도 천사도 다 필요하기에 존재한다. 독초일지라도 극소량을 사용해서 생명을 살릴 수 있고, 약초라 하더라도 남용하면 생명을 잃을 수 있다.

- 세상 모든 것을 명약으로 활용하는 것은 인간의 지혜에 달렸다. 어떤 것이든 어떤 사람이든 적재적소에 꼭 필요한 명약으로 승화시키라.

- 사탄도 이단도 천사도 모두 하나님의 주관하에 존재한다. 진정한 하나님의 백성은 사탄과 마귀까지도 감화시켜서 천사로 거듭나게 한다.

2. 기도

- 하나님은 인간의 생각까지 모두를 다 알고 계신다. 우리의 소원도 이미 알고 계시기에, 소원의 기도를 할 필요가 없다. 우리가 받을 자격이 되면 내려 주신다.

- 죄를 짓고 아무리 회개를 해도 용서받지 못한다. 도둑질한 자는 용서해 달라고 기도하고, 도둑맞은 자는 도둑을 잡게 해 달라고 기도하면, 공의의 하나님은 누구의 편에 서시겠는가?

- 자기가 잘못한 것은 그 사람에게 직접 갚고 용서를 구하라. 그가 용서하면 하나님도 용서하신다. 땅에서 매면 하늘에서도 매이고, 땅에서 풀리면 하늘에서도 풀리는 이치다.

- "회당에서 기도하지 말고 골방에서 기도하라" 했다. 눈에 보이는 골방이 아니라, 골방과 같이 고요한 마음이다. 잡념을 버리고 하나님을 향해 마음을 집중하며, 사랑하고 용서하는 아름다운 생각만 나오도록 하라.

- "두드리면 열릴 것이다." 하는 것은 육의 소원을 위해 두드리라는 것이 아니라, 진리의 깨달음을 얻기 위해 두드리라는 것이다.

- 기도하는 방법: 생활 속에서 수시로 기도하는 삶을 살아야 한다.

- "저의 죄를 용서하여 주옵소서." 하는 회개의 기도를 하라.
- 범사에 "하나님! 감사합니다." 하라. 현재 가진 것에 감사하며, 과욕하지 말라. 자기 노력 이상의 것을 더 갖고자 기도하는 것은 도둑놈심보다. 공의의 하나님은 각자 노력한 만큼 주신다.
- "하나님 뜻대로 살아가겠나이다." 하며 마음의 각오를 다지라.

- 기도는 하나님의 말씀을 받아서 "행하는 것"이다. 하나님이 계심을 굳건히 믿고, 하늘을 향하여 한 점 부끄럼 없이 사는 삶 자체가 가장 위대한 기도이며, 삶이 곧 예배다.

3. 지도자

- 똑같이 사랑한다는 말을 해도, 순수하게 하는 말은 천사의 말이지만, 사기 쳐서 재산을 가로채려고 하는 말은 사탄의 말이다.

- 종교 지도자가 아무리 훌륭한 설교를 해도, 신도의 재물을 거둬서 더 큰 교회를 짓고 자기의 부귀영화를 바라며 설교하면 사탄의 가르침이 된다.

- "저희 교회는 만원사례요, 믿음은 다 같으니 이웃의 개척 교회에 가서 예배를 드리시오." 하며, 이웃 교회의 부흥을 먼저 생각하여 제 신도를 보내는 종교 지도자가 있다면 그를 따르라. 그가 하나님의 사랑을 실천하는 자다.

- "부자가 천국에 들어가는 것은 낙타가 바늘구멍을 통과하는 것보다 더 힘들다" 하였거늘, 지금의 교회에서는 부자가 되기만을 기도하고 소원하니, 이는 곧 천국을 포기하고 지옥 행 열차의 티켓을 사는 것과 같다.

- 예수는 빈손이었다. 종교 지도자가 예수보다 더 호화롭고 편안하게 살아간다면 잘못된 것이다. 부귀영화와 명예를 바라는 자는 절대로 갈 수 없는 좁고 협착한 길이 종교 지도자의 길이다.

- 종교 지도자는 유리로 비춰 봐 한 점의 부끄러움이 없이 살아야 한다. 의식주도 직접 일해서 해결하고, 예수의 가르침과 행함을 그대로 따라야 한다.

- 종말은 없다. 지금의 잘못 가는 종교 집단에게만 종말이 있다. 보이지 않는 하나님은 보이는 육의 종말은 관여하지 않으신다. 환경 파괴로 인간이 스스로 멸망을 자초하는 것이다. 종파끼리 싸우기 전에, 무너진 인성을 바로잡고 지구의 몸살을 해결하는 데 뜻을 모으는 게 급선무다.

4. 성전이란

- 이 세상 자체가 하나님께서 만드신 성전이다. 자연보다 더 아름다운 성전이 있는가? 보이는 건물이 성전이 아니라, 성스러운 마음가짐이 성전이다.

- 반석 위에 교회를 지으라 했다. 지상의 단단한 돌은 인간이 쪼갤 수 있으나, 마음속의 굳은 결의는 세상 무엇으로도 쪼갤 수 없다. 바르고 굳건한 믿음으로 성경의 가르침을 실천하는 것이 마음의 반석 위에 교회를 짓는 것이다.

- 손으로 지은 건물의 교회에 모여서 복음을 전하는 것이 아니라, 교회를 개인과 가정에 심어 주어야 한다. 무너지고 부서지는 건물을 짓지 말고, 마음속에 영원히 불변하는 참진리의 교회를 지으라.

5. 십계명

- 십계명은 인간이 죽어서 반드시 통과해야만 하는 열 개의 관문이다.

- 부모를 공경하지 아니한 자는 "네 부모를 공경하라." 하는 제5계명의 관문이 열리지 않으니 구원받을 수 없다.
- 살인, 간음, 거짓, 우상 등의 나머지 계명도 마찬가지다.

- 십계명은 하나님의 친필이다. 모기소리만 한 하나님의 음성이라도 들어 보겠다고 여기저기 찾아 헤매지 말고, 십계명부터 암송하고 지키라.

- 십계명은 영혼을 구원하는 양식이며, 십계명을 지키는 것이 구원을 받는 길이다. 인간이기에 지키고자 노력하고 또 노력한다면 지킬 수 있다.

- 십계명을 지키고 천사처럼 아름답게 살아가는 그 마음 하나면 세상에 이루어지지 않는 것이 없다.

6. 보물

- 하나님은 재물이 아니라 우리의 마음을 받으신다. 사랑을 실천하며 천사처럼 변하는 마음이 하나님께 바치는 보물이다.

- 보이지 않는 하나님께 재물을 바치려 하지 말고, 너희를 길러 준 부모에게 용돈 드리고, 찾아뵙고, 효성을 다하라. 그것이 하나님께 효도하는 것이다.

- 하늘에는 선과 악의 창고가 있다. 자기 창고에 선이 많으면 천국으로 구원을 받고, 악이 많으면 심판받아 지옥으로 간다. 그것이 바로 "선한 일을 행한 자는 생명의 부활로, 악한 일을 행한 자는 심판의 부활로" 나오는 것이다.

- "선악과를 따먹지 말라"는 것은 양심을 지키라는 것이다. 선과 악을 구분할 수 있는 양심을 최초에 인간에게 주셨다. 선한 열매는 취하고, 악한 열매는 버리며, 양심에 비추어 부끄럼 없는 삶을 살아가라.

- 가장 작은 거짓말을 하지 않고, 가장 작은 죄를 짓지 않으며, 가장 작은 선행을 하고, 가장 작은 악행을 멀리하는 것이 율법의 일점 일획도 빠뜨리지 말고 다 지키는 삶을 사는 것이다.

7. 우상

- 박물관에 있는 불상은 하나의 예술품이다. 그 조각품에 대고 제 소원을 빌 때 우상숭배가 된다. 십자가라 하여도 그 앞에서 소원을 빈다면 우상숭배하는 것이며, 하나님께 소원을 빈다면 하나님을 우상으로 전락시키는 것이다.

- 지금 기복신앙에 젖어 있는 모든 사람이 우상 앞에 절을 하고 있다. 조각품을 우상이라며 파괴하지 말고, 네 마음속에 있는 욕심의 우상을 무너트리라.

- 생수를 약초가 먹으면 약을 만들고 독사가 먹으면 독을 만든다. 같은 성경을 봐도 선한 지도자는 신도를 천사로 만드는 데 활용한다. 그러나 욕심이 가득한 지도자는 재물을 거두어들여 제가 부귀영화를 누리는 데 악용한다. 그가 바로 성경을 우상숭배의 도구로 전락시키는 거짓 선지자다.

- 성경을 한 획도 빼거나 더하지 말라는 것은, 그 가르침을 빠트리지 말고 온전히 지키라는 것이다. 성경 속에서 자기에게 유리한 구절만 보는 것은, 자기에게 불리한 구절들을 빼 버리는 것이다. 믿음이 제일이요, 행함은 구원과는 관계없다는 것은 자신에게 유리한 쪽으로 성경을 악용하는 것이다.

- 진정한 종교 지도자는 종파에 관계없이 어떤 종파든 어떤 책이든 접하고 보고 깨우쳐 견문을 넓히도록 인도한다. 참진리를 모르고 자신이 없는 자가 남을 이단이라며 배척하고, 신도들의 눈과 귀를 가린다.

8. 예수

- 예수의 재림은 없다. 예수가 다시 온다 해도, 과연 누가 그를 예수라고 믿겠는가? 예수와 같은 삶의 행함이 곧 예수의 재림이다. 각자 모두가 "재림 예수"가 되는, 차원 높은 믿음으로 가야 한다.

- 예수는 "주여 주여 하지 말고, 아버지의 뜻대로 행하라"고 했다. 예수가 전한 하나님의 뜻이 곧 "길이요, 진리요, 생명"이며, 그 가르침이 예수의 보혈처럼 소중한 것이다. 예수를 믿는 것은, 예수의 가르침을 믿고 따르는 것이다.

- 예수는 낮은 자로서 만백성을 섬기고자 했다. 만나는 모든 사람을 다 하나님이라 생각하라. 돈을 벌수록 겸손하고, 높은 지위를 얻을수록 낮아지라.

- 예수는 종파를 만들지 않았다. 인간이 만든 종교와 인간의 교리를 따르지 말고, 예수를 통해 전한 하나님의 참진리를 연구하고 따르라.

- 예수가 2천 년 전에 만백성을 위해 죽었으니, 지금 이 땅에는 예수의 가르침대로 사는 천사만 존재해야 한다. 예수가 죽어 가면서 바란 것은 만백성이 천사가 되어 예수의 자리를 채워 주는 것이지, 지금과 같이 재물을 바치면서 중언부언 제 소원만을 비는 백성들을 바란 것이 아니다.

9. 구원

- 천사가 사는 천국에는 천사만 갈 수 있으니, 천사 같은 마음을 길러야 한다.

- "천국 열쇠를 네게 주리니 땅에서 무엇이든지 매면 하늘에서도 매일 것이라" 했다. 땅에서 천사같이 사는 자가 하늘에서도 천사가 되어 천국에 들어간다. 모든 사람에게 천사같다는 말을 듣는 삶을 살아야 한다.

- 천사의 곱고 아름다운 마음은 부모를 공경하고 어른을 어른으로 대접하는 데에서 출발한다. 효도하는 자는 형제와 화목하게 지내기에 가정이 화목해지고, 이웃과 화목해지고, 국가가 화목해지고, 온 인류가 화목해진다.

- 그러므로 지상의 아름다운 소왕국은 가정에서부터 이루어야 한다.

- 선택된 14만 명만 구원받는 것이 아니라, 천사처럼 변하고자 하는 14만 명을 기초로 온 인류가 천사처럼 거듭나는 영적인 개혁이 시작되는 것이다.

- 천 년에 걸쳐서 하늘에서 이루어진 것같이 이 세상을 낙원으로 만들어, 만백성이 지상의 천국에서 살다가 죽어서 그대로 하늘의 천국으로 들어가는, 영원한 지상 낙원을 건설하는 것이 하나님의 계획이다.

- **이것이 구약과 신약에 이어 "새로운 성경"으로 역사하시는 하나님의 창조의 완성이다.**

- 지금의 믿음으로 구원받을 수 있다면 그 길을 가라. 그러나 자신이 없다면 하나님께서 직접 내리신 160권의 "새로운 성경"을 읽고 구원의 길을 보라!

하나님 머리말씀

이 새로운 성경을 읽는 너희 모두는
이 율법에 따라 행하면 영원히 구원받을 것이니라.

너희 인간이 수년, 수십 년, 평생
성서를 공부하고 기도하는 것은
하늘나라 나의 곁으로 오고 싶은 소망일진대,

몇천 년 전의 너희 인성과 생각이
지금의 너희와는 판이하게 다르니,

꺾여 가고 병들어 가는 너희를 고칠 수 있는 길은,
오늘 내가 선지자에게 내리는 새로운 성경과 같이
너희가 변화되는 것뿐이니라.

나의 예수가 태어난 것처럼
내가 아들 선지자를 선택하여
나의 새로운 성경을 온 세계에 전하고자 하니,

묵은 것은 버리고 새로운 것은 취하여,
너희 모두는
'여호와 하나님! 저의 죄를 용서하여 주옵소서.'
하는 기도문으로 기도하고, 죄를 뉘우치라.

이 새로운 성경은
수천 년간 내려온 성서를 요약한 것이니,
너희는 이 책을 정독하여 쉽게 깨달음을 얻고,
이대로 실천하여 하늘에 오르라.

대역자 머리말

■ 하나님의 율법을 지키는 선지자로 선택을 받도다.

저는 남들처럼 그저 열심히 살아온 평범한 사람이었습니다. 그러나 50대 중반에 사업에 실패하여 많은 부채에 시달렸으며, 건강도 악화되어 눈이 잘 안 보이고, 걷기도 어렵고, 두통이 심해서 잠을 이룰 수 없는 고통의 나날을 보냈습니다. 그때 제가 선택할 수 있는 것은 육의 삶을 끝내는 길뿐이었습니다.

죽기 직전에 그동안에 죄를 지은 이들에게 용서를 빌고 인생을 끝내기로 작정하였습니다. 어려서부터 지은 죄를 빌고 빌다 보니 끝이 없었고, 죽음으로도 그 많은 죄를 용서받을 길이 없다는 생각에 하염없이 눈물이 흘렀습니다. 그 순간 '재래식 화장실의 구더기는 죄를 짓지 않는데, 나는 인간으로서 구더기만도 못한 삶을 살았구나.' 하는 생각이 들면서 괴로움에 몸부림칠 때, 갑자기 하나님의 음성이 들렸습니다.

"나는 여호와 하나님이니라. 너는 십계명을 암송하고 내가 내려 주는 메시지를 받아 책으로 만들어 만백성을 구하라." 하시며, 제 눈을 손으로 문지르게 하시고, 아픈 머리와 다리를 손으로 두드리게 하셨습니다. 그러고 나니 눈도 잘 보이고 걸을 수 있었으며 머리의 통증도 말끔히 낫게 되었습니다. 그때부터 십계명을 암송하고 나면 들려주시는 말씀을 기록하였고, 1999년 8월부터 2004년 7월까지 권당 288쪽, 총 160권을 받아서 "새로운 성경"이라는 책으로 펴내게 되었습니다.

그러한 저에게 죽기보다도 힘든 길이 시작되었습니다. 모든 교인들이 저에게 사탄이요, 이단이요, 악마요, 마지막 시대에 온 거짓 선지자라 하면서 공격하였고, 저를 짐승을 보듯이 대하는가 하면, 편협한 종교 지도자들의 선동으로 신도들이 이 책을 직접 읽어 보고 평가할 기회마저 막아 버렸습니다. 그래서 하나님의 말씀을 세상에 내는 데 많은 어려움을 겪으며, 피를 토하는 심정으로 책을 전하고 있습니다.

그러나 아무리 인간의 힘으로 막으려 해도, 하나님의 뜻이 세상에 전해지는 위대한 역사는 계속될 것입니다. 책으로 전해지는 "하나님의 말씀"은 세상 끝날까지 항상 우리와 함께하실 것입니다. 사람은 죽어도, 책에 기록된 말씀은 영원히 남으니까요.

■ 따뜻한 실천

하나님께서는 어려운 사람들에게 삶의 터전을 마련해 주고, 미래를 열어 주는 것을 기뻐하십니다. 어려운 이웃이 스스로 자립할 수 있도록 이끌어 주는 것이 진정으로 이웃을 돕는 것이라고 말씀하셨습니다. 그래서 일자리가 없는 제자들에게 작은 사업장을 만들어 주는 "달란트 사업"을 하고 있습니다. 식당, 반찬 가게 등을 차려 주고, 기존의 어려운 사업장이 자립할 수 있도록 돕고 있습니다(커피숍, 미용실, 의상실 등).

하나님께서는 교회에 나와서 모든 시간과 재물을 쏟기를 원하지 않으시고, 그 시간과 재물을 교육에 투자하여 스스로 미래를 열어 가기를 원하십니다. 그래서 제때 공부하지 못한 제자들에게 학업을 이어 가도록 하였습니다. 중화요리 주방장을 하며 초등학교 검정고시부터 공부하여 2012년에 방통대를 졸업한 36세 남성, 만학도들의 2년제 중학교에 입학해서 2007년에 명지대학을 졸업한 38세 여성, 중학교 검정고시를 시작으로 숭의여자대학을 졸업한 47세 여성 등이 있습니다. 그밖에도 많은 제자들에게 나이를 초월하여 배우고 깨우쳐서 사회 속의 당당한 일원이 되도록 인도하고 있습니다.

학자금 대출로 힘겨워하는 젊은이들을 위해 "따뜻한 바람 장학회"를 발족하여(2016년 12월) 대출받은 학자금 전액을 매월 갚아 주고 있습니다. 또한, 다문화 가정을 위해 "다문화 가족 랜드"를 조성하여, 각종 시설을 무료로 활용하도록 하고 있습니다.

이러한 따뜻한 실천이 아직은 미약합니다. 그러나 책의 수입이 늘고, 저와 뜻을 같이하는 분들이 늘어나면 계속 확대할 것입니다. 지도자로서 신도의 재물을 헌금으로 거둬들여 착복하는 것이 아니라, 하나님께서 기뻐하시는 일에 사용하도록 중매 역할만 하며 살아가고자 합니다. 이런 제가 과연 사탄이고 이단인가요? 하나님께서 기뻐하시는 일이라면, 저에게 사탄이라 하든 거짓 선지자라 하든 굽히지 않고 실천해 나갈 것입니다.

끝으로, 일상의 삶 속에서 "지금 내가 하는 행동이 과연 하나님께서 기뻐하실까, 슬퍼하실까?" 생각하고, 매사에 하나님께서 기뻐하시는 길을 택하기 바랍니다. 교회에 모여서 집단적으로 예배 드리는 것이 아니라, 개인이나 가정 단위로 새로운 성경을 읽어 스스로 깨우치고 그대로 행하면 충분합니다. 그것이 마음속에 성전을 짓고, 신령과 진정으로 예배 드리는 길입니다. 그러면 천국의 문에 들어서게 됩니다.

2017. 2. 1.

하나님 말씀 대역자 김용철

차 례

십 계 명

이 책은 십계명을 암송하고 나면 내려 주시는 "하나님의 음성"을 듣고 그대로 받아쓴 기록입니다. 하나님께서 십계명을 모세에게 내려 주셨지만, 그것은 만백성에게 내려 주신 것입니다. 마찬가지로 이 책의 모든 말씀도 저에게 내려 주셨지만, 만백성 각자에게 들려주시는 말씀입니다. 여러분도 이 책을 접할 때마다 십계명을 암송하고 나서 정독해 주시기 바랍니다.

제일은, 너는 나 외에는 다른 신들을 네게 있게 말지니라.
제이는, 너를 위하여 새긴 우상을 만들지 말고, 또 위로 하늘에 있는 것이나, 아래로 땅에 있는 것이나, 땅 아래 물 속에 있는 것의 아무 형상이든지 만들지 말며, 그것들에게 절하지 말며, 그것들을 섬기지 말라.
제삼은, 너는 너의 하나님 여호와의 이름을 망령되이 일컫지 말라.
제사는, 안식일을 기억하여 거룩히 지키라.
제오는, 네 부모를 공경하라.
제육은, 살인하지 말지니라.
제칠은, 간음하지 말지니라.
제팔은, 도적질하지 말지니라.
제구는, 네 이웃에 대하여 거짓 증거하지 말지니라.
제십은, 네 이웃의 집을 탐내지 말지니라.

나 여호와가 존재함을 믿는 그 자체가 구원의 길에 들어서는 기본이요, 근본이며, 나의 새로운 성경을 가슴에 안고 정독하는 자, 반석 위에 서서 하늘에 오르는 찬란한 빛을 보게 되는 영광을 얻게 됨이니라. 진정 나를 따르고 믿는 자는 감히 사탄이나 마귀도 근접하지 못하느니라.

〈하나님 말씀〉

2002년 11월

4,015 번째 하나님 말씀

2002년 11월 22일 06시 43분

1 사랑하는 나의 아들아!
2 나 여호와가 그 모두를 창조함에 있어서 세상의 모두를 다 내가 그리 만들어 놓고 너희들 인간을 마지막 날에 만들었다 함을 너희들은 알고 있지 않은가?
3 이는 곧 어떠한 뜻을 말하는 것이더냐?
4 몸통을 다 만들어 놓고 가장 중요한 지혜요, 그 모두를 다스릴 수 있는 머리를 마지막에 만든 그 인간의 형체와 같음이니,
5 너희들의 모든 육신은 머리로써 그 생각으로써 지배함이니라.
6 그리하여 너희들이 눈으로 보고 듣고 말로 할 수 있는 모든 기능을 가진 머리를 너희들의 몸통에 내가 마지막에 만들듯이,
7 세상의 모두를 너희들이 통제하며 관리할 수 있도록 다 만들어 놓은 것이며, 그리고 마지막으로 너희들을 세상에 만들어 냈음이니,
8 곧 너희들에게 이 모두를 통제하고 관리하고 살도록 그리 만들어 준 것이니라.
9 그리하며 또한 가장 높은 지혜와 판단력을 내가 너희들에게 심어 주었음이니, 곧 이는 무엇이더냐?
10 너희들이 오만하고 자만할 것을 내가 염려하여 너희들을 마지막에 만들어 주었음이니라.
11 또한, 세상에 먼저 나온 모든 이루어진 속에서 너희들은 제일 마지막에 세상에 내가 만든 창조물이니,
12 겸손하며 겸허한 마음으로써 세상을 살아가도록, 그와 같은 너희들이 되도록 하기 위함이었음이니라.
13 그러나 너희들은 오만과 자만으로써 그 나 여호와의 뜻을 거역하였으며, 너희들을 그와 같이 만든 창조주 나의 뜻을 거역하고 살아가는 그 속에 오늘과 같이 험악한 시대가 이루어졌느니라.
14 너희들이 말하듯이 도둑이 들끓으며 너희들 인간으로서 감히 상상할 수 없는 사악한 마지막 종말의 시대가 이루어지고 있음이니,
15 이 모두는 내가 너희들에게 원하고 바라며 만들었던 그 뜻으로 너희들이 살아가지 아니하며,
16 육의 욕심과 육의 부귀영화에 눈이 어두워 스스로 그 본질이요,
17 너희들이 어찌 살다가 나에게 다시 돌아와야 된다는 그 너희들의 목적의식까지도 잊어버리고 사는 형국이 되어 오늘과 같은 너희들이 되었음이니라.
18 그리하여 그 모두를 다스려, 너희들이 처음에 태어났던 천사와 같은 마음으로 살아갈 수 있는 백성을 만들고자, 너희들이 유한 세상으로 아름다운 마음으로 변해 가는 그와 같은 모든 가

르침을 내가 160권의 법전에 담아 너
희들에게 전하는 그 뜻을 알아야 할
것이니라.
19 마지막 날 너희들을 만든 것은, 모두
를 다 통제하라는 뜻으로 마지막으로
손을 떼며 위대한 너희들을 만들었으
며,
20 늦게 만든 것은 너희들에게 겸손하고
겸허하게 살라 함이었거늘,
21 너희들이 오만하고 자만하며 방자한
행위로써 살아가는 그와 같은 속에서
지금의 잘못된 이와 같은 세상이 이
루어졌음이니,
22 너희들은 원래의 겸손하고 겸허한 마
음으로 돌아갈 수 있는 삶을 살아야
함을 알라.

4,016 번째 하나님 말씀

2002년 11월 22일 06시 48분

1 사랑하는 나의 아들아!
2 "네, 아버님! 말씀하옵소서."
3 너희는 구원의 발길을 지금의 믿음이
요, 너희가 믿고 가는 그 종파 속에서
너희들이 믿는 그 종파만이 참진리요,
그것만이 구원의 길이라 하여 그리 지
금 달려가고 있으니,
4 나의 아들 예수의 보혈로써 무조건 구
원을 받았다 믿고 있는 너희들의 그
관습이요,
5 지금까지 전해 온 그 전통에서 과감히
그를 깨고 벗어나는 개인의 역사를 이
루지 아니하면 너희들은 정녕 진정한
길을 알 수가 없음을 알아야 할 것이
니라.
6 내가 너희들을 가르치고자 내린 성경
을, 너희들은 그 속에 내가 비유하여
가르친 그 뜻을 깨닫고 연구하고자 하
는 것이 아니며,
7 그저 종이에 기록된 문자로 보고 그것
을 문자적으로 모두를 깨달으며 문자
적으로 그를 가르치고 있음이니,
8 그 비유의 뜻이요, 그곳에 숨어 있는
성서의 참뜻을 너희들은 알지 못함이
니,
9 진정한 나의 믿음을, 내가 가르치고자
하는 것을 너희들은 알 수도 없음이니
라.
10 그리하여 너희들은 진정한 진리요, 참
뜻을 가르쳐 만백성을 구하는 것이 아
니라,
11 그 깊이를 알지도 못한 채 그저 문자
적으로 해석하고 연구하여 나의 성서
를 가르치고 있음이니라.
12 지금 그 모두를 문자적으로 가르치며
문자적으로 해석하며 그 뜻에 기록된
그대로 읽고 그대로 전하는 너희들이
정녕 그곳에 있는 진정한 뜻을 모름이
니,
13 그리하여 내가 너희들은 수박이라는
과일을 겉만 핥으며 속에 있는 그 참
맛을 모르는 것이라 했음이니,
14 너희들이 그 수박의 본질이요, 그 뜻
을 어찌 알겠는가?
15 지금의 가는 너희들의 믿음이 그러하
니라.
16 그래서 너희들이 지금까지 가고 있는
그 믿음의 틀에서 성경을 가지고 숨은
그 뜻을 알아 새로운 역사의 가르침으
로 가지 아니한다면, 정녕 너희들은

나에게 근접할 수도 없음을 알아야 할
것이니라.
17 지금의 가르치고 있는 지도자, 그리고
배우는 자, 너희들이 지금의 성전에서
눈물로써 기도하는 것이 구원의 길이
라는 그 착각 속에서 벗어나며 그 틀
을 깨고 성서의 숨은 참뜻을 찾아 너
희 것으로 만드는 데 최선의 노력을
다해야만 될 것이니라.
18 너희들이 지금의 믿음이 아니요, 새로
운 역사의 믿음으로써 변화되는 속에
서만이 성서의 뜻을 알며 그 길을 볼
수 있음이니, 이는 너희들의 노력으로
알 수가 없음이니라.
19 너희들이 정녕 이를 알고자 한다면
나의 아들 예수가 살아왔던 길이요,
그 삶을 그대로 답습하여 살아가는 길
밖에 없으니, 그는 무엇이더냐?
20 천사와 같은 마음으로 살아가는 길밖
에 없음이니라.
21 그와 같이 너희들이 정녕 살아갈 수
없기에, 내가 너희들을 깨우쳐 이르고
자 하는 것이 나의 법전이요, 그리하
여 세상에 나의 성령을 책으로 만들어
'하늘에 오르는 길'이라 하여 너희들
에게 전하여 이를 보고 깨우치라 함
이니,
22 예수의 삶을 그대로 답습하여 살지 못
하는 너희들은 나의 법전을 읽고 깨우
치는 영광과 축복을 얻을 수 있는 그
길을 선택해서 가야 함을 잊어서는 아
니 될 것이니라.
23 그리하여 나의 법전이 소중하며, 이를
읽지 않는 자, 심판을 받을 자격이 없
다 내가 강조하는 것이 여기에 있음을
알라.
24 이는 곧 나의 뜻이요, 참진리요, 이것
만이 구원의 길을 갈 수 있는 모두를
기록해 놓은 가장 소중하고 값진 보배
의 책이기 때문이니 그리 알라.

4,017 번째 하나님 말씀

2002년 11월 22일 09시 18분

1 사랑하는 나의 아들아!
2 "네, 아버님! 말씀하옵소서."
3 너희들이 수천 년 동안 온 믿음이요,
그 종파들은 무엇을 위해서 가고 있는
가?
4 저희들의 안일과 편안함을 위하여 저
희들이 더 큰 성전을 짓고 많은 백성
들을 현혹하여 재물을 거둬들이는 데
역점을 두고 거기에 모든 심혈을 다
기울이느니라.
5 그리하여 그들은 무엇인가를 이루었
을 때 성공했다 말하느니라.
6 그러나 너는 여기서 생각을 해야 할
것이니라.
7 너는 그들과 차별화된 나의 아들이요,
만백성을 구하는 목자로서,
8 네가 남들과 대화를 하되 금화와 은
화를 거둬들이며, 네가 사업이요, 또
한 네가 하는 일을 성공적으로 추진
하기 위하여 그들과 대화하고 거래하
는 마음을 가져서는 아니 되며,
9 그러한 일에 네가 집착해서도 아니
됨을 알아야 할 것이니라.
10 너는 오직 여호와 내가 내린 성령이
요, 나의 법전을 전하는 일이며, 5달
란트의 역사의 길을 이루는 그곳에 전

념하여야 할 것이니,
11 우선 모든 인간과 거래하며 네가 사업하며 움직이는 것 또한 다 나의 법전을 전하는 것을 우선으로 생각하며 그걸 기초요, 기본으로 하여 모든 사람과 대화하며 이루어 나가야 함을 잊지 말라.
12 네가 만일 이해관계요, 남을 돕는 것이 아니라 너 자신을 위해서, 육을 위해서 네가 거래하고 무엇을 이루고자 한다면 그는 이루어질 수도 없으며, 그는 역사할 수도 없음을 알라.
13 모두는 나의 법전을 전하며 나의 성령을 전하는 그곳에서 모든 사람들과 대화하며 그것이 첫 번째요, 두 번째도 그것이니라.
14 거기에 네가 모두를 다 바쳐야 하니, 너 자신의 이익과 이해관계를 놓고 계산을 하는 그와 같은 생각으로 가서는 아니 됨을 알아야 할 것이니라.
15 수십억 인구 중에서 너의 제자로 선택된 내가 사랑하는 백성, 너희들 또한 너희들의 이해관계요, 금화와 은화요, 수익을 위하여 계산하고 생각하는 것이 아니라,
16 어찌 나의 법전을 전할 것이며 만백성을 깨우칠 수 있는가 거기에 맞춰서 사업을 병행해 생각하고 같이 해결해 나갈 때,
17 너희들은 그곳에서 큰 역사를 이룰 수 있으며 큰 뜻을 이룰 수 있음을 알아야 할 것이니라.
18 그와 같은 것을 제쳐 놓고 너희들이 눈앞에 보이는 이익이요, 재산을 모으는 것이요, 금화와 은화를 거둬들이는 너희 인간의 사업에, 인간의 삶에 초점을 맞춰 모두를 대화하고 사람을 만나고 역사한다면 아니 될 것이며,
19 너희들이 나의 법전을 세상에 전하며 만백성에게 깨우치는 그것에 초점을 맞춰 모든 사업의 계산이요, 구상을 해야 할 것이니라.
20 그렇지 아니하고 너희들이 인간의 육의 삶이요, 금화와 은화의 재산을 모으며 부귀와 영화를 위하여 계산하고 먼저 그를 놓고 생각한다면
21 너희들은 이루어지는 것이 하나도 없음을 알아야 할 것이니라.

4,018 번째 하나님 말씀

2002년 11월 22일 19시 24분

1 사랑하는 나의 아들아!
2 "네, 아버님! 말씀하옵소서."
3 지금의 종교 집단이 가고 있는 그 믿음의 가르침이 과연 무엇이더냐?
4 너는 그들에게 물어보라.
5 그들은 첫 번째, 예수의 보혈로써 죄를 사함 받았으니, 저희는 구원을 받았다 그리 말하느니라.
6 너는 나의 법전에서 가르치기를, 예수의 보혈로써 너희들이 죄 사함을 받았다 하지 말라 하지 않았던가?
7 예수가 그와 같이 고통스럽게 죽어가며 피로써 너희 죄를 사할 때, 너희들은 내가 불로 쓴 계명을 지키며 바로 그를 지키고 살다 구원을 받으며 나 여호와의 뜻에 순종하며 살다 구원을 받으라는 그 조건을 그가 너희들에게 제시하였거늘,

8 너희들은 예수가 너희들에게 전한 것
은 듣지 아니하며, 그저 예수의 그 고
통스러운 죽음으로 보혈로써 은혜를
받았다 그리 말하고 있음이니라.
9 두 번째, 너희들의 종교 집단에서 가
르치기를, 십계명은 인간이 절대 지킬
수 없으며, 그를 지킬 수 있다 하는 자
는 거짓된 자며 위선자라 말하느니라.
10 그러나 법전에서 내가 뭐라 가르치느
냐?
11 너희들의 생각하는 지혜요, 너희들의
능력은 사탄과 같은 동등한 자격을 주
었기에 너희들은 인간으로서 그 십계
명을 지킬 수 있으며,
12 정도로 살아가는 자에게는 십계명이
아무것도 아니라 말하였음이니라.
13 그리하여 십계명을 지키는 것은 너희
들이 차 한 잔을 마시기 위하여 찻잔
을 드는 수고로움만도 못한 것이니,
14 마음으로써 결정하기에 달린 것이니
십계명을 지켜야 하며,
15 그 십계명만이 너희들을 구원하는 영
혼의 양식이요, 구원의 길이라 하여
그는 절대적으로 지키라 가르침이니
라.
16 세 번째, 너희들은 죄를 지으면 재물
을 바쳐 용서를 빌고 용서받으면 된다
함이니라.
17 그리하여 각종 헌금과 모든 재물을 하
늘에 많이 쌓아 놓으면 그 재물만큼
너희들은 은혜를 받는다 지금 그리
가르치느니라.
18 그러나 나의 법전에서 너희들에게 무
어라 가르치던가?
19 너희들이 알면서 지은 죄는 절대적 용
서를 받을 수 없다 말하였음이니라.
20 그는 상대성이 있기 때문이니라.
21 너희들이 남에게 피해를 주었을 때,
그 피해에 대한 대가를 치르는 상대
방이 있기에 너희들이 재물로써는 절
대적 죄를 용서받을 수 없음이니라.
22 재물로써 용서를 받으며 재물을 하늘
에 많이 쌓아 놓는 것으로써 구원을
받는다는 것은,
23 나 여호와가 너희들에게 내려 준 재물
은 오른손이 한 것을 왼손이 알지 못
하도록 어려운 자를 도우면 된다 하여
그 쓰는 방법을 가르쳐 주었음이니,
24 너희들이 나의 재물을 잘못 쓰는 것이
기에 그 죄가 더 가중하다 함을 내가
너희에게 가르침이니라.
25 네 번째, 육의 행동의 범죄는 별것이
아니며, 그저 너희들은 나의 아들 예
수를 찾으며 너희들의 손으로 지은 성
전에 가 기도하고 구원하면 되니,
26 너희들은 그 육의 행함에서 짓는 죄
는 별것 아니라 그리 말하느니라.
27 그래서 육에서 하는 선행도 별것 아니
라 너희들이 그리 말하느니라.
28 그러나 너희들에게 내가 내린 영혼과
육은 같이 가며, 영혼의 집은 육이니
라.
29 그리하여 육으로써 행하는 모든 것을
너희들이 심판을 받는 것이라 말하였
느니라.
30 너희들이 구원받고자 나의 성령을 너
희 손으로 지은 성전에서 듣는 것도,
재물을 바치는 것도 너희들이 육으로
써 듣고 바치는 것이 아니던가?
31 그 모든 행동은 너희들이 육으로 하는

것이며 육으로 행동하면서, 너희들이
죄짓고 잘못하는 것에 대해서는 육이
하는 것은 별것 아니며,
32 그저 구원을 받으면 그 육의 차원은
벗어났으니 별것 아니다 그리 착각하
고 있기에,
33 남이 선하고 착한 일을 하는 것까지도
못하게 하는 그와 같은 죄를 짓고 있
다 하였느니라.
34 다섯 번째, 성경은 하나님의 말씀이
니, 누구도 한 획도 고쳐도 안 되고 더
해도 안 된다 그리 너희는 말하느니
라.
35 진정한 참보석은 너희들이 시시비비
를 할 필요가 없으며 그를 굳이 설명
할 일이 없다 내가 말하였음이니라.
36 내가 나의 법전에 이르기를, 성서를
너희들 인간의 계명이요, 너희들의 머
리로써 고치고 손질했기 때문에 그것
이 두렵고 무서워 너희들이 한 획도
더해도 빼도 안 된다는 그와 같은 잔
수에 걸려 있다 내가 너희들에게 말하
였음이니라.
37 여섯 번째, 나 여호와의 이름이 아니
요, 예수의 이름으로 구원을 받을 수
있다 너희들은 그리 가르치느니라.
38 나의 아들 예수가 나의 명을 받아 세
상에 나갔을 때는 나를 대신하니 그의
이름으로 너희들이 기도하고 구원받
을 수 있다 하였으나,
39 보낸 자인 나 여호와의 뜻을 받아 임
무를 수행하고 그가 돌아온 뒤에는
너희들이 나 여호와에게 직접 기도하
고 경배하면 되는 것을,
40 나의 이름으로 기도하며 나를 경배하
면 내가 불로 쓴 그 십계명을 지키지
아니하면 아니 되기에,
41 그와 같은 것을 지도자도 지킬 수 없
으며 너희도 지킬 수 없다 말하여,
42 그와 같이 나 여호와에게 직접 기도하
지 않으며 나의 뜻을 행하려 하지 아
니하고, 그저 나의 아들 예수의 보혈
로써 구원을 받았다 하여 나의 아들
예수로만 너희들이 지금 그리 기도하
고 있는 형국이니,
43 고통스러운 길을 가지 아니하며 꽃방
석에 앉아 기도하고 싶은 너희들의 심
성이기 때문에 그렇다 내가 가르쳐 주
었느니라.
44 일곱 번째, 너희들은 너희들의 종교만
이 세상을 덮어야 하며 너희들만이 구
원을 받는다 그리 말하느니라.
45 지금 너희들의 종교만이 진정한 믿음
이요, 그리하여 너희들은 온 백성을
구하여 하늘에 오르는 길로 인도한다
하여 남의 것을 보려 하지 아니하며
남의 것을 들으려 하지 아니하는 그와
같은 형국으로 있음이니,
46 진정 가르치는 자의 참진리를 알지도
못하며 듣지도 못하고 살아가는 것이
너희들의 형국이니라.
47 이 세상 수많은 종파 속에서 열 명을
놓고 가르치는 자, 백 명을 놓고 가르
치는 자, 만 명을 놓고 가르치는 자,
그 수억의 종파들이 각자 저희들 것
을 믿는 것만이 하늘에 오르는 길이
라 그리하고 있으니,
48 얼마나 너희들이 우물 안 개구리 같고
어리석은 자들인가 깨우치라 내가 너
희들에게 그리 말하였느니라.

49 그리하여 내가 나의 법전은 종파가 없
으며, 나의 성령을 직접 받아 하늘에
오르는 길이라 그리 너희들에게 전하
며, 나 여호와의 말이라 그리 전함을
알라 하였음이니라.
50 여덟 번째, 남의 것은 다 사탄이요, 이
단이기에 읽지도 보지도 듣지도 못하
도록 너희들이 그리 말함이니,
51 내가 너희들에게 법전에 어찌 가르쳤
던가?
52 너희들이 시간과 돈과 모든 것을 다
바치는 것은 억울하지 아니하나,
53 너희들을 세뇌시켜 인간의 자세요, 판
단력까지도, 너희들의 어떠한 사고력
까지도 앗아 간 그것이 더 억울한 것
이라 하였음이니,
54 저희들이 가르치는 것이 진정한 종교
의 믿음을 모르며 사탄이요, 이단의
짓을 하고 있기에, 진정한 참진리를
모르는 그들이 저희들을 떠나는 것이
두려워서 아무것도 듣지도 못하며 보
지도 못하게 그리 말하느니라.
55 그러면서 저희들이 말하느니라.
56 이 세상의 모두는 나 여호와가 만들
었으며 나의 뜻에 의해 주관되니 그는
다 소중하다 하면서,
57 다른 책이요, 또 다른 종파에서 가르
치는 것이요, 남이 가르치는 것은 절
대적 들어서도 안 되고 봐서도 안 된
다는 그와 같은 방법으로써 지금 나의
백성들을 다 속박하고 있으며
58 그들의 판단력까지도 앗아 간 그것이
너희들에게 가장 억울한 것이라 내가
너희들에게 법전을 통하여 깨우쳐 주
었음이니라.
59 아홉 번째, 너희들의 손으로 지은 성
전에 나오지 않으면 죄를 받는다 너희
들은 그리 말하느니라.
60 지금 이 나의 법전에서 말하기를, 이
지상이 곧 성전이요, 내가 지은 너희
들의 성전이라 내가 그리 말하였느니
라.
61 너희들은 이 지상의 나의 성전에 두
꺼비집과 같은 건물을 나의 피조물
만백성의 고혈을 빼서 지어 놓고, 그
를 운영하고 관리하기 위하여 너희들
은 믿음을 가르치는 것보다도 돈을 갈
취하는, 금화와 은화를 거둬들이는 것
에 혈안이 되어 있으며,
62 너희들이 지도자를 육성하는 그곳에
서도 지금 참진리를 가르치는 것이
아니라 인간 세속의 재물을 긁어모으
는 그와 같은 방법이요, 조직의 방법
을 가르치고 있으니,
63 그 성전은 정녕 너희들이 하늘에 오르
는 깨달음을 주는 곳이 아니요,
64 그곳이 죄의 온상이라 말하였음이니
라.
65 너희들은 너희 성전에 가 기도하면 구
원을 받는다는 착각을 하지 말라 하였
음이니라.
66 성전이라는 곳은 너희들이 가서 구원
을 받는 곳이 아니요, 그를 지도하고
가르치는 자가 예수와 같은 삶을 살며
한 점의 부끄러움이 없이 사는 그 지
도자를 보러 가는 곳이니라.
67 그 지도자의 삶을 보고, 인간이 그리
살 수 있다 느끼고 깨달아 너희들이
변화되는 그와 같은 곳이 성전이라
하였거늘,

68 너희들은 인간의 지도자를 보지 아니하고 성서의 말씀을 듣기 위하여 간다 그리 말함이니,
69 너희들이 똑같이 죄를 짓고 사는 자들이라 동질감이 있기에, 너희 지도자들을 그리 너그럽게 용서하는 양 살아가는 형국이며 그리 믿음의 길을 가는 것이라 내가 너희들에게 말하였느니라.
70 열 번째, 너희들은 무어라 말하느냐?
71 주일에 너희들의 성전에 나오지 않는 자, 손톱 밑에 가시만 끼어도 성전에 나오지 아니해서 그리되었다 하며,
72 또한 목자에게 욕을 했으며 목자를 비방하여, 교회를 비방하여 그리되었다 함이니,
73 손톱 밑에 가시가 끼는 것까지도 이용하여 협박하여 나의 백성들을 쇠사슬로 엮어 놓는 그와 같은 형국이라 말하였느니라.
74 너희들에게 어찌 말하여 내가 가르쳤던가?
75 나의 법전에서는 너희들이 세상에 나갈 때 내가 영을 불어넣어 육으로써 세상에 살아감이니,
76 너희들이 60점이라는 그 점수 안에서 노력하는 것만큼 다 얻고 살아갈 수 있다 하였음이니라.
77 100이라는 숫자가 하늘에 오르는 길이라면, 60이라는 것은 너희들이 육에서 살아갈 수 있도록 내가 다 주었으며,
78 60이라는 그 숫자를 넘어 70이요, 80, 90, 100이 하늘에 오며 영의 세계에 돌입하는 것이라 하였음이니라.
79 그리하여 60이라는 그 점수 안에 너희들이 노력하면 얻을 수 있는 세상 것을 다 주었음이니,
80 그 안에서 너희들이 부닥치고 쓰러지고 상처 나고 엎어지고 슬프고 괴로운 것은 나 여호와에 견주어 말하지 말라 하였음이니라.
81 이미 너희들에게 내려 준 그 속에서 너희들 자신의 육에 의해서 이루어지는 그 삶이지,
82 손톱 밑에 가시 낀 것도 너희들이 성전에 나오지 아니해서 그러하며, 목자에게 욕을 해서 그랬으며, 헌금을 바치지 않아서 그리했다고 그와 같이 나의 백성을 협박하지 말라 내가 너희들에게 가르쳤음이니라.
83 열한 번째, 너희들은 그저 넘어져 발목 한 번 삐끗해도 십일조를 안 내서 그렇다 그리 협박하느니라.
84 이것이 바로 너희들의 가르침의 형국이라 하였느니라.
85 나의 법전에서 내가 무어라 말하였더냐?
86 십일조라 하는 것은 너희들이 열 가지 계명을 지키며 그 너희 자신을 깨끗이 관리하여 나에게 바치는 것이며, 너희 자신을 바치는 것이 십일조라 하였음이니라.
87 십계명을 잘 지켜 너희들이 변하는 삶, 천사와 같은 삶을 살면서 깨끗하게 나를 향하여 사는 모습을 보고 내가 너희들을 구원해 주는 것이요,
88 깨끗하게 변화된 삶으로써 십계명대로 지키고 산 자가 하늘을 향하여 달려올 때,

89 너희들은 달려서 하늘을 향하여 십계
명을 지키고 살아오며, 하늘의 창조주
내가 달려오는 너희들에게 손을 내밀
어 너를 거둬들임이니,
90 너 자신을 바치는 것이 십일조라 하였
음이니라.
91 그러나 발목 한 번 삐끗한 것 자체도
십일조요, 헌금을 바치지 않아서 그렇
다 그리 협박하는 것이 지금의 너희들
의 가르침이니라.
92 열두 번째, 너희들이 살아가면서 도둑
이 들어 재물을 훔쳐 가도 너희들은
헌금을 아니 내서 그러하며 온 가족
이 성전에 와서 기도하며 경배하지 아
니하여서 그랬다 그리 위협하느니라.
93 내가 너희들에게 무어라 말하였는가?
94 이 세상의 모든 것은 60점 안에서 이
루어진다 하였음이니라.
95 너희들은 나 여호와가 존재함을 알며,
가족 단위로 기도하며, 너희들이 일하
다 쉬면서 쉼터에서 쉬면서 기도하
며, 가족 단위로 나에게 경배하며,
96 또한 너희들이 식사할 때 경배하며,
즐거울 때 기도하며, '이 모두는 하나
님께서 우리에게 내려 준 것이니, 그
감사함을 알자.' 하며 너희들이 손잡
고 가족 단위로 기도하는 그것을 내
가 더 아름답게 들어준다 하였음이니
라.
97 너희들이 지금 지은 죄의 온상인 성
전에 가서 기도하고 울부짖고 광란의
짓을 하는 것은 내가 개구리 소리만
큼도 듣지 아니한다 하였음이니라.
98 열세 번째, 종교 지도자는 간음을 해
도 도둑질을 해도 그는 나 하나님의
뜻이며,
99 그렇기에 너희 신도가 저희들을 체벌
할 수 없으며 벌할 수 없다 그리 지금
나의 백성을 이끌어 가며 현혹하고 가
느니라.
100 그 속에 '아멘, 할렐루야!' 손뼉 치는
것이 지금의 믿음의 길이니라.
101 내가 무어라 말하였는가?
102 종교 지도자는 유리로 비춰서 한 점의
부끄러움이 있어서는 아니 된다 말하
였느니라.
103 하루에 열 가지씩 죄를 짓는 신도가
있으며, 종교 지도자는 하루에 스무
가지, 서른 가지 죄를 짓는다면,
104 죄를 많이 지은 자가 덜 지은 저희 신
도를 가르칠 수가 없으며,
105 평소에 아름답게 살아가는 신도를, 평
소에 사악하게 살아가는 종교 지도자
가 저보다 더 편안하고 아름답게 살
아가는 자를 위해 기도하며 하늘로 이
끌어 오는 그와 같은 행위를 할 수 없
다 하였음이니라.
106 열네 번째, 하나님의 종을 왕보다 나
여호와보다 더 정성껏 모시고 섬기라
너희들은 그와 같이 가르치느니라.
107 어찌 내가 법전에 가르쳤던가?
108 선택된 종교 지도자는 나 여호와의 종
이요, 만인의 종이라 그리하였음이니
라.
109 그리 가장 낮은 자로 살아가야 할 것
이며, 종교 지도자는 제 이름이라든지
제 자식의 이름이라든지 어떠한 이름
으로도 재물의 명의를 갖거나 재물을
쌓아 두는 것은 나 여호와가 존재한
다는 것을 믿지 아니하는 것이라 내가

가르쳤음이니라.

110 그러나 너희들이 왕보다도 더 대우받고자 하며 하나님의 종은 정성껏 모셔야 한다 그리 말하는 것은, 제가 작은 신이 되고자 하며 감히 나 여호와가 되고자 하는 사악한 마음에서 그와 같은 행위를 한다 내가 너희들에게 가르쳤음이니라.

111 열다섯 번째, 좋은 것이 있으며 아름다운 것이 있으면 목자에게 바치는 것이 상을 받는 것이라 그리 너희들은 말하느니라.

112 나 여호와가 무어라 말하였느냐?

113 나의 법전에서 하나님의 종은 가장 가난한 자요, 어려운 자요, 예수의 삶과 같은 똑같은 삶을 살았을 때, 그 성서의 뜻을 알며 내가 원하는 것을 안다 그리하였음이니라.

114 그리하여 예수와 같은 삶을 사는 것만이, 그 길을 가고자 하는 자만이 모두를 알 수 있다 하였음이니,

115 저희들이 아름다운 것, 좋은 것을 저희들 앞에 바치라 하면, 이는 지금 스스로 제가 제왕이 되고자 하는 것이며 신이 되고자 하는 것이니라.

116 내가 너희들에게 무어라 가르쳤는가?

117 정녕 나의 법전이요, 나의 성전에, 지금 나의 아들이 있는 성전에 너희들이 여름에 과일 하나를 가져오려 한다면 부모에게 열 번을 갖다 주고 열한 번째에 가져오는 그와 같은 마음으로 살라 그리 가르치고 있음이니라.

118 열여섯 번째, 중요한 것은, 너희들은 다 털어서 바치고 바치라 그리 말하느니라.

119 재산을 다 털어 너희들에게 바치라 그리 말하느니라.

120 그리하면서 그 재물을 다 바치면 몇백 배 여호와 하나님께서 준다 그리 말하느니라.

121 내가 너희들에게 무어라 말하였느냐?

122 나의 법전에서 너희들에게 가르치기를, 나 여호와는 재물이 필요 없으며 아무것도 필요 없다 하였음이니라.

123 창조주인 나 여호와가 무엇이 필요하며 부족한 게 있겠는가?

124 재물을 바쳐서 나에게 구원을 받는 것이 아니요,

125 너희들이 기도하고 경배하는 마음이요, 천사와 같은 마음으로 살아가는 것이 바로 너희들이 나에게 기도하는 것이라 하였음이니라.

126 그러나 너희들은 있는 것 다 털어 바치면 몇백 배로 준다 하여 그들이 다 바쳤을 때는 어찌하는가?

127 그들을 버리는 것이 너희들의 지금의 형국이니라.

128 그러면서 너희들은 그가 정녕 믿음이 약하기에 은혜를 받지 못하였으니,

129 더 손발이 닳도록 기도하고 경배하며 열성적으로 저희 성전에 와서 있는 것 없는 것 다 바치라 그리하느니라.

130 열일곱 번째, 너희들이 가지고 있는 모두를 다 바치라 하여 그들이 거지가 된다 하면 과연 그들을 어찌하는가?

131 너희들은 그들을 내침이니라.

132 내가 나의 법전에 의하여 너희들에게 가르쳤느니라.

133 사글세 사는 자, 전세 사는 자, 남의 집 처마 밑에서 사는 자, 그 자식에게

저희 육신의 부모도 제가 사는 집을 아름답게 짓기 위하여 그 전셋돈이요, 사글세까지 빼서 바치라는 부모가 없다 하였거늘,
134 하늘에 있는 나 여호와가 너희들에게 의식주요, 너희들이 쓰도록 내린 그 재물을 너희들이 거지가 되도록 그리 바치라 내가 가르쳤던가?
135 너희들은 나의 성전에 와서 공부하지 아니하며 배우지 아니하여도 가족에 대한 의식주를 먼저 해결하는 것이 나의 사랑을 실천하는 자라 그리하였음이니라.
136 가족의 의식주를 해결하지 못하는 자는 성전에 와 기도할 자격이 없으며 나에게 경배할 자격이 없다 하였음이니라.
137 이는 내가 너희들에게 모두를 다 내려 준 것을, 노력하면 너희들이 편안히 살 수 있는 것을,
138 노력하지 아니하고 게으른 자요, 잘못했기 때문에 너희들이 의식주를 해결 못 하고 사는 것이니, 그게 나에게 죄인이라 하였음이니라.
139 그와 같은 죄인은 먼저 의식주를 해결해서 너희 가족을 다스리라 하였음이니라.
140 그리 일하는 자, 내가 버리지 아니한다 하였음이니라.
141 그러나 너희들은 주일에 어떠한 것을 해서도 안 된다 그리 가르치고 있는 것이 지금의 실정인 것이니라.
142 그리고 정녕 그들이 다 바쳐 거지가 되었을 때, 너희들은 다른 재물이 있는 자를 찾는 것이 지금 너희들의 믿음이요,
143 옛날에 쌓았던 그의 노고는 돌아다보지 아니하며 찬밥 대하듯이 하는 것이 지금 종교 지도자 너희들이 가고 있는 실체이니라.
144 열여덟 번째, 너희들은 더 바치면 결과가 나올 것이라 그리 말하느니라.
145 바치고 바친 자에게 너희들은 더 바쳐야만 구원을 받는다 또 그리 독려하며 그 거지가 된 자의 푼돈까지도 거둬들이는 데 너희들은 얼굴 하나 붉히지 아니하며,
146 그가 어떻게 노력하여 얼마나 힘들게 바치는 것인가를 생각하지 아니하는 것이니라.
147 너희들은 여기서 깨우쳐야 할 것이니라.
148 나 여호와가 너희들에게 내린 것은 내가 너희들에게 내려 준 상이요, 은혜이니, 내가 내린 것을 너희들이 소중히 관리하면 되는 것이요,
149 너희들이 그와 같은 것을 손으로 지은 죄의 온상인 성전에 바치는 것은 너희들이 지옥으로 가는 표를 사는 것이라 내가 말하였음이니,
150 더 바치라 하는 자는 더 표를 많이 사 더 강한 지옥 불로 가라 그리 가르치는 것이니라.
151 열아홉 번째, 너희들은 십일조를 잘 내지 아니하며 헌금을 내지 않는 자에게는 너희들이 이름을 파는 그 직급을 잘 명해 주지 않으며, 직급을 주지 아니하는 것이 지금의 종파이니라.
152 나 여호와가 너희들에게 가르치기를, 내가 너희들에게 종파가 있으며 직급

이 있다 말하였느냐?
153 나는 오로지 다 같이 너희들이 배우며 가르치는 자니 '선생'이라 부르라 그리하였음이니라.
154 종파요, 지파가 생겨서는 아니 되며, 너희들이 어떠한 직급을 주는 것은 그 이름을 가지고 장사함이니,
155 아무 필요도 없는 휴짓조각만도 못한 그 이름을 붙여 주면서 지금 장사하는 것이니,
156 과연 너희들이 헌금이요, 십일조를 잘 내지 못하는 자에게 그 흔하게 주는 직급을 주고 있는가?
157 절대적 주지 않는 것이 너희들이 가고 있는 지금의 형국이니라.
158 스무 번째, 남이 착하게 하는 것을, 그리고 남의 생명을 구해 주는 것을, 너희들은 그러한 것을 보면서 말하느니라.
159 너희들의 몸담은 그 종파에 와서 기도하지 아니하며 그리고 너희들과 더불어 같은 종파에 와서 '아멘!', '할렐루야!'를 찾지 않는 자는 아무리 물속에 빠져 죽어 가는 사람의 생명을 구원해 주어도,
160 남이 위급한 곳에서 그 생명을 구해 주어도, 남의 재물을 보호해 주어도 그를 나 여호와가 기억하지 않는다 그리 가르치니,
161 그리하여 남이 착하고 아름다운 일을 하는 것마저도 못하게 하며,
162 너희들이 지옥 불로 가는 것이 억울해 그들까지 끌고 가는 그와 같은 형국이 지금의 종파의 가르침이니라.
163 내가 너희들에게 무어라 말하였는가?
164 이 세상의 모든 피조물 만백성은 나의 아들이요, 딸이니라.
165 그리고 이 세상의 지상이 곧 나의 낙원이며 나의 성전이니라.
166 나의 성전이요, 나의 낙원에 사는 백성이요, 나의 아들딸들이 내 백성이요, 내 아들딸을 구해 주며 그에게 사랑을 베풀며 그가 어렵고 힘들 때 도와주는 것을 내가 무어라 말하였느냐?
167 그들을 기억하며 내가 그를 사랑한다 나의 법전에서 그리 가르침이니라.
168 오늘 내가 나의 아들을 통하여 너희들에게 몇 가지를 나열하여 가르쳐 주었음이니,
169 오늘의 너희들의 종파에서 믿고 가는 그 형국과 나의 아들을 통하여 내가 너희들을 구원하기 위하여 세상에 내려보낸 그 이치를 한눈에 너희들이 볼 수 있도록 했음이니,
170 하나하나 점검해 보고 너희들이 깨달음을 얻어 바른길을 선택하도록 그리하라.
171 너희들이 이를 보고 깨우치지 못한다면, 나 여호와가 다시 너희들에게 이와 같은 역사의 시간을, 다시 한 번 고통스러운 시간을 가져야 할 것이니,
172 나 여호와의 수고로움을 너희들이 덜어 주는 나의 아들딸이며 효도 효성하는 자식이라면 오늘 내가 스무 가지의 내린 이것을 보고 완벽한 깨우침을 얻도록 하여 나의 뜻을 알도록 그리하라.

4,019 번째 하나님 말씀

2002년 11월 22일 19시 51분

1 사랑하는 나의 아들아!
2 "네, 아버님! 말씀하옵소서."
3 내가 사랑하는 만백성 너희들은 마음이 약하며 힘들어 견디기 어려울 때, 그저 아무나 잡고 매달리며 소원하고자 하는 마음이 있느니라.
4 오죽하면 너희들 말에 물에 빠진 자, 제 몸을 지탱할 수 없는 지푸라기라도 잡고 구원을 받고자 한다는 말이 있으며 지푸라기를 움켜쥔다는 말이 있겠느냐?
5 그리하여 너희들이 지금까지 수천 년 살아오면서 스스로 너희들이 믿는 믿음의 종파며 너희들이 신뢰하고 믿는 믿음이라는 그 모두를 이제 버릴 때가 되지 아니하였는가?
6 나의 법전이 만백성을 구하고자 지금 세상에 내려감이니,
7 너희들이 소위 말하는 무당이요, 미신이요, 무속이요, 그리고 너희들이 빌고 비는 그와 같은 그 모든 종파의 우상을 이제 너희들 스스로 철거하고 제거할 때가 되었음을 알아야 할 것이니라.
8 이제 나의 법전이 세상에 나가니 너희들은 나의 법전을 접하여 읽고 정독하여 이 세상을 창조한 나 여호와의 뜻에 따라 너희들이 영원히 사는 하늘나라의 구원을 얻도록 그리해야 함을,
9 지금 그와 같은 심판의 때가 왔음을 너희들 각자 자신이 깨우쳐야 할 것이니라.
10 어찌하여 내가 너희들이 먹고 취하도록 너희들을 위하여 소모품으로 세상에 내보낸 나무요, 또는 모든 동물이요, 그와 같은 것에 너희 인생의 소중한 너희들 자신의 소원을 그려 놓고 빌고 애원하는가?
11 정녕 너희들 개인이 소원하며 구원받고 못 받는 것이 얼마나 소중하고 귀한 것인데
12 감히 너희들이 그저 나무에, 돌에, 물에 가서, 또는 너희들이 내가 먹고살라 내린 그 동물들의 이름을 우상을 만들어 놓고 애걸복걸하는가?
13 그와 같은 미신의 그 믿음을, 우상을 이제는 스스로 다 철거하며 제거할 때가 되었음을 너희들은 알아야 할 것이니라.
14 이제는 다 제거하라.
15 그리고 나 여호와의 참진리요, 나의 성령이 세상에 내려감이니,
16 오로지 그를 읽고 깨우쳐 구원에 대한 것을 너희들이 깨달아야 할 것이며,
17 이제는 함부로 너희들이 아무것에나 너희 소원을 빌며 너희 명을 비는 그와 같은 짓을 하지 말라.
18 나의 백성 너희들이 나약하고 어리기에 오죽하면 그와 같은 짓을 했겠느냐마는 이제는 더 이상 해서는 아니 됨을 알라.
19 이제 심판의 시대가 시작되었으며 나의 법전을 읽는 자, 읽지 아니하는 자, 행하는 자, 행하지 않는 자, 그리 내가 구분하여 지금 심판하고 있음이니, 이 이치를 너희들은 알아야 할 것이니라.
20 이제 영원히 사는 그 삶을 위하여, 얼

마 남지 않은 너희들의 육의 삶을 위
하여 모두를 다 저버리는 어리석은 우
를 범하지 말라.
21 너희들의 손으로 만들고 섬기는 그 우
상에서 너희들이 과연 무엇을 얻을
수 있으며,
22 너희들이 남은 삶 동안에 무엇을 더
얻고 무엇을 더 이루고자 너희들의 창
조주 내가 하지 말라, 그리고 섬기지
말라는 그 우상을 섬기며, 너희들이
영원히 구원을 받는 그것을 버리는가?
23 이제는 너희들 스스로 남은 삶에 너
희들이 얻으면 무엇을 얻으며 소원하
면 무엇을 얻는다 하여 내가 너희들을
위하여 만들어 준, 소모품으로 쓰는
모든 것에 대하여
24 너희들이 거꾸로 절하며 경배하는 그
와 같은 있을 수 없는 행위를 해서는
아니 됨을 알라.
25 너희들보다 더 소중하고 위대한 것이
없거늘, 너희들이 어찌하여 그리 어리
석고 우매하게 우상을 섬기며 사는가?
26 우상이라는 그 자체가 너희들만큼도
아니 됨이니라.
27 너희들이 생각하고 노력하는 것만큼
도 못하고 그는 아무것도 할 수 없는
것이며, 너희들이 하는 것을 들어주는
것도 없으며 역사하는 것도 없음을 알
라.

4,020 번째 하나님 말씀

2002년 11월 22일 19시 53분

1 사랑하는 나의 아들아!
2 "네, 아버님! 말씀하옵소서."
3 이제 너를 따르는 제자들이요, 나의
법전을 읽고 깨우친 만백성, 너희들은
지금 잘못 가며 나 여호와가 존재함을
믿지 않는 그 모든 백성과 엄연히 차
별화되게 생활 속에서 그리 살아가야
함을 잊어서는 아니 될 것이니라.
4 나로부터 선택된 백성 너희들이 정녕
바르고 곧은 삶을 살기 위해서는 너희
스스로 먼저 변하여야 하며 너희들이
그리 살아야만 됨을 잊어서는 아니
됨이니라.
5 너희들이 가정사에도 마찬가지이니
라.
6 남편이 제왕으로서 대우를 받고자 한
다면 너희 아내를 여왕처럼 그리 모시
면 될 것이며,
7 또한 아내 역시 여왕의 대우를 받고
싶다 하면 남편을 왕처럼 받들면 되는
것이 거기에 답이 있는 것이 아니던가?
8 너희들의 아내를 욕하고 시기하면 남
편 또한 그와 같이 왕의 대우를 받을
수가 없음이니라.
9 남편이 아내를 시기하고 질투하며 아
내를 무시하면 아내가 남편을 무시하
며 그와 같이 보는 것은 당연한 것이
아니던가?
10 이와 같은 이치 속에서 너희들이 이루
어지는 것은 상대성이 있기에 그대로
이루어지는 것이 아니던가?
11 그러니 너희들은 이제 그 모두를 너희
스스로 다스리며 너희들의 변한 모습
을 갖고, 남으로부터 믿음을 받을 수
있는 그와 같은 삶을 살고자 한다면
너희들이 먼저 깨우친 대로 행해야 할
것이며,

12 나의 법전대로 따라 사는 삶을 살아가
는 것만이 남으로부터 너희들이 그리
받을 수 있음이니라.
13 이제 모든 사람들을 사랑하며 그들을
위해서 살아가는 삶을 살라.
14 '남'을 위하여 사는 삶이 바로 '나'를
위하는 삶이니,
15 너희들은 남에게 봉사와 희생의 마음
으로써 살아가는 그와 같은 삶을 살아
야만 될 것이니, 그게 바로 너 자신을
위해서 사는 삶이라는 것을 잊지 말라.

4,021 번째 하나님 말씀

2002년 11월 22일 20시 01분

1 사랑하는 나의 아들아!
2 "네, 아버님! 말씀하옵소서."
3 너희들이 믿음의 길을 달려가며 믿음
을 향하는 것은 너희들의 하나밖에
없는 그 영혼을 구원하고자 함이니라.
4 너희들의 육과 영혼이 같이 존재하는
지금의 삶에서 얼마나 바른 길을 선택
하며 바른 믿음의 선택의 길을 가느
냐에 달렸으니, 이것이 얼마나 소중하
고 귀한 것인가를 알아야 함이니라.
5 그리하여 너희들이 믿음의 길을 선택
하는 것은 아주 신중을 기하고 또 신
중을 기해야 하며, '돌다리도 두드려
보고 건너라'는 말이 있듯이, 너희들
이 두드려 보고 또 두드려 봐서 바른
길을 선택해야 함을 알아야 할 것이
니라.
6 너희들이 신중하지 못한다면 참진리
의 가르침을 선택할 수가 없으며, 그
리하여 진정한 참진리를 선택하지 못
한다면 너희들은 어찌 되는 것인가?
7 같은 시간과 같은 공간 속에 살아가면
서 정녕 창조주 나 여호와와는 관계
없는 그와 같은 길을 가는 것이니,
8 너희들은 여기서 너희 자신이 신중해
야 함을 알아야 할 것이니라.
9 이 세상에서 너희들이 살아가면서 가
장 소중한 것, 귀한 것이 있다면 무엇
이라 말하겠는가?
10 하늘에 올라올 수 있는 나 여호와 창
조주의 진정한 참진리의 길을 가는 것
이 가장 값지고 가장 소중한 것임을
알아야 할 것이니라.
11 지금 너희들이 가고 있는 종파의 믿음
이요, 만백성을 가르친다는 지도자들
이 과연 구원의 길을 가고 있는가?
12 나 여호와가 하늘에서 너희들을 내려
다보는 것은 구원의 길이 아니요, 너
희들이 곧 죽음의 길로 가고 있는 것
이니, 그 이치를 너희들은 알아야 할
것이니라.
13 나 여호와가 내려다보는 지금 너희들
의 모든 종파의 가는 형국은 구원이
아니요, 죽음의 길을 달려가고 있음이
니, 이를 내려다보는 나 여호와의 마
음이 어떠하겠는가?
14 이제 너희들은 선택할 때가 되었음이
니라.
15 이제 나의 법전이 세상에 내려감이니,
16 너희들이 나의 법전을 한번 정독해 읽
어 보며 진정한 참진리의 길인가 아닌
가를 선택하고 진단할 때가 되었으며,
17 그 자료요, 책을 나 여호와가 너희들
을 구원하기 위하여 세상에 내려보냄
이니,

18 참진리의 길이요, 진정한 길이요, 과
연 어찌 살아가는 것이 나로부터 선택
된 백성이며 진정한 참진리의 길을 가
는 것인가를 구분하는 눈을 떠야 할
것이니라.
19 나로부터 선택된 백성이요, 참진리요,
진정한 길이요, 하늘에 오르는 길을
가는 백성은 저 자신을 위해서, 제 가
족을 위해서, 저를 위해서만 사는 것
이 아니요,
20 이웃을 위해서 살아가는 것이며, 이웃
을 위해서 살아가는 그것에 너희들이
존재의 가치를 느끼며 살아가고 그
가치를 느끼기 때문이니라.
21 이리 살아가는 것이며 남을 위해 살아
가는 그 삶의 존재 가치를 위해 너희
들이 존재한다는 것을, 이것이 바로
나로부터 선택된 백성임이니라.
22 너희들이 남을 위해 사는 삶이요, 너
희들이 사는 존재 자체가 남을 위해서
존재한다는 그와 같은 깨달음이 무너
질 때, 너희들은 스스로 지옥으로 가
는 길을 선택하는 길 위에 서 있게 됨
을 알아야 할 것이니라.
23 너희들이 사랑이요, 베풂이요, 남을
위해 존재한다는 그와 같은 마음의 자
세로써 세상을 살아갈 때, 정녕 나 여
호와가 너희들에게 손을 내밀어 너희
들을 반길 것이니, 이 이치를 깊이 깨
우쳐 행하도록 그리하라.
24 그리고 너희들이 스스로 구분할 수 있
으며 너희들이 읽고 들어 알 수 있는
나의 법전 160권으로써 너희들의 가
슴에 전함이니,
25 이를 읽고 너희들이 스스로 판단할 때
가 되었음을 잊어서는 안 될 것이니라.

4,022 번째 하나님 말씀

2002년 11월 22일 20시 18분

1 사랑하는 나의 아들아!
2 "네, 아버님! 말씀하옵소서."
3 모든 종교의 집단들이 지금 어찌 믿음
의 길을 가고 있으며 어찌 깨우쳐 가
고 있는가?
4 저희들이 고깔을 쓰고 춤을 추든, 광
란의 짓을 하든, 눈물로써 악을 쓰든,
어떠한 형태요, 어떠한 짓을 하든 저
희 자신이 지금 무엇을 하고 있는지를
모르며,
5 다만 그들의 머릿속에 세뇌되고 그 머
릿속에 박힌 것은, 자기들이 믿는 것
만이 최고며 자기들만이 구원을 받으
며 자기들만이 하늘에 오를 수 있다
그리 믿음 속에서 그들이 착각 속에
살아가고 있느니라.
6 너희들은 그들에게 한번 물어보라.
7 그들이 정녕 지금 가고 있는 그 믿음
으로, 그리고 지금의 종교 지도자 저
희들이 가르치는 그 방법으로써 나의
사랑하는 백성을 하늘에 오를 수 있
도록 책임질 수 있는가?
8 너희들은 정녕 그들이 책임질 수 있
는가 물어보라.
9 그리 너희들이 물어봤을 때 그들은 대
답할 수 있는 자가 없음이니라.
10 지금의 지도자들이 저희 것만이 최고
라 그리 말하는 것은 저 자신이 어디
있는지도 모르며, 오로지 저희들이 더
큰 성전이요, 많은 신도를 거느리며

많은 금화와 은화를 거둬들이기 위하
여 저 자신을 속이고 있으며 만백성을
속이고 있는 것이니라.
11 지금 종교 지도자들이 저 자신을 속
이고 있음이니,
12 나의 사랑하는 백성들을 속이는 것은
당연한 것이며, 나의 불쌍한 백성들까
지 지옥으로 이끌어 가는 그와 같은
형국이 되어 있음을 알아야 할 것이
니라.
13 저 자신을 모르며 저 자신이 속고 있
기에, 나의 백성들을 속여서 지옥의
길로 이끄는 것이 그들이 지금 하고
있는 것이니,
14 저희들만이 만백성을 구원한다는 착
각 속에서 저희들과 뜻을 달리하는 자
는 다 저희들과는 아무런 관계도 없는
자인 것처럼, 저희들이 가고 있는 그
길만이,
15 오로지 저희들의 집단 속에 오는 자
만이 구원을 받는다 그리 그들이 만백
성에게 전하며 또 아우성을 치고 있
는 그와 같은 형국이니라.
16 그들이 정녕 저희들이 가고 있는 것을
안다면, 이웃의 많은 사람 앞에 가 저
희들이 가는 길이 오로지 하늘에 오르
는 길이니 저와 더불어 가자 그리 말
하는 자, 그들에게 정녕 물어보라,
17 너는 무엇으로써 어찌 구원받았으며
나 여호와의 뜻이 무엇인가를.
18 그들은 대답할 수 없을 것이니라.
19 지금 그들이 어찌 가는가?
20 저희들 것만이 진정한 길이요, 저희들
을 따라가는 것만이 구원을 받는다 그
리 말하는 자, 얼마나 그들이 어리석
은 우를 범하고 있는지 너희들은 알겠
는가?
21 그들은 저 자신도 모르면서 남들 보고
저를 따라 같이 가자 함이니, 그들은
바로 무엇이더냐?
22 남들까지 이웃까지 지옥으로 이끌고
가고자 하는 그와 같은 행위이니라.
23 그들이 남을 도와주기 위해서 너희들
을 괴롭히는 것이 아니요, 나의 백성
을 지옥으로 저와 같이 이끌고 가고자
하여 많은 백성에게 귀찮게 구는 것
이며,
24 그들은 너희들을 그와 같이 지옥으로
이끌어 가고 있으며, 너희들이 이끌려
간다는 것을, 너희들이 마음 한 번 잘
못 결정하는 그 순간에 너희들은 잘
못 가르치는 지도자의 그 세 치 혓바
닥에 현혹되어 지옥으로 가는 열차에
편승하게 된다는 것을 잊지 말라.
25 저희들 것만이 최고라 그리하여 저희
와 같이 가고자 강요하며, 그리고 저
희들과 같이 가지 않는 자를 인간 이
하로 생각하며,
26 오로지 저희들과 같이 가는 것만이 사
는 길이라 하여 강요하며 협박하는 그
와 같은 형태로써 너희들에게 같이
가고자 하는 것이니,
27 그들의 그와 같은 자세에 너희들이
현혹되어 마음이 흔들리며 길을 잘못
선택해서는 아니 됨을 알아야 할 것이
니라.
28 그들은 너희들에게 저희들의 집단에
와 같이 가기를 원하느니라.
29 그를 듣지 아니할 때 그들은 무어라
말하는가?

30 저희들이 직접 체험을 하였으며, 나
여호와가 존재함을 알며 나로부터 모
든 것을 다 명받은 자라 그리 말하면
서 저희들과 같이 가도록 이끌어 가
고자 함이니라.
31 그리하여 너희들이 정녕 그들을 따르
지 아니할 때, 그들은 맹수와 같이 돌
변하여 너희들을 용납하지 아니하며,
너희들에게 언제 그와 같이 자상하며
인자한 형태로써 같이 가고자 유혹했
느냐 하는 듯이 무서우리만큼 돌변하
는 것이 그들의 도사리고 있는 마음
임을 너희들은 알아야 할 것이니라.
32 그리하여 그들은 저희들 것만이 위대
하다는 그 착각 속에서 살기에 남의
것을 받아들이려 하지도 아니하며 듣
지도 아니하며,
33 자신의 구원이 무엇인지도 모르는 그
들이 고집스럽게 강요하고 견디지 못
하게 나의 피조물 만백성을 저희들의
종교 집단에 끌고 가려 함이니,
34 너희들은 그와 같은 종교 집단에 끌려
들어 놀아나는 행위를 해서는 아니
될 것이니라.
35 그 순간에 너희들이 지옥행임을 알아
야 할 것이니라.
36 저희들 것만이 구원이라 말하며 저희
들의 진리만이 진정한 진리라 하여 저
희들은 모든 만백성을 저희들의 집단
으로 이끌어 가야 된다 말하며,
37 나의 피조물 만백성을 위하여 땅끝까
지도 따라가서 이끌어 저희들의 집단
으로 끌어들인다 생각하는 것이며,
38 가정마다 방문하고 개인마다 접촉하
여 이끌어 너희들을 끝까지 끌고 가
저희들한테 오는 것만이 구원을 받는
것이라 그리 외치고 너희들을 이끌어
가고자 하는 것이니라.
39 그리하여 그들은 개인에게 접촉하며
가정에 접촉하며 사회에 접촉하다 그
래도 부족하다 생각할 때는 저희들이
많은 대중 앞에 가서 소리 지르며 악
을 쓰고 외치면서 그리고 너희들보고
저희들과 같이 가자 그리하는 것이 지
금의 종교 집단이 가는 형국이니라.
40 그리하여 땅끝까지라도 달려가서 저
희 뜻을 관철시키며 저희들과 같이
지옥으로 가고자 하여 많은 백성을 끌
고자 하는 것이 그들이니, 그들이 스
스로 지옥으로 가는 것이며,
41 저희들이 한 백성을 구원하는 것이 지
옥으로 끌고 가는 것이라는 것을 알
지도 못하고 있음이니라.
42 저희들이 땅끝까지 따라가서 만백성
을 구하는 역사를 이룬다 말하는 것이
천국으로 가는 것이요, 하늘나라에 오
르는 것으로 착각하고 사는 그들이,
43 저희들이 지옥의 사자요, 바로 저희들
의 손을 잡아 동반자가 되는 동시에
너희들까지도 지옥으로 끌고 간다는
것을 그들은 모르고 있음이니, 이는
그들이 모르는 데에 문제가 있음이니
라.
44 그리하여 그들은 자신이 대중 앞에서
소리 지르며 저희들의 집단에 오라 말
하며 저를 따라오는 자만이 천국에 갈
수 있으며 구원을 받을 수 있다 많은
사람을 귀찮게 하며 괴롭게 굴며 대
중 앞에 악을 쓰며 소리를 지르니, 그
들을 너희들이 돌아다보라.

45 과연 그 얼굴에 인자함이 어디 있으며, 그 얼굴에 사랑함이 어디 있으며, 그 얼굴에 과연 천사와 같은 마음이 거기에 도사리고 있는가?
46 너희들의 안목으로 한번 들여다보면 그들이 어떠한 자들인가를 알게 될 것이니라.

4,023 번째 하나님 말씀

2002년 11월 22일 21시 44분

1 사랑하는 나의 아들아!
2 "네, 아버님! 말씀하옵소서."
3 이 세상 모든 지상이 곧 나의 성전이라 말하지 아니하였던가?
4 그리고 만백성 너희들은 다 내가 창조한 나의 아들이요, 딸이라 말하지 아니하였더냐?
5 그러니 너희들은 이 세상을 나의 성전에서 살아가면서 너희는 제자도 없으며 스승도 없음을 알아야 할 것이니라.
6 너희들은 나의 아들딸이니, 똑같은 재능과 똑같은 특성을 가지고 세상에 태어나며 이 지상에 온 것이 너희들임을 알아야 할 것이니라.
7 그리하여 너희들은 스승이 따로 없으며 제자가 따로 없음이니라.
8 한 가지를 잘하는 사람이 있는가 하면, 또 다른 사람은 그것을 못 함이니, 너희들이 하나씩 가지고 있는 특성이 다 있음을 알라.
9 그리하여 너희들 모든 백성이 한 형제라 하였음이니, 내가 똑같이 너희들에게 골고루 다 특성을 주었고 재능을 주었음이니,
10 너희들은 각자 서로 그 사람이 가지고 있는 재능을 배우며 또 네가 가지고 있는 것을 가르치며 그와 같이 살아가도록 되어 있음을 알아야 할 것이니라.
11 그러하기에 내가 너희들에게 말함이니, 나의 성령이요, 나의 뜻을 배워 하늘에 오르고자 하는 너희들은 누가 지도자며 누가 배우는 자라는 그와 같은 생각을 버려야 할 것이니라.
12 서로 모두가 다 스승이며 서로 다 지도자며, 가르치는 자가 그와 같은 동등한 입장에서 너희들이 깨닫고 배우고 공부하는 그와 같은 마음의 자세로 이루도록 해야 할 것이니라.
13 그리하여 나의 아들에게 만백성의 종이라 하였으며 하늘의 종이요, 만백성의 종이라 함이 여기에 있음이니라.
14 나의 아들이 또한 하나를 잘한다면 아흔아홉 가지를 다른 백성이 더 잘함이니, 그를 배워야 하기에 서로 스승이요, 제자라 그리 말하였으며,
15 내가 지도자라는 것은 나 여호와의 종이요, 만백성의 종이라 하였음이니, 곧 이는 서로 배우고 가르칠 것이 다 특성이 따로 있음이니,
16 서로 존경하며 배우고 가르치며 그와 같이 살아가도록 하는 것이 나의 백성임이니라.
17 내가 나의 아들과 딸을 세상에 내보내며 누구에게나 특별한 특성을 주고 재능을 주며 각자에게 다 하나씩을 주었음이니라.
18 누구에게는 많이 주고 누구에게는 덜 주었다면, 나 여호와 창조주가 다 사

랑하는 나의 자식이요, 아들딸이라 너
희들이 과연 말할 수 있는가?
19 이는 있을 수도 없으며 말할 수도 없
음이니라.
20 그리하여 내가 너에게 말하기를, 만인
의 종이라 한 뜻이 여기 있으며 나 여
호와의 종이라 함이 여기 있음이니라.
21 다만, 네가 다른 백성들과 다른 것은,
너는 나의 종이요, 나의 아들이요, 만
백성의 종인 것이니라.
22 이 점을 네가 잊지 말며, 너의 제자들
에게 깊이 깨우쳐 그들이 깨달음을 얻
도록 그리하라.
23 하나서부터 열 가지, 백 가지, 천 가지
하나하나 너의 제자들에게 착실히 깨
우쳐 주고 일깨워 주어 가르치는 그
대명을 다하여 그들의 눈을 띄어 주
며 귀를 열게 하며,
24 세상에 보는 이치를 알며 정녕 인간이
살아가는 것이 무엇이며 하늘에 오르
는 것이 무엇인가 그들이 바로 깨우쳐
한 점의 부끄럼이 없는 삶을 살아갈
수 있도록 네가 그리 너의 제자들을
다스리는 데 최선의 노력을 다하도록
하라, 사랑하는 아들아!
25 그게 이제 중요한 때가 왔음이니라.
26 시간이 없음이니라.
27 그리고 머뭇거릴 때가 아님이니라.
28 단 한 명의 제자라도 바로 세우고 깨
우치는 것이 얼마나 소중한 것인가를
잊지 말라.

4,024 번째 하나님 말씀

2002년 11월 22일 21시 49분

1 사랑하는 나의 아들아!
2 "네, 아버님! 말씀하옵소서."
3 지금 너희들이 이끌어 가는 종교 집단
이요, 그 지도자요, 가르치는 자들이
정녕 신앙이요, 나의 참뜻을 가르치며
깨우치는 것에 모두를 다 바치는 것이
아니며,
4 만백성을 구하는 데 스스로 저희들이
깨우침을 얻으며 예수와 같은 삶을 살
며 그 어려운 역경 속에서 참진리를
깨우쳐 만백성을 구하는 데 모두를 다
바치는 것이 아니니라.
5 지금의 집단이요, 종교 지도자들은 저
희들이 믿는 그 형태의 방법과 저희들
이 가는 그 전통을 따르지 아니하며
저희들이 이끌어 가는 그 관습을 따르
지 아니할 때,
6 곧 나 여호와 창조주를 모욕한다 생각
하며 바로 목숨을 걸고 싸워서라도 그
와 같은 자를 세상에 존재치 못하도록
하는 데 그 모든 역점을 두고 있는 것
이 그들이 지금 가고 있는 형태이니라.
7 그들 스스로 제정신을 차리지 못하고
있으며 그들이 정녕 가고 있는 길이
진정한 믿음인지 어떠한 길인지 그
자체도 모르니,
8 저희들이 진정 나 여호와의 뜻이요,
참진리의 빛을 가르친다 하면 저희들
의 습관이요, 저희들의 전통을 따르지
아니하는 자는 사악한 자요, 이단이라
그리 말할 수 있으나,
9 그들이 가르치고 가는 길은 나와는 아

무런 관계도 없는 그와 같은 사악한
믿음 속이요, 금화와 은화를 거둬들이
며 더 큰 성전을 지으며 저희들의 편
안한 삶을 위하여 모두를 다 바치는
그와 같은 속에서 저희들이 잘못 가며
저희들이 잘못 깨우쳐 가는 것을 덮어
두기 위하여 나 여호와와 아무런 관
계도 없는 그러한 형태에서 믿음의 길
을 가는 자들이니라.
10 진정한 참진리요, 나의 뜻을 전하고자
하는 그와 같은 아름다움을 갖고 세상
에 나온 자들까지도 그들은 다 그저
저희들의 전통과 저희들의 습관을 따
르지 아니한다 하여 그들을 나 여호와
를 모욕하는 자라 하며 사탄이요, 마
귀라 하여 단죄하려 하며,
11 그들을 이 세상에 존재치 못하도록 전
쟁을 불사하는 그와 같은 형국으로써
대드는 것이 지금의 믿음의 길을 가
고 있는 자들이니, 과연 정녕 그들이
정신이 있는 자들인가?
12 그들은 저희들이 잘못 가는 그 자체도
모르며, 진정한 믿음이요, 나의 법전
과 같은 나의 성령이 세상에 내려오는
것도 이는 저희들과 뜻이 같지 않으니
사탄이요, 이단이요, 사악한 자라 동
네방네 떠들고 다니며,
13 강 건너, 바다 건너까지 가 그들은 저
희들의 전통을 따르지 아니하는 것은
진정한 구원의 길이 아니요,
14 지금 나의 법전이요, 나의 성령이요,
나의 아들을 통하여 너희들을 구하는
이 심판의 법전이 내려가는 이것까지
도 저희들이 세상에 존재치 못하게 하
며 사악한 자들이라 하며, 저희들의
뜻을 따라야 한다 그리 동네방네 떠들
면서 악을 쓰고 있으며,
15 세상 끝까지 저희들의 뜻을 전하며 깨
우치는 것이 만백성을 구하는 길이라
그리 설레발을 놓고 있으며 저희들이
모두를 다 바쳐 이룬다 그리하고 있음
이니,
16 그들이 하는 짓이 세 살 먹은 아이의
철딱서니 없는 그와 같은 행동과 조금
도 다름이 없음이니라.
17 그와 같은 행위를 하고 있는 것이 지
금의 믿음의 길을 가는 자들이니,
18 그들을 바로 깨우쳐 그들에게 충격을
주며 그들의 가슴에 깨달음을 얻을 수
있는 그와 같은 나의 법전을 그들의
손에 쥐여 주는 것을 너희들이 주저하
지 말며 중단하지 말며 그리 역사를
이루도록 그리하라.
19 사랑하는 나의 아들과 나의 아들을 따
르는 제자, 너희들에게 나 여호와가
간곡히 이리 전하노라.

4,025 번째 하나님 말씀

2002년 11월 23일 06시 25분

1 사랑하는 나의 아들아!
2 "네, 아버님! 말씀하옵소서."
3 지금까지 수천 년 동안 모든 백성들
이 하늘에 오르는 길이라 하여 믿어
온 그 길은 추상적이며 그들의 상상
의 나래에서 지금까지 믿음의 길을 왔
느니라.
4 이제는 모든 백성들에게 실질적이요,
현실적인 믿음을 깨우쳐 주고자 하는
것이 나의 뜻이니라.

5 너희들은 영혼과 육이 분리되어 있는
것처럼 그리 말하고 있으며,
6 육의 삶이 얼마나 소중한 것인지 모른
채 육이 행하는 것은 크나큰 죄악이
라 그리 생각하고 영혼만이 구원받는
다는 그와 같은 생각에서 지금 살아
가고 있으니,
7 그 모든 생각을 다 바꿔 놓을 때가 되
었으며, 현실적으로 너희들은 육과 영
혼이 같이 존재하며, 그는 분리되어
존재할 수 없다는 것을 깨우쳐 주어
야 할 것이니라.
8 이 세상에 너희들의 한 생명이 태어
날 때 영혼도 나로부터 받아 나가며
육도 나로부터 받아 나감이니,
9 영혼과 육 그 모두를 나로부터 받아
세상에 나가 한 인간으로 성장하는
것이거늘,
10 너희들은 나에게 두 가지를 다 받아
가지고 나가면서 하나만 너희들에게
존재하며, 하나는 내가 너희들에게 내
린 것이 아니며 나와 관계없다 하면,
하나는 정녕 사탄이 너희들에게 내려
준 것이란 말이던가?
11 나의 피조물 만백성 너희들의 육의
삶이요, 세속에 더불어 살아가는 삶은
나로부터 영혼을 받았으며 또한 나로
부터 육을 받아 세상에 나갔음이니,
12 어찌하여 너희들은 그 모두가 나의 역
사에 의해 이루어진다 생각하지 아니
하는가?
13 다만, 너희들이 육의 부모의 인간관계
를 거쳐 세상에 나감이니,
14 너희들의 영혼은 나로부터 별천지에
서 받았기에 소중하며, 육은 너희들의
부모를 통하여 이루어진 것이기 때문
에 그리 소중하지 아니하다 생각하는
것이니,
15 바로 그러면서 너희들이 어떻게 내가
내린 십계명에 있는 '네 부모를 공경
하라.' 그 구절을 지키려 하는가?
16 아예 너희들은 그와 같은 생각을 하지
아니하고 있으니, 얼마나 너희들이 사
악한 자들인가?
17 너희들의 부모가 너희들을 세상에 육
으로 태어나도록 하였으며 너희들을
길러 주고 일깨워 준 너희 육의 부모
에 대한 것을 너희들이 갚을 수 있다
그리 생각하는가?
18 내가 너희들에게 육의 부모도 나 여
호와와 같이 동등한 너희들의 부모라
생각하라 하지 아니하였던가?
19 부모에게 하는 행위가 곧 나 여호와에
게 하는 행위이기 때문에 내가 그리하
였음이니라.
20 너희들의 영은 신비의 세계에서 나
창조주로부터 받아 간 것이기에 소중
한 것이며, 육도 내가 너희들에게 내
려 준 것이거늘 너희들이 부모로부터
받은 것이라 생각하여 그와 같이 차별
하는 마음으로 생각하고 사는 것이니,
너희들이 얼마나 사악한 자들인가?
21 육을 너희 부모로부터 받았다 해도 그
또한 너희 부모를 소중히 생각하며
감사하는 마음을 가지고 살아야 할 것
이니,
22 너희들은 여기서 얼마나 무서운 사탄
의 장난이며, 얼마나 교묘한 방법으로
써 너희들을 혼란시키는가 이를 깨우
쳐 알아야 할 것이니라.

23 이후 너희들은 육과 영이 다 같이 소
중한 것이니, 육이 행하는 것을 죄악
시하며 영혼을 위해 사는 것만이 구
원의 길이기에 믿음의 길을 가는 것
은 신성시하는 그와 같은 착각 속에
서 살아가는 생활의 방법을 바꿔야
할 것이며, 믿음의 방법을 바꿔야 할
것이며, 생각하는 것을 바꿔야 함을
알라.
24 육과 영혼의 그 모두를 다 나로부터
직접 너희들이 세상에 받아 나간 것이
니, 그것이 다 너희들에게 소중하며,
어떠한 것은 악의 행함이요, 어떠한
것은 천국에 오르는 길이라는 그러한
착각 속에서 사는 믿음에서 벗어나야
함을 잊지 말라.

4,026 번째 하나님 말씀

2002년 11월 23일 06시 30분

1 사랑하는 나의 아들아!
2 "네, 아버님! 말씀하옵소서."
3 나 여호와는 너희들에게 사랑을 베풀
며 나의 아들딸로서 세상에 내가 창조
한 백성이니, 얼마나 소중하고 귀한
나의 자식이요, 아들딸인가?
4 그러나 지금 그와 같이 소중한 나의
아들딸을 종교 집단이 어찌 가르치는
가?
5 너희들은 세상에 태어날 때 원죄를 가
지고 태어났다 하여 너희들에게 그와
같은 무서운 굴레를 씌워 놓고 너희들
을 죄인 취급하며,
6 너희들은 원죄의 죄인이니 그 죄를 벗
어나야 하며 그 죄에 대한 용서를 받
아야 한다 하며,
7 종교 지도자는 나와 아무런 관계도 없
는 그와 같은 사악한 방법으로써 지금
나의 피조물 만백성을 평생 고통과 억
압과 불안 속에 살아가도록 만드는 것
이니, 얼마나 그들이 사악한 행위며
간교한 짓인가를 알아야 할 것이며,
8 만백성 너희들은 한번 돌이켜 봐야 할
것이니라.
9 창조주이며 너희들의 아버지라 하는
나 여호와는 사랑의 아버님이요, 베푸
는 하나님이라 너희들이 말하며 그리
기도하고 경배하면서,
10 어찌하여 내가 너희들을 세상에 내보
낼 때 원죄라는 그 굴레를 씌워서 세
상에 내보냈다 하는가?
11 이는 나 여호와를 얼마나 사악하며
인간관계의 부모의 정만도 못한 그와
같은 자로 그리 너희들이 부르고 경
배하고 있는 것이니, 그것이 과연 경
배던가?
12 사랑하는 나의 아들아!
13 내가 어찌하여 사랑하는 나의 아들딸
에게 원죄를 씌워 세상에 내보내겠는
가?
14 너희들 부모도 너희를 세상에 내보낼
때 원죄의 굴레를 씌워서 세상에 내보
내지는 아니할 것이니라.
15 어찌하여 내가 만든 창조물, 그 사랑
하는 너희들에게 원죄를 씌워 세상에
내보내며 착하고 선한 자로 세상에
나오라 내가 말하겠는가?
16 내가 너희들에게 지은 죄를 용서받을
수 있는 기회를 줬다 하였거늘,
17 하물며 내가 너희들에게 원죄를 씌워

세상에 내보냈다 그리하여 너희들은
원죄를 가지고 나온 백성들이기에 죄
인이요, 사악한 자들이니
18 그 용서를 빌고 회개를 하라 하며 너
희들이 성전에 가 금화와 은화를 바
쳐 하늘에 많이 쌓아 놓으면 축복을
받으며 구원을 받는다 그리 말하니,
19 그들이 지금 재산을 모으고 재산을
긁어 들이며 나의 피조물 만백성을 기
만하고 또 기만하여 재물을 거둬들이
는 그와 같은 형국으로써 가는 그 사
악하고 간교한 것은 저희들의 머리에
서 나온 것임을 알라.
20 사랑하는 나의 백성 너희는 들으라.
21 나 여호와는 사랑이니라.
22 나는 너희를 사랑하는 하나님이니라.
23 내가 어찌하여 너희에게 그 무서운 원
죄의 굴레를 씌워 세상에 내보냈겠는
가?
24 너희들을 죄인으로 만들어 내가 세상
에 내보냈다면, 차라리 나는 너희를
벌하고, 세상에 내보내지 아니하였을
것이니라.
25 너희들은 그렇다면 모든 백성은 태어
나면 나 여호와를 아버지라 부르며,
아버지인 내가 너희들에게 죄의 굴레
를 씌워서 세상에 내보냈다 하니, 얼
마나 나 여호와를 간교하고 사악한 자
로 만드는 것인가?
26 그리 말하는 그들이 마귀며 사탄이니
라.
27 원죄가 있다 말하여 너희들에게 굴레
를 씌우는 자는 금화와 은화를 거둬들
이기 위하여 사기극을 벌이고 있는 자
이니, 그들을 단죄할 때가 되었음을
알라.
28 그들이 말하는 그 얼굴에 너희들이 단
죄해야 함을 알라.
29 나 여호와는 정녕 너희를 죄인으로
만들어 세상에 내보낸 것이 아니며,
죄의 굴레를 씌워 너희를 세상에 내
보낸 것이 아니니라.
30 다만, 너희가 지은 죄를 용서받을 수
있는 기회를 주었음이지, 과연 내가
모든 백성에게 다 원죄의 굴레를 씌워
놓고 세상에 내보내 그 죄를 용서하고
빌어야 한다며 인간 너희에게 재물을
거둬들이도록 그와 같은 방법으로 너
희를 세상에 내보냈겠는가?
31 너무나도 엉터리이고 너무나도 가혹
하게 나의 피조물 만백성을 우롱하는
그들을 너희 스스로 이제 단죄할 때가
되었음을 알라.

4,027 번째 하나님 말씀

2002년 11월 23일 06시 33분

1 사랑하는 나의 아들아!
2 "네, 아버님! 말씀하옵소서."
3 너희들이 광란의 형태요, 눈물 흘리며
그저 정신이상자처럼 나에게 은혜 받
았으며 축복받았다며 찬송이라는 것
을 부르는 것은 너희들이 무엇을 위
하여 부르는가?
4 구원받았음이요, 여호와로부터 하늘
에 오르는 빛을 보고 천국의 문에 들
어서는 영광을 받았으며,
5 너희들이 인간으로 추하고 더럽게 지
은 죄 모두를 다 용서해 주신 주 하나
님이라 하여, 너희들은 그리 영광이라

하여 찬송 부르며 그 요란을 떨고 있
는 것이니라.
6 그리하여 너희들이 그와 같이 부르는
찬송은 나와 관계없다 하였음이니라.
7 너희들은 환상에 젖어서 내가 축복이
요, 영광이요, 은혜를 내려 주는 그 은
혜에 감사한다며 그리 찬송을 부르느
니라.
8 너희들이 정녕 찬송을 부르고자 한다
면, '저의 죄를 용서하여 주옵소서.' 그
리 내가 기도하라 했듯이,
9 너희들이 이와 같이 죄를 회개하며 죄
의 용서를 비는 것으로 재편곡하여
찬송을 만들어 부른다면 너희들이 회
개하고 용서비는 소리를 내가 들을지
모르지만,
10 너희들이 지금 그저 구원이요, 축복이
요, 영광이요, 예수의 피로써 구원을
받았다 하여 은혜요, 축복을 받고자
노래하며 그에 젖어 있는 그와 같은
찬송은 나와 관계없음이니라.
11 너희들이 회개의 눈물의 찬송을 부른
다면 나 여호와는 그를 들어줄 수 있
을지 모르지만,
12 지금같이 너희들이 꿈에서 허덕이는
그와 같은 울부짖는 것은 나에게 짐
승이 부르짖는 소리만도 못하며 파도
치는 파도 소리만도 못함이니, 그 원
성이 하늘에까지 들린다 하였음이니
라.
13 너희들은 그와 같은 시간에 조용히 회
개하며, 너희 죄를 뉘우치며, 그와 같
은 것으로써 너희들이 재편곡하고 재
편성하여 나에게 바치는 그 찬송의
기도는 내가 들을 것이니 그리 알라.

4,028 번째 하나님 말씀

2002년 11월 23일 06시 37분

1 사랑하는 나의 아들아!
2 "네, 아버님! 말씀하옵소서."
3 너희들의 신앙이요, 그 믿음이 무엇인
가?
4 사랑이며 정의로움이니라.
5 그리고 모든 종파에서 가르치는 자는
사랑과 정의로움이요, 진실을 가르치
는 것이 나의 피조물 만백성을 깨우쳐
하늘에 오르는 길로 인도하는 것이니
라.
6 그러나 지금 너희 종교 집단이요, 가
르치는 지도자들은 과연 어찌하는가?
7 강한 자, 권력을 가지고 있는 자 앞에
그들의 잘못되고 추악한 행위를 변호
하며 그들을 두둔하는 추하고 더러운
형태에서 너희들은 지금 그것이 하늘
에 오르는 길이라 하고 있으며,
8 금화요, 은화요, 너희들 자신을 보호
하기 위하여 얼마나 강자 앞에 추한
행위를 하는가?
9 먹이를 얻기 위하여 주인에게 꼬리
치는 강아지의 모습보다도 더함이니
라.
10 너희들의 믿음이란 무엇이더냐?
11 진실과 사랑과 실천함으로 바로 서는
그러한 지도자로서 가야 할 자들이며,
나의 사랑하는 피조물 만백성의 그
귀하고 귀한 개인의 구원의 길을 인
도한다는 자들이 어찌 가고 있는가?
12 모든 종교의 지도자요, 신도라는 자,
너희들이 다시 태어나지 아니한다면
정녕 나와는 아무런 관계도 없는 인간

이라는 것을 알아야 할 것이며, 나의
아들과 딸이 아님을 알라.
13 가진 자, 권력 있는 자에게 종교 지도
자 너희들이 창조주인 나 여호와의
뜻을 가르치며, 세상에 너희들보다 더
소중한 자, 높은 자, 또 낮은 자가 없
다 하였거늘,
14 너희들이 그와 같이 먹이를 주는 주인
에게 꼬리를 흔드는 강아지만도 못한
추한 행위를 하고 있다 하면, 너희들
의 그 모습이 어떠하던가?
15 너희들이 나의 피조물 만백성을 구하
며 종교 지도자로서 나 여호와의 뜻
을 대변한다면, 세상의 어떤 왕도 진
정한 나의 목자요, 나의 뜻을 가르치
는 자만 못하거늘,
16 어찌하여 너희들이 그리 나를 추하고
욕되게 하는 행위를 하고 있는가?
17 너희들이 무엇이 두렵고 무엇이 부족
함이 있으며, 진정한 참진리를 가르치
고 영원히 하늘에 와 천국의 구원을
받는 천사와 같은 삶을 살 수 있는 너
희들이 무엇이 두려우며 무엇이 그리
도 무섭기에 강자 앞에 꼬리 치는 강
아지 꼴로 추하고 더러운 모습으로 전
락하여,
18 나의 피조물 만백성을 구한다 하며
그 더러운 입으로 세 치 혓바닥을 이
용하여 금화와 은화를 거둬들이는가?
19 그와 같은 삶을 사는 자가 어찌 종교
지도자며 만백성을 구하는 자라 말하
겠는가?
20 사랑하는 나의 아들아!
21 "네, 아버님! 말씀하옵소서."
22 너의 제자들이라도 그 추하고 더러운
모습으로 살지 말라 그리 전하도록 하
라.
23 그것 하나만 지킨다 하여도 너희들이
나의 자식이요, 나의 아들딸로서 바로
서는 그와 같은 자세를 갖음이니, 내가
너희들을 사랑한다 함을 전하라.
24 사랑하는 나의 아들아, 너희들의 오늘
의 고통과 시련을 넘고 또 넘을 때 너
희들에게 머지않아 상이 있을 것이니
주저하지 말라 그리 전하라.

4,029 번째 하나님 말씀

2002년 11월 23일 06시 40분

1 사랑하는 나의 아들아!
2 "네, 아버님! 말씀하옵소서."
3 창조주 나 여호와가 하늘에서 내려다
보는 너희들의 지금의 믿음의 형태가
얼마나 추악하고 더러운지 아는가?
4 너희들의 믿음의 형태는 타락하고 타
락하여 더 타락할 것이 없으며 더 떨
어질 길이 없으며 더 내려갈 곳이 없
으며 더 이상 바닥으로 내려갈 것이
없는 것이 지금 너희들이 가고 있는
믿음이니라.
5 상업적으로 변해져 있으며 금전과 금
화를 거둬들이는 데 모두를 다 바치
니, 세속의 인간 삶의 형태보다도 더
추악한 모습으로 변해 있음을 알아야
할 것이니라.
6 너희들은 진정한 믿음이요, 신앙의 길
이요, 하늘에 오르는 길을 위하여 모
두를 다 바치는 것이 아니라 육의 삶
을 위하여 모두를 다 바치는 그와 같
은 추한 모습으로 지금 전락되어 있

음이니,
7 더 이상 떨어지고 더 이상 내려갈 곳
이 없는 것이니, 너희들이 스스로 말
하기를, 종말이요, 사악한 자가 우글
거리는 세상이 되었다 그리 말하는 것
이니라.
8 너희들이 양분과 물을 주어도 정녕
살아날 수 없는 시들어 가는 나무와
같은 형국이 너희들의 지금 믿음의 형
태이니라.
9 아무리 말라 가는 나무를 살리고자 물
을 주고 양분을 주고 온갖 짓을 다 해
도 살아날 수 없이 시들어 말랐고 병
들어 있는 것이 지금의 너희 종교 집
단이 세상을 만든 형국임을 알아야
할 것이니라.
10 일찍이 살리고 손댔더라면 살릴 수
있는 그 나무 자체도 너희들이 잘못
가며 추하며 오염된 그것으로써 너무
나 많은 세월이 흘러 이제는 더 이상
살릴 수가 없으며 재생시킬 수 없는
것이 너희들의 이와 같은 형국이니,
11 바로 내가 그를 살리기 위하여 제3의
시대에 나의 법전을 세상에 내보내지
아니하면 안 됨이니, 이 모두는 너희
들이 지금까지 만든 것이니라.
12 이제는 더 이상 두려야 둘 수도 없으
며 다시 살아날 수 없는 썩은 나무요,
말라 가는 나무를 뽑아내는 것이 내가
하고자 하는 것이며,
13 그러하니 바로 너희들의 모든 종교
집단의 문을 닫으며 그 문 앞에 거미
줄을 친다 내가 말하였음이니,
14 믿는 자, 믿지 않는 자, 너희들이 말세
로서 종말이라 그리 말하지 아니하는
가?
15 너희들이 그는 정확하게 진단한 것이
며, 정확하게 알고 있는 자들이 지금
을 말세라 그리 말하는 것이니, 정말
너희 말대로 말세임을 알라.

4,030 번째 하나님 말씀

2002년 11월 23일 06시 45분

1 사랑하는 나의 아들아!
2 "네, 아버님! 말씀하옵소서."
3 나의 법전을 보고 이단이요, 사탄이라
하며, 또한 믿음이 무엇인지 모르고
가는 그와 같은 백성, 그들에게 나 여
호와가 존재함을 너희들은 구구절절
이 설명할 것이 없으며 갑론을박하지
말라.
4 너희들 육신의 그 형태를 놓고 그들에
게 깨우침을 주도록 하라.
5 지금 너희들의 형태로 눈과 코와 입
과 귀와 모든 것이 다 각자 임무를 수
행하고 있음이니, 만일 나 여호와가
너희들을 만들지 아니하였으며 전지
전능한 창조주 내가 아니라면 너희들
은 어찌 되었을지 한번 생각해 보라.
6 너희들의 심장이라는 것이 너희들의
발끝에 만들어졌으며 손끝에 만들어
졌으며 너희들의 무릎 정강이에 심장
이 붙어 있다면 너희들은 과연 어떠한
형국으로 살아가겠는가?
7 너희들의 코의 위치요, 코가 생긴 것
을 보라.
8 코가 하늘을 향하여 치솟고 있다면 어
떠한 결과가 오겠는가?
9 너희들의 눈이 또한 머리 위에 붙어

있다면 그 눈은 무엇을 보겠으며 너희
들은 어찌 생각하고 살아가겠는가?
10 너희들의 귀와 입과 그 모든 형태를
한번 보라.
11 그와 같이 신비 속으로 이루어진 너희
들의 그 형태를 봐도 창조주요, 전지
전능한 나 여호와가 아니면 그와 같이
이루어질 수 없으며 그 형태로 쓸 수
가 없음이니,
12 그 한 가지를 본다 하여도 너희들이
나에게 감사하며 내가 존재함을 알 것
이니라.
13 전지전능한 나 여호와가 너희들을 얼
마나 사랑하고 아끼면 6일째 마지막
으로 너희들을 그 아름다운 모습으로
써 세상에 만들어 내보냈겠는가?
14 너희들의 손발이요, 체형이요, 얼굴의
형태를 한번 너희 손으로써 마음으로
써 눈으로써 더듬어 봐도 나 여호와
의 위대함과 나 여호와의 창조함을
알 것이며, 그것 하나만 봐도 창조주
인 나 여호와가 있음을 알 것이니,
15 너희들은 나 여호와가 있음을 믿으며,
믿는 자, 곧 너희들이 죽어 와 나에게
심판을 받으며, 심판을 받는 자, 그 죄
의 대가를 치른다는 것을 잊지 말라.
16 그의 죄의 대가를 치를 때, 너희들은
나의 계명대로 살지 못하면 그 죄의
대가를 치름이니, 십계명대로 살지 못
하면 그 죄의 대가를 치를 것이니라.
17 나의 아들을 통하여 160권의 법전을
세상에 내보내 너희들을 구원하면서
나 여호와가 재차 강조하며 나의 아
들이 암송하는 게 무엇이더냐?
18 십계명이니라.
19 그러면 1차 관문이 통과된 것이 아니
던가?
20 십계명을 암송하라.
21 나의 아들이 그 나의 뜻을 전함이니 1
차 관문을 통과한 것이며,
22 십계명을 지키고 살라 하며 그를 보충
하는 나의 법전을 세상에 내보내 너희
들에게 아름답고 선하게 살라 가르침
이니, 이 또한 나의 뜻이라는 것을 잊
어서는 아니 됨을 알라.

4,031 번째 하나님 말씀

2002년 11월 23일 20시 28분

1 사랑하는 나의 아들아!
2 "네, 아버님! 말씀하옵소서."
3 구약과 신약의 역사가 몇천 년에 걸쳐
지금까지 흘러 내려왔던가?
4 그리고 얼마나 많은 세월 속에 그것을
다듬고 가꾸어 만백성을 구하는 성경
으로서 이 세상에 빛을 보게 되었던가?
5 지금 3부의 법전이 세상에 나오는 시
간이 머지않았음이니, 그 3부 법전이
무엇이라 그랬더냐?
6 각 나라의 민족이요, 국가가 저희들이
쓰는 그 언어대로 그들이 설명하며 그
나라의 언어로써 번역하여 세상에 전
하라 하였음이니라.
7 그러니 3부까지가 기초요, 기본으로
서 만백성이 그를 보고 다 깨우치며,
저희 나라요, 저희 풍속이요, 저희 언
어로써 3부를 번역하여 그들 것으로
만들어 구원의 길에 오를 수 있도록
그 역사가 이루어진다 하였으며,
8 3부 후부터는 모두가 다 한국어요, 너

희들 동양의 작은 나라의 언어요, 글
자로써 세상에 전해지게 된다 하였음
이니라.
9 이제 세상에 다 전해야 할, 세상을 다
통제할 나의 법전이 나왔음이니, 과연
몇십 년, 몇백 년이 걸려서 지금 3부
요, 너희들이 이해하기에는 한 권에
288쪽으로 48권의 법전이 매듭이 지
어 가고 있는가?
10 이것이 얼마나 위대한 역사며 이게 얼
마나 장엄한 일인지 너희들은 감히
생각해 보았는가?
11 너희들의 성서는 지금까지 몇천 년
동안에 다듬어지고 너희들이 또 손질
하여 그와 같이 연구하고 다듬어 만
들어 나온 것이니,
12 지금 나의 법전은 한 자를 빼고 더하
는 것도 없이 그저 내가 나의 아들에
게 내리는 대로 그가 성령의 뜻을 받
아 기계에 녹음하여 지금 3부인 48권
의 법전이 매듭을 지어 가고 있음이니
라.
13 이 동양의 작은 나라에서 만백성을 구
하는 구세주의 나의 성령이요, 나의
법전이 세상에 내려와 너희 언어로써
전해지건만,
14 어찌하여 너희들이 이 위대함을 모르
며 이 소중함을 모르며, 같은 동족이
요, 민족이 나의 법전을 찢어 버리며
태워 버리며 이는 사탄이요, 이단이라
그리 말하는가?
15 이는 너희들이 몇 명 되지 않는 그 작
은 집단이 나로부터 구원받은 것이며
그 길에 오는 자만이 하늘에 오를 수
있다 하여 그와 같은 너희들이 수없
는 거짓과 거짓으로써 나의 피조물
만백성을 이끌어 감이니 너희들은 그
를 중단해야 하며,
16 그 문을 닫는 것이 두려워 진정한 참
진리의 나의 성령이 내려오는 것을 너
희들이 알면서도 이를 거부함이니라.
17 모든 너희 백성의 예언자들이, 너희
조상의 예언자들이 예언하였을 것이
며, 너희들이 또한 동양의 작은 나라
에서 구세주요, 새로운 왕이 나와 세
상을 통제한다는 걸 알고 있을 것이며,
18 너희들이 들어서 또한 예언자의 입을
통하여 입에서 입으로 그와 같은 역
사가 이루어질 것이라는 것을 알고 있
으며, 지금 그와 같은 역사가 이루어
지고 있는 이 시점에, 너희들의 작은
동양의 나라에서 구세주요, 새로운 왕
의 뜻인 나의 법전이 지금 전하여지
고 있음이니,
19 사람이 오는 것이 아니요, 나의 법전
이 세상에 전해지며 창조주요, 나 여
호와의 뜻이 전해지는 것이 새로운 왕
이요, 구세주로서 지금 와 있음이니라.
20 이것을 너희들이 환영하지 아니하며
핍박하고 있음이니, 이 어리석음에서
빨리 깨어나 나의 아들이 너희들을 향
하여 지금 전하고 있는 '법전'이요, '하
늘에 오르는 길'이라 하여 책으로 만
들어 3부요, 48권이 지금 나옴이니,
21 이를 보고 너희들이 변하는 역사가 시
작되지 아니한다면 너희들처럼 불행
한 삶을 사는 백성이 이 세상에 없을
것이니,
22 이를 명심하여 너희들이 깨우쳐 행하
도록 그리하라.

4,032 번째 하나님 말씀

2002년 11월 23일 20시 34분

1 사랑하는 나의 아들아!
2 "네, 아버님! 말씀하옵소서."
3 너희들이 하늘에 오르는 길이요, 너희
들의 생명을 구원하는, 너희들이 천국
에 오르는 길을 위해서 가고 있는 그
종파의 믿음이라는 것이 무엇인가?
4 너희들의 사업이요, 너희들의 육의 삶
의 어떤 목적을 달성하기 위해서 기도
하고 비는 것이 아니며,
5 너희들의 생명을 구하여 영원히 사는
나의 나라에 오르고자 하는 그 믿음으
로 가야 하는 것이거늘,
6 어찌하여 너희들은 조건부에 의하여
믿음의 길을 가고 있는 것인가?
7 너희들의 믿음이라는 것은 조건부로
서 무엇을 얻고자 하는 믿음의 길을
가서는 아니 됨을 알아야 할 것이니
라.
8 지금 믿음의 길을 가고 있는 백성은
너희들의 그 소중한 생명을 구원하는
것 이전에 너희 스스로 믿음으로써
무엇인가를 구하고 얻고자 하는 너희
들의 조건부가 있음이니,
9 조건부를 가지고 믿음의 길을 가서는
아니 되느니라.
10 그 조건부가 성사되지 아니하였을 때
너희들은 좌절하게 될 것이며, 그리고
구원의 길이라 믿으며 모두를 바쳐 왔
던, 아우성치며 눈물로써 기도하며 그
래 왔던 그 믿음을 버리게 됨이니,
11 나를 버리는 그와 같은 결과가 오는
것이 조건부로써 믿음을 가는 자들이
당연히 겪는 길임을 너희들은 알아야
할 것이니라.
12 그리하여 너희는 지금 구원받고자 하
는 그 믿음이 아니요, 조건부에 대한
믿음으로 가고 있는 것을 알아야 할
것이니라.
13 하늘에 오르는 길이요, 진정한 구원을
받고자 하는 백성, 너희들은 조건이
있어서는 안 되며,
14 구원을 받고자 하는 데 너희들이 어떤
다른 계획이 있으며 얻고자 하는 것이
있어서는 아니 된다 하였음이니라.
15 너희들은 계명을 지키며 사랑을 베풀
며 순수한 마음으로써 나 여호와를
향하여 천사와 같은 마음으로 변하여
하늘에 오르고자 하는 구원의 길을 내
가 선택해 줄 때까지 부단히 노력하고
또 전진하는 그와 같은 믿음의 세계를
가는 자만을 내가 기억함이니, 너희들
이 구원을 받을 수 있음을 알아야 할
것이니라.
16 어떠한 동기가 있는 그와 같은 믿음에
서는 언제나 너희들이 쓰러지고 무너
진다는 것을 알아야 할 것이니라.
17 그와 같이 동기에 의하여 믿음의 길을
가는 자, 그 뜻이 이루어지지 않으며
그 바라는 것을 역사하지 못할 때 너
희들은 무너지기 시작함이니라.
18 한번 무너지기 시작하면 걷잡을 수 없
는 것이 너희들의 마음이니,
19 무너져 가는 너희들을 사탄이 그대로
놔두지 아니함이니 너희들은 그것을
알아야 할 것이니라.
20 서서히 무너지기 시작하여 마침내 너
희들은 전멸하게 되며 사탄의 뜻에 따

라 그에게 예속되는 그와 같은 어리
석은 나의 백성들의 변하는 모습을
내가 더 이상 볼 수 없어 너희들에게
깨우쳐 전함이니,
21 너희들은 동기요, 조건부가 있는 믿음
으로써 믿음을 향해서는 아니 됨을
알라.
22 천사와 같은 마음으로 변하여 십계명
을 지켜 아름답게 살아가는 그 기본이
요, 근본을 알고 스스로 노력하고 살
아갈 때, 내가 너희들에게 구원해 줄
수 있는 준비된 그날을 위하여 묵묵
히 살아가는 자만이 하늘에 오르는 그
찬란하고 고귀한 영광을 얻을 수 있으
며 기회가 있다는 것을 너희들은 잊어
서는 안 될 것이며,
23 이 시간 이후부터 너희들이 나에게 오
를 수 있는 자의 자세를 깨우쳐 그리
변화되는 삶을 살도록 하여 나에게
구원의 선택을 받도록 그리하라.
24 이 법전을 읽지 않는 자, 그 내용을 모
르며 그 뜻을 모름이니, 너희들이 심
판을 받을 수 없다는 뜻이 여기에 있
음이니라.
25 나의 법전에 하늘의 뜻이요, 천기를
내가 여기에 기록하여 내려보냄이니,
26 이를 읽지 않고는 너희들이 나에게
와 재판이요, 심판을 받을 수 없다는
뜻이 나 여호와의 진리의 뜻이기 때문
이며, 그를 기준으로 하기 때문임을
알아야 할 것이며 이를 잊지 말라.

4,033 번째 하나님 말씀

2002년 11월 23일 20시 38분

1 사랑하는 나의 아들아!
2 "네, 아버님, 말씀하옵소서."
3 지금 구원을 받겠다 하여 모든 종파에
몸을 담고 가는 나의 백성 너희들은
구원을 받는다는 그 목적을 세워 놓았
으며,
4 구원을 받는다는 그 확고한 마음속에
서 너희들은 구원을 받겠다는, 또 그
와 같이 받을 수 있다는 자신을 가지
고 믿음을 시작하며,
5 구원을 받고자 하는 그 목적을 달성하
기 위하여 믿음을 시작하려는 것이
나의 피조물 만백성 너희들이니라.
6 그러나 너희들은 구원을 받는다는 그
와 같은 너희들의 목적을 세워 놓고
그를 위해 달려가는 믿음의 형국이 되
어서는 아니 됨을 알라.
7 너희들이 정녕 구원의 길을 받으며 나
여호와의 품에 오고자 한다면,
8 나 여호와가 원하는 뜻과 내가 너희들
에게 깨우쳐 전하고자 하는 참진리의
뜻을 연구하고 나의 뜻을 배우며 나의
계명을 가슴에 깊이 새겨 너희들의
생활신조로 삼으며,
9 그 모두를 지키고 살아가는 그와 같은
너희들 삶의 자세부터 먼저 고쳐야 할
것이며,
10 너희들 자신을 다스려 나가는 그와 같
은 삶을 살지 아니한다면 너희들이 목
적을 두고 온 믿음에 대한 그 뜻은 이
루어질 수 없음을 알아야 할 것이니라.
11 이 모두가 이루어졌을 때, 너희들이

스스로 변화되는 모습이요, 너희들이
나의 계명이요, 나의 십계명대로 지키
고 살아가는 그와 같은 삶으로써 왔
을 때, 나 여호와가 너희들에게 내리
는 그 은혜만이 너희들이 구원의 길
에 들어설 수 있으며 나에게 오를 수
있는 것을 알아야 할 것이니라.
12 목적부터 세워 놓고 그 목적에 너희들
이 도달한 것처럼 그리고 너희들이 목
적지에 와 있는 것처럼 그와 같은 착
각의 믿음으로써는 너희들이 정녕 구
원을 받을 수 없음이니라.
13 너희들이 그 목적을 이루기 위해 나
여호와가 너희들에게 명한 것이 무엇
이며 내가 너희들에게 지키고 살라 한
것이 무엇인가를, 그와 같은 내가 너
희들에게 명한 것을 하나하나 실천하
고, 그를 실천하여 너희들이 고통스러
움 속에서 하나하나 변해 갈 때, 그때
만이 너희들이 바로 그 목적을 달성할
수 있음을 알라.
14 너희들이 세워 놓은 목적은 너희들의
구원의 길이나,
15 너희들이 그 목적을 놓고 살아가는
육의 삶이 추하고 더러운 그 삶을 벗
어나지 못하고 산다 하면 너희들은 정
녕 그 목적지에 오를 수 없으며 그 목
적을 달성할 수 없다 함을 알아야 할
것이니라.

4,034 번째 하나님 말씀

2002년 11월 23일 20시 47분

1 사랑하는 나의 아들아!
2 "네, 아버님! 말씀하옵소서."
3 선하고 아름답게 살아가는 나의 백성
을 악마와 사탄은 어찌하는가?
4 사랑하는 나의 백성들로 하여금 나를
저버리며 나를 잊게 하며 나의 뜻에
순종하지 아니하며 나의 계명대로 살
지 못하도록 그리 방해하는 것이 사탄
과 마귀가 바라는 것이 아니던가?
5 그리하여 사탄과 마귀는 나의 백성들
이 저희들에게 복종하며 순종하도록
하려 하며, 그리하여 수만 가지를 가
지고 너희들을 유혹하는 것이 사탄이
요, 마귀들이 자행하는 일임을 알아야
할 것이니라.
6 너희들이 하나의 믿음의 길을 가기 위
하여 굳건히 살아가는 것 이외의 수
만 가지가 다 사탄이 너희들을 쓰러트
리고자 하는 그 유혹의 실마리임을 알
아야 할 것이니라.
7 너희들을 재물이나 권력으로써 유혹
하며, 술이라는 알코올로써 유혹하며,
싸움의 난폭한 성격과 이웃을 사랑하
지 않는 성격으로 너희들의 마음을 그
리 항상 변하게 하며, 너희들을 그와
같이 질서를 파괴하는 쪽으로 몰고
가는 것이 그들이며,
8 때로는 남자를 여자로 하여금 또는
여자를 남자로 하여금 사악한 길을
선택하도록 유혹하고 있으니,
9 참진리의 길을 위하여 너희는 수천 가
지의 악과 선의 기로에서 싸워야 하
나니,
10 내가 너희들에게 살아가면서 좋은 이
웃과 대화하며 나누며 사는 그 마음
하나를 지키라 하는 것은, 수만 가지
의 악이 너희들을 유혹하는 것을 뿌리

칠 수 있는 것이 사랑하며 나누는 마
음이기에,
11 그 마음이 너희들의 가슴속에 깊이
박혀 있지 아니하면 너희들이 쓰러짐
을 내가 말하는 것이니라.
12 내가 나의 아들에게 너희들이 술이라
하는 알코올을 반주로 좋은 자와 한
두 잔을 나눌 수 있다 허락하였음이니,
13 그리하여 그것을 많이 마시는 것을 내
가 허용하지 아니한 그 뜻이 너희들
은 어디 있다 생각하는가?
14 너희들이 한 잔의 알코올을 마셨을 때
는 세상에 가장 편안하며 좋은 마음의
자세로 가질 수 있으며 유한 성격으로
갈 수 있는 것이니라.
15 그러나 너희들이 한두 잔을 더 함으로
인하여 너희들의 그 온순하고 평온한
성격이 과격하게 변하기 시작하며,
16 또한 너희들이 더 마심으로 해서 포악
해지며 너희들이 상상할 수 없는 행동
으로 변하게 됨이니라.
17 그리하여 이와 같이 마시고 또 마실
때, 너희들은 이성을 잃게 되며 쓰러
지게 됨이니,
18 사탄들이 그와 같은 너희들의 그 마
음을 그냥 놔두지 아니함을 알아야
할 것이니라.
19 너희들이 취하여 이성을 잃도록 하여
너희들이 해서는 아니 되며 남에게
발설해서는 아니 되며 자기 혼자만이
지키고 가야 할 그와 같은 것들을 남
에게 말하며 자랑하는 그 용기를 가지
게 함이니,
20 그리하여 사탄은 너희를 스스로 자멸
하게 하며 너희들을 파탄으로 몰아넣
는 그와 같은 행위로써 이끌어 가는
것이니라.
21 한 가지 알코올이라는 것이 너희들을
유혹하여 이리 쓰러트리니, 수천수만
가지가 너희를 쓰러트리고 쓰러트리
고자 그와 같이 지금 싸우고 있음이니,
22 그 속에서 너희들이 견디고 이기는 것
은 바로 무엇이더냐?
23 나누며 살며 사랑하는 마음이요, 나에
게 기도하며 나의 계명대로 살겠다는
굳은 마음의 심지를 가슴에 심지 아
니하면 너희들은 그 많은 유혹에 의해
넘어지게 되어 있음이니라.
24 선하고 착하게 살아가겠다는 그 마음
하나를 의지하며, 나의 뜻대로 살아가
며 계명을 지키겠다는 그 마음 이외의
모든 것이 다 너희들을 쓰러트리고자
마귀가 유혹하며 사탄이 유혹하는 그
와 같은 형국이니,
25 그 유혹을 무너트리며 너희들이 견디
어 이길 수 있는 것은 오로지 너희들
이 선한 길을 선택하며 사랑하는 마음
이요, 나누며 사는 그와 같은 마음으
로 굳건히 나의 뜻을 깊이 가슴에 받
아 그를 간직하고 사는 그와 같은 사
람이 아니면 아니 되느니라.
26 내가 너희들에게 내린 그 십계명을,
세상에 무엇보다 소중한 보배를 지닌
것처럼 갈고 닦듯이 너희들이 그와 같
은 마음으로 나의 계명을 지키며,
27 지금 나의 아들을 통하여 내리는, 너
희들이 지키고 행동에 옮겨야 할 계명
을 내리는 나의 법전을 그대로 지키고
사는 그 마음의 자세를 굳건히 하지
아니하면, 너희들은 수천수만 가지의

너희들을 유혹하는 악마의 장난에 너희들 스스로 파멸하게 되어 있음을 잊어서는 아니 될 것이니라.

4,035 번째 하나님 말씀

2002년 11월 23일 20시 51분

1 사랑하는 나의 아들아!
2 "네, 아버님! 말씀하옵소서."
3 사랑하는 너의 제자들에게 전하도록
그리하라.
4 하나의 과일이 익어 너희들이 영양분
을 섭취하며 그 맛을 음미할 때까지는
그 봉오리가 맺히며 그가 또 커지며
그리하여 세월에 따라 그가 익어지는
것이 아니더냐?
5 너희들이 지금 나의 법전을 한 번 읽
었을 때, 곧 너희들은 익어 가는 과일
의 봉오리를 맺게 되는 것이며,
6 너희들이 나의 법전을 두 번 읽었을
때, 그 과일이 제 모양을 나타내기 시
작하는 것과 같이 되는 것이며,
7 너희들이 나의 법전을 세 번 정독했
을 때, 너희들이 즐겨 먹을 수 있는 그
익은 과일이 되는 그와 같은 형국이
됨이니라.
8 그리하여 내가 너희들에게 나의 법전
을 정독하여 깨우치라 그리하였음이
니,
9 너희들이 나의 법전을 정독하여 세 번
이상 읽었을 때, 너희들 스스로 마음
이 변하는 것을 알며 네 주변에서 작
고 큰 기적들이 일어나는 것을 알아야
할 것이니라.
10 그리하여 그때부터 내가 너희들을 직
접 터치하고 다스려 너희들에게 필요
한 것을 명하는 그와 같은 역사를 얻
게 됨이니,
11 너희들은 나의 법전을 진심으로 나
여호와의 성령이라 하여 정독하고 또
정독하는 마음으로 3회 이상을 내가
읽으라 하는 것이 거기 있음이니라.
12 너희들이 익은 과일의 맛이요, 영양분
이요, 그를 음미할 수 있듯이, 나의 법
전을 3회 이상 읽지 아니해서는 그와
같은 뜻을 알 수가 없음이니,
13 나의 법전을 3회 이상 정독했을 때 너
희들이 성서라는 것의 뚜껑을 열어
그를 정독하면, 그 속에 있는 것이 인
간의 계명을 만든 것이며, 나의 뜻이
아니며, 잘못되었음을 알게 되며 찾아
낼 수 있으며 그 뜻을 이해할 수 있는
그와 같은 은혜를 입게 됨이니,
14 이 내가 너희들에게 명하는 것을 잊지
말고 엄히 지켜 시행하여 내가 내리는
작고 큰 축복의 그 역사를 받도록 그
리하라.

4,036 번째 하나님 말씀

2002년 11월 23일 20시 57분

1 사랑하는 나의 아들아!
2 너희들이 이 세상에 살아가며 육이 존
재하는 한 모두를 다 사랑하라 그리
가르쳤으며,
3 모두를 한 형제로 보는 그와 같은 마
음으로 남의 잘못을 용서하는 마음으
로 살아가라, 그리하는 것이 너희들이
나로부터 선택된 백성이요, 나로부터
생명을 가지고 세상에 나간 나의 아들

딸이 살아가는 방법이라 내가 그리 말
하였느니라.
4 세상의 모두를 다 너희들이 사랑하라
하였음이니라.
5 너희가 육의 세상에 살면서 남을 가슴
아프게 하여 울리는 것, 남에게 죄를
짓는 행동, 남을 고통 속에 몰아넣는
그와 같은 행동, 그 모든 행동으로 인
하여 너희들의 형제는 울고 있음을
알고 있는가?
6 너희가 남에게 거짓 하여 남을 실패하
게 하여 울리는가 하면 거짓 하여 그
인생을 망치게 하여 그를 눈물 흘리
게 하고,
7 또한 말로써 또는 글로써 남을 모함
하며 남을 눈물 흘리도록 하는 것이
너희들이 지금 살아가는 그와 같은 형
국이며,
8 그를 서슴없이 자행하는 것이 지금 나
의 피조물 만백성들이며, 또한 믿음의
길을 가고 있는 백성이 더욱이 대표적
인 그와 같은 짓을 하고 있음이니라.
9 내가 이 세상의 모두를 다 사랑하라
하였으나, 저희들의 성전에 오지 않는
자는 부모요, 형제까지도 단절하여 문
을 닫아 버리는 그와 같은 것이 너희
들이 살아가는 형국이니,
10 너희들로 하여금 너희들의 그 오만한
행동으로써 얼마나 많은 백성을 가슴
아프게 울리며 사는지 알겠는가?
11 사랑하는 나의 아들 너와 너의 제자
들과 그리고 나의 법전을 읽는 내 사
랑하는 만백성, 너희들은 여기서 하나
깨우치고 가야 함을 알아야 할 것이
니라.
12 너희들이 남에게 눈물 흘리도록 하였
을 때, 그 한 방울 한 방울의 눈물이
너희들의 죄목이 되어 너희 가슴에 너
희 몸에 하나의 죄가 감긴다는 것을
잊어서는 아니 될 것이며,
13 너희들은 눈으로 흘리는 그 눈물방울
이요, 보이는 그 눈물방울 하나가 너
희들에게 죄가 되어 그 죄가 너희들의
목을 조인다고 말하였음이니라.
14 그러나 너희는 이것만을 깨달아서는
아니 될 것이니라.
15 너희들이 남을 시기하고 질투하고 비
방하며 남에게 사기 치고 남을 고통
스럽게 몰아넣어 남을 울리는 그와 같
은 행위를 할 때, 보이는 눈물 한 방울
이 너희들의 죄목 하나가 더 생긴다
하였으나,
16 그를 말 못 하고 마음속으로 울고 있
는 그 사람의 마음속의 그 눈물의 죄
또한 한 방울 한 방울 흘리는 죄보다
도 몇백 배 몇천 배 더 무거운 죄가 너
희들의 목에 걸림이니 이를 잊어는 아
니 될 것이니,
17 이를 명심하도록 나의 백성들에게 그
리 깨우쳐 주라, 사랑하는 아들아!
18 너희들이 그와 같이 세상사에 살아가
는 것이 얼마나 어렵고 힘든 길인가?
19 남에게 눈물 흘리도록 하여 그 눈물
한 방울이 너희들에게 무서운 죄가 되
니 너희들이 그 죄를 지고 과연 하늘
에 오를 수 있겠는가?
20 보이는 눈물보다도 마음속에 흐르는
그 눈물까지도 너희들이 짊어져야 하
는 죄의 대목이라는 것을 잊지 말도록
나의 피조물 만백성에게 깨우쳐 주도

록 하라, 사랑하는 나의 아들아!

4,037 번째 하나님 말씀

2002년 11월 23일 21시 06분

1 사랑하는 나의 아들아!
2 "네, 아버님! 말씀하옵소서."
3 내가 너희들에게 작은 거짓말도 하지
말며, 농담의 거짓말도 하지 않는 그
훈련과 그와 같은 자세로써 살아가라
하였으며, 지키지 못할 약속이나 언약
을 하지 말라 내가 너희들에게 말하
였음이니,
4 이게 얼마나 무섭고 큰 죄인가를 너희
들은 알아야 할 것이니라.
5 너희들이 지키지 못할 약속이요, 거짓
하는 것은 정녕 용서받을 수 없는 것
이니, 이는 겉과 속이 다른 자의 대표
적인 행동이기 때문이니라.
6 그리하여 내가 너희들에게 그를 지키
라 그리 말하였음이니, 지금 나의 피
조물 만백성을 하늘로 인도하며 이끈
다는 종교 지도자들이 하고 있는 그
작태를 너희들은 알아야 할 것이니라.
7 그들은 정녕 저희들의 성전에 오는
자 구원받았다 말하며, 구원받을 수
있다 말하며, 천국으로 갈 수 있다 그
리 말하며, 금화와 은화를 많이 바치
며 기도 열심히 하라 그리 말하느니라.
8 그리고 저희들의 성전에 와 그 모두
를 다 바치라 말함이니,
9 저 자신도 구원을 받을 자격이 있는지
없는지 그 자체도 모르며 구원의 진정
한 길이 무엇이며 하늘에 오르는 그
기본이 무엇인지도 모르는 자가 구원
을 받을 수 있다, 구원을 받았다 하여
수천 년 동안 수많은 나의 백성들을
그리 속이고 거짓된 행위를 하고 살아
왔음이니,
10 저희들이 지키지도 못하며 행할 수도
없는 것을 저희들만이 할 수 있는 모
든 열쇠를 가지고 있는 것처럼, 모든
권한을 쥐고 있는 것처럼,
11 서슴없이 나의 아들 예수의 보혈로써
구원을 받았으며, 나의 아들을 찾으며
저희 손으로 지은 성전에 와 금화와
은화를 바치며 광란의 짓의 찬송을 부
르며,
12 저희들의 종교 지도자에게 잘못 가는
것을 탓하지 아니하며 저희들 인간의
종교 지도자를 제왕처럼 받들고 나
여호와요, 신처럼 받드는 그와 같은
행위를 하는 자 구원을 받는다 그리
하루에도 수십 번씩 말함이니,
13 그들이 짓는 그 죄가 얼마나 많으며,
나의 피조물 만백성들에게 약속을 지
키지 못하며 거짓 하는 행위를 얼마나
많이 하는가?
14 저희들 스스로 그 무서운 죄의 대가를
알지도 못함이니라.
15 그리하여 너희들이 죽어 왔을 때, 너
희들을 지도하며 너희들을 인도하며
하늘에 오르는 길의 종교 지도자요,
나로부터 대명을 받았다는 자들이 가
장 무서운 형벌을 받게 됨을 너희들은
알아야 할 것이니,
16 너희들보다도 몇십 배 형벌의 고통스
러움 속에서 저희 자신의 그 대가를
치름이니라.
17 지금이라도 그들이 그와 같은 고통 속

에서 헤어날 수 있으려면, 저희들이
구원을 할 수 있는 자격증을 가진 자
처럼 자격증을 주는 것처럼 그리고 판
정관인 것처럼 '구원을 받았다, 구원
을 받았다.' 하루에도 수십 번씩 하는
그 거짓말을 나의 법전을 읽는 순간부
터 회개하며, 더 이상 하지 말아야 할
것이니라.
18 저희들이 어찌 구원을 받는 것인지도
모르는 자들이 나의 아들 예수의 보
혈로써 구원을 받았다 그리 말하니,
19 하루에도 수백 번씩 저희들이 거짓
하며 지킬 수 없는 약속을 그리 남발
하였음이니,
20 죽어 내 앞에 왔을 때 지금 잘못 가르
치는 사악한 종교 지도자의 받는 죄가
제일 무겁고 무서움을 알아야 할 것
이니, 지금 저희들이 그것을 알 날이
머지않았음을 알라.
21 지금이라도 나의 법전이 세상에 나가
는 이 순간 저희들이 지키지 못할 약
속, 저희들이 알지도 못하는 그와 같
은 언약이요, 거짓말을 하지 아니하고,
22 바로 나의 피조물 만백성들에게 나의
법전을 가지고 깨우치는 그 대변화의
역사를 이룬다면, 정녕 그 지옥에서
구원의 길로 새 생명을 얻는 그와 같
은 은혜를 내가 내릴 것이니,
23 이 대목을 읽고 가슴에 손을 얹고 깨
우쳐, 목숨을 던지는 그보다도 더 무
서운 결단을 내리는 그와 같은 자, 구
원을 받을 수 있음을 알라.

4,038 번째 하나님 말씀

2002년 11월 23일 21시 21분

1 사랑하는 나의 아들아!
2 "네, 아버님! 말씀하옵소서."
3 모세가 이끌었던 그 백성들은 모세를
잃고 나서 가나안 땅이요, 약속한 땅
을 얻었음이니라.
4 그러나 그들은 그 약속의 땅을 얻고
그것으로 만족한 것이 아니며, 또 하
나의 나 여호와에게 기대하며 믿음이
있었음이니, 그것은 바로 무엇이던가?
5 가나안 땅을 얻은 그 후로 그것에 만
족하는 것이 아니요, 그것에 감사하는
것이 아니라 하나 또 얻고자 그리하
였으니,
6 저희들만이 심판을 받을 것이라 말하
였으며, 저희들은 심판을 받아 구원의
길에 들어서며 모든 백성은 다 지옥으
로 간다는 것을 믿고 그리되기를 바라
고 있었음이니라.
7 심판을 받아 저희들만이 구원을 받으
며 다른 백성은 다 지옥으로 간다는
그와 같은 믿음 속에서 그들은 그와
같이 기다리고 또 그를 믿고 있었음이
니, 그리고 그리 이루어지기를 바랐음
이니라.
8 하늘에서 심판자가 요란하게 내려와,
천국의 천군이 풍악을 울리고 내려와
너희들을 심판한다는 그와 같은 기대
감이 있었으며,
9 오로지 저희들만은 다 구원받는 그와
같은 백성이라는 그 믿음과 욕심에 젖
어 있었음이니라.
10 그러한 너희들 앞에 구세주로서 나타

난 나의 아들은 바로 무엇이더냐?
11 나의 아들 예수는 초라한 모습으로써
세상을 구제하는 구세주라 하여 세상
에 내려왔음이니,
12 그리하여 너희들은 그와 같은 예수를
보고 실망을 하였으며 믿지 않으려 하
였음이니라.
13 더욱이 나의 아들 예수는 너희들이 그
리 지키는 안식일이라는 것을 급할
때는 지키지 아니하고 행해야 할 때
행하는 역사를 이루었으며,
14 너희들이 말하는 이방인이라는 자를
구분하지 아니하며 그들을 구할 수 있
을 때 그들을 구원하는 그와 같은 행
위를 하니,
15 감히 지금까지 그리 지키고 살았던 너
희들은 이해를 할 수 없었으며, 너희
들과 너무나 상반되는 그와 같은 예
수요, 구세주라는 자가 하는 행동을
보고 너희들이 그리 욕하며 비방하기
시작하였음이니라.
16 그리하여 너희들은 나의 아들을 그리
고통스럽게 죽음의 길로 몰았음이니,
17 그러나 너희들은 여기서 알지 못함이
있음이니라.
18 나는 내 명한 자로서 나의 아들에게
명하기를 모든 백성은 다 한 형제니
그들을 사랑하며 똑같이 보라 하였으
며, 그 뜻을 받은 나의 아들 예수는 그
를 행하기 위하여 만백성을 사랑하는
그와 같은 형국으로 행동함이니,
19 그를 더 이상 볼 수 없으며, 차별화되
고 특별한 특혜받은 인간이라 생각하
는 너희들로서는 그를 받아들일 수도
없으며 용서할 수가 없었음이니,
20 그리하여 나의 아들 예수를 그리 죽음
으로 가는 그 길로 너희들이 선택하
였음이니, 정녕 그와 같은 것이 그 시
대의 백성이 가지고 있던 마음의 자
세이니라.
21 너희들은 알아야 할 것이니라.
22 지금 너희들이 특별히 선택된 백성이
라는 그 행동이 얼마나 어리석은 일인
가?
23 그 어리석음 때문에 너희들이 나의 아
들 예수요, 만백성을 구하는 나의 성
령을 전하는 나의 아들을 그리 죽였음
이니,
24 지금의 너희들이 믿고 가는 종파들은
또 과연 어떠하던가?
25 2천 년이 흐른 지금 믿음의 길을 가는
종파 너희들은 과연 어찌하는가?
26 너희들만이 구원을 받는 위대한 백성
이며, 모든 백성을 다 사랑함이 아니
요, 차별화를 두고 가는 것이 너희들
이니라.
27 그러나 지금 나의 성령이요, 나의 뜻
을 받아 기록하는 나의 법전이요, 이
를 행하는 나의 아들과 이 법전의 내
용에서는 너희들에게 무어라 깨우치
는가?
28 만백성은 나 여호와의 사랑하는 아들
딸이니, 다 똑같이 그들을 내가 다루
며, 그들을 똑같이 구원하고자 하며
똑같이 사랑하는 마음으로써 너희들
이 먼저 그 사랑하는 마음부터 갖고
살아가라 내가 너희들에게 그리 가르
침이니,
29 이를 보고 지금 모든 종파들이 이 법
전은 사탄이요, 사악한 자가 만들어

냈 것이라 하여 이를 태워 버리며 찢
어 버리며 세상에 존재치 못하도록 하
며, 그리고 나의 아들을 핍박하고자
하는 것이니,
30 바로 그와 같은 행위를 하는 것이 사
탄의 짓이 아니고 무엇이더냐?
31 나 여호와 창조주로부터 만백성을 사
랑하라는 명을 받은 나의 아들이 세상
에 나가 만백성을 사랑함이니,
32 나 여호와의 뜻에 따라 나의 명을 내
아들이 행하는 것을 모르는 어리석은
백성이 그를 그리 박해하고 죽게 했
듯이,
33 지금 나의 법전에 기록하여 모든 백성
이 형제요, 나의 아들딸임을 알아 무
엇보다도 인간을 먼저 사랑하고 존중
하는 그와 같은 마음을 가지라 가르치
니 이를 보고 사탄이요, 사악한 자라
말함이니, 과연 누가 사탄이요, 사악
한 자인가?
34 지금도 너희들은 천국에서 천군이 나
팔 불며 내려와서 너희들을 구원할
것이며,
35 그가 왔을 때 죽은 자도 다 들림을 받
고 산다는 그와 같이 어리석은 믿음을
믿고 가는 너희들이 이 꿈에서 깨어나
며 환상에서 깨어나야 하며,
36 너희들은 흘러가는 사람이 전한 말이
요, 그저 쓸데없는 사람이 지껄이는
말을 진정한 하늘의 뜻이라 믿고, 너
희들은 천국에 있는 천군들이 나팔 불
며 내려와서 너희들을 구원할 때 죽
은 자도 다 살아나며 몇천 년 전에 죽
은 자도 다시 살아나며 그리하여 부활
의 역사가 이루어질 것이라 그리 믿는
환상적인 꿈에서 깨어나야 할 것이니,
37 너희들은 정신 나간 자가 지껄인 그
이야기를 하늘의 뜻이라 그리 믿고 지
금 따라가는 어리석은 행위를 중단할
때가 되었음을 그리 알라.

4,039 번째 하나님 말씀

2002년 11월 23일 21시 47분

1 사랑하는 나의 아들아!
2 이 동양의 작은 나라에서 만백성을 구
하는 나 여호와의 성령의 역사가 이루
어지고 있음이니라.
3 곧 만백성의 구세주요, 새로운 왕이라
하는 것은 나의 성령이 내려가는 것을
말하며,
4 그 구세주가 온다는 것을 너희 민족은
믿고 있었으며, 너희들은 입으로 전해
오는 그와 같은 예언자들의 말을 들어
알고 있었을 것이며, 너희들은 그와
같은 역사가 이루어질 것이라는 것을
확신하는 자들이 수없이 많이 있음이
니라.
5 그리하여 모든 종파는 저희들의 종파
를 통하여 구세주요, 새로운 왕이 올
것이라 하여 저희들 나름대로의 그
종파에서 기다리는 마음이 가뭄의 단
비보다도 몇천 배 더 애절한 마음으로
기다리고 있음이니,
6 수많은 종파들은 동양의 작은 나라에
구세주요, 새로운 왕이 온다 하였음이
니 저희들 종파 속에서 새로운 왕이
오며,
7 저희들만의 지도자가 새로 온 왕이며
새로운 구세주라는 그와 같은 착각 속

에 헤매고 있는 것이 지금 그와 같은 형국이 아니던가?
8 그러나 여기서 너희들은 알아야 할 것이니라.
9 그와 같은 역사의 흐름이요, 너희들의 입으로 전해지는 새로운 구세주요, 왕이 온다는 것은 나의 말이요, 뜻이니,
10 그리하여 지금 나의 아들로 하여금 나의 뜻을, 지금 너희들을 구원하는 구세주의 법전을 내가 책으로 만들어 160권이라는 대장서로 세상에 나오도록 함이니,
11 너희들은 이 나의 성령이 곧 구세주요, 새로운 왕이라는 것을 깨달아야 할 것이니 그리 알라.
12 너희들을 구하는 것이 구세주요, 너희들을 구원하는 인도자가 왕임이니,
13 나의 법전이 너희들을 구원하는 길의 안내자이니라.
14 모든 타민족은 지금도 저희들을 구원할 구세주가 저희 종파에 온다 생각하며 저희 나라요, 저희 집단에 올 것이라 하여 지금 너희들과 똑같은 마음으로 그리 기다리고 있음이니라.
15 그러나 지금 작은 나라, 너희들 민족 속에서 내가 나의 성령의 구세주를 지금 너희들에게 내려보내고 있음이니, 그 뜻을 너희들이 지금도 알지 못하고 있음이니라.
16 동양의 작은 나라, 너희들의 민족에 내가 내리는 구세주요, 새로운 왕이요, 그를 창조주인 나 여호와가 성령으로 나의 메시지로써 책으로 만들어 전하고 있음이니,
17 이를 동양의 작은 민족의 너희들이 믿지 않으려 하며 그를 인정하지 아니하려 하며 그를 부정하려 하고자 함이니,
18 과연 어떠한 민족이 이 뜻을 믿으며 이를 따른다 생각하는가?
19 너희들은 우선 160권의 법전이 세상에 내려오는 그 위대함을 알며 너희들이 깨달음을 얻을 것이며,
20 이는 곧 160권의 나의 성령이요, '하늘에 오르는 길'이요, '하나님! 말씀하옵소서' 하는 이 책이 곧 새로운 구세주요, 새로운 왕이 세상에 내려왔음을,
21 너희 동양의 작은 나라에 사는 백성은 이를 인정하고 너희부터 대변화의 개혁을 이루며 너희 스스로 굳건히 일어서며,
22 동양의 작은 나라 너희들의 문자요, 글로써 내 법전이 세상에 전해지는 것을 다시없는 크나큰 영광이라 생각할 것이며, 너희들이 육의 삶에서도 선택받은 백성으로서 은혜와 은총을 입을 것이니,
23 이 동양의 작은 나라의 만백성이 다 나의 성령이요, 나의 뜻이라 믿고 자부심을 가질 때,
24 너희 육의 삶의 고통과 시련 그 또한 내가 선택된 백성으로서 증명하는 은혜를 내릴 것이니, 이를 명심하여 기억하도록 그리하라.

4,040 번째 하나님 말씀

2002년 11월 23일 21시 53분

1 사랑하는 나의 아들아!
2 "네, 아버님! 말씀하옵소서."

3 성서의 그 문장을 그대로 읽어서는 아
무것도 알 수 없으며 깨달을 수 없다
내가 수차 너희들에게 말하였음이니,
이는 비유의 뜻으로써 모두를 나타냄
이니라.
4 너희들이 이 뜻을 알기 전에, 알아서
는 안 되는 그 시대에 알아서는 안 되
는 그 세월 속에서 알아서는 안 되는
백성이 그를 깨우쳐 읽었을 때, 너무
나도 무서운 결과요, 파장이 일기 때
문에,
5 2천 년 동안 너희들은 그 비유의 뜻을
알지 못하며 그저 문맥을 그대로 읽어
서 그대로 가르치는 그와 같은 형국이
지금까지 흘러왔음이니,
6 그 모두는 나 여호와의 뜻임이니라.
7 그 문맥을 그대로 읽어서는 아무것도
알 수 없으며 그 속에 숨어 있는 그 뜻
을 해독할 수도 없는 것이 지금까지
종교 지도자들이요, 구원을 받고자 하
여 그를 따르던 너희들이 살아온 그
형태임을 알아야 할 것이니라.
8 성서에 있는 그 문장의 뜻을 알지도
못하며 그를 해독할 수도 없는, 해독
할 능력이 없는 자들이 그를 소설책처
럼 그저 읽어 넘어갔으며,
9 그를 가지고 만백성을 꾀어 하늘에
오르는 길이라 그리 가르치고 있음이
니, 이는 정녕 아무도 모름이니라.
10 2천 년이라는 세월이 흐르는 그 속에,
성서가 가지고 있는 뜻이 있으며 그와
같이 비유로 한 뜻이 있음이니,
11 그것을 읽어서는 아니 될 자, 깨닫지
못할 자가 이를 깨달았을 때, 너무나
도 무서운 세상의 흐름의 역사를 바꿀
수 있는 그와 같은 형국이 이루어지기
때문에, 아무도 그 뜻을 알 수가 없었
음이니라.
12 이제 제3의 시대에 이르러 나의 성경
을 이해하고 뜻을 알며 그리고 잘되고
잘못된 부분을, 인간의 계명을 집어넣
은 것을 구분할 수 있는 그와 같은 시
대가 바로 제3의 시대에만 역사할 수
있기에 2천 년 동안 너희들이 그 속을
알지 못하고 흘러왔음이니라.
13 이제 나의 법전을 3회 이상 정독하는
자, 그와 같이 선택된 자만이 성서의
그 비밀을 알며, 그 뜻을 알며, 그를
해독할 수 있는 지혜와 능력을 내가
줌을 알 것이며,
14 그 백성들이 제대로 밝혀 짚고 넘어
갈 것이니 그리 알라.

4,041 번째 하나님 말씀

2002년 11월 24일 08시 07분

1 사랑하는 나의 아들아!
2 "네, 아버님! 말씀하옵소서."
3 그 누구도 이룰 수 없는 역사요, 세상
의 만백성이 쓰는 언어로 번역하며 그
글로써 세상에 내보내라 전한 3부인
48권의 법전을 네가 다 기록함이니,
그 기특함과 장함을 나 여호와요, 천
사요, 사탄도 놀라고 있음이니라.
4 나의 법전이 너희들에게 전하기를, 나
쁜 짓 하며 거짓 하며 남을 속이며 그
와 같이 살아가라는 내용이 거기에 하
나도 없으며,
5 이를 받아쓰는 나의 아들이요, 목자인
네가 너 스스로 달구고 다스려 한 점

의 부끄럼 없는 삶을 살아가고자 노력
하며 변해 감이니,
6 그 또한 남이 어찌 탓할 수 있으며, 이
것이 나의 성령이 아니라 누가 말할
수 있으며, 창조주 나의 뜻이 아니라
말할 수 있겠는가?
7 사랑하는 아들아, 너와 너의 제자들이
지키고 살아야 할 것이 있음이니라.
8 남을 사랑하고 칭찬하며 너희들이 살
아가면서 많은 사람과 부닥칠 때, 너
희들은 사랑하고 양보하는 것이 반드
시 한계가 있음이니,
9 모두를 다 용서하고 이해하는 마음으
로 살아가야 할 것이니라.
10 그와 같은 마음을 너희들이 아부요,
비굴한 행동이라 생각하지 아니하며,
네 자존심이요, 너희들의 인격이 무시
되었다는 생각을 버려야 할 것이니라.
11 너희들이 무시당하며 너희 자신의 인
격을 무시당했다는 그런 생각을 버리
지 아니한다면 너희들은 항상 누구와
도 시시비비를 할 수 있는 그 마음의
뿌리가 가슴에 도사리고 있음이니,
12 서로 대화 속에 치받는 그와 같은 성
격을 갖는 너희들이 과연 변화된 백성
이라 할 수 있겠느냐?
13 남이 넘을 수 없는 강을 넘으며 남이
참을 수 없는 것을 참는 것이 너희들
이 가야 할 길이고 사랑이거늘,
14 너희들은 그를 자존심이 상하며 비굴
하며 아부한다는 생각으로 그리 보지
말라.
15 남이 너희들에게 치받는 것을 참고 인
내하고, 그저 스펀지가 물을 빨아들이
듯이 받아들일 수 있는 그것이 너희들
의 변한 모습이니, 그는 비굴한 게 아
님을 알아야 할 것이니라.
16 이제 세상에 나가서 만백성과 부닥칠
때, 너희들이 그와 같은 마음의 자세
를 갖고 살아가는 아름다운 모습으로
변하는 것만이 너희들에게 남아 있음
이니,
17 나 여호와가 너희들에게 직접 내리는
이 나의 뜻이요, 명령을 수행하며 지
키도록 그리해야 할 것이니라.
18 사랑하는 아들아!
19 너희들은 그것이 바로 한 입 가지고
두말하는 것이 아니며, 속과 겉이 다
른 행동이 아니라는 걸 알라.
20 너희들이 비굴하고 처참한 것이 아님
을, 그리고 그것이 너그러움이요, 사
랑인 줄 알라.
21 너희들은 이 이치를 깨달아야 할 것이
니라.
22 지금 많은 종교 지도자들이 살아가면
서 뭐라 말하는가?
23 저희들은 대중 앞에 눈물 흘리며 소리
지르고 악을 쓰느니라.
24 문을 열어라, 문을 열자, 마음의 문을
열자, 사랑의 문을 열자, 그리고 만백
성을 사랑하자 저희들은 그리 눈물 흘
리고 환호하며 악을 쓰느니라.
25 그리 말할 때 그들은 도취되어 나에게
은혜 받았다 하나, 과연 그들이 무슨
마음을 여느냐?
26 말은 그리하며 저희 자신이 은혜 받았
다 그리 소리 지르면서 저희들과 같은
믿음을 가지지 않는 자라 하여 형제
요, 부모도 경원시하는 자들이 세상사
살아가면서 남에게 부닥쳐서 저희들

에게 손해가 가고 이름 석 자의 명예
를 훼손시켰다 할 때, 도끼 들고 대들
수 있는 자들이니,
27 그 고비를 넘고 그와 같은 행위를 하
지 않는 것이 너희들이 가야 할 길이
고 행하여야 함을 잊어서는 아니 되느
니라, 사랑하는 나의 아들아!
28 말로 마음의 문을 열고 말로 사랑의
문을 열자 하면 무엇하느냐?
29 그리고 울고불고 저희들이 광란의 짓
을 하면 무엇하느냐?
30 실질적인 행동은 그리하지 아니하며
살아가는 것은, 그와 같지 못할 때 이
는 겉과 속이 다른 자들이니, 그를 내
가 제일 미워하며 그들의 죄가 무서
움을 그들이 모르나니,
31 너희들은 비굴한 것이 아니니라.
32 용서하고 이해하는 것은 승자의 길이
며 그것이 사랑임이니 그를 명심하도
록 하라.
33 너희들이 한 번 참기 어려운 것을 두
번, 세 번, 열 번 참았을 때, 그들은 그
를 알게 될 것이니 그리 알라, 사랑하
는 나의 백성들아! 그리 살아가라.

4,042 번째 하나님 말씀

2002년 11월 24일 08시 13분

1 사랑하는 나의 아들아!
2 "네, 아버님! 말씀하옵소서."
3 너희들은 천국에서 천병들이 요란히
내려와 너희들을 구원할 것이라는 그
와 같은 믿음의 환상에서 깨어나야
한다 내가 말하였음이니라.
4 하늘에 오르는 길이요, 참진리의 길은
너희들이 가장 낮은 곳에서 일어나는
일들이 나 여호와가 경영하는 것이라
는 것을 잊어서는 아니 될 것이니라.
5 이제는 너희들이 그와 같은 역사가 없
음을 알라.
6 나의 아들 예수가 재림하며 하늘에서
천병이 내려와 죽은 자 가운데 너희들
만이 구원받는다는 그와 같은 생각과
착각에서 벗어나서 살 때가 되었음을
알아야 할 것이니라.
7 그 모두는 너희들이 지어낸 말로서,
너희들이 지어낸 말에 현혹되어 지금
까지 살아가는 그와 같은 어리석은 삶
을 살지 말라 하였음이니라.
8 너희들은 가장 낮은 곳에, 너희들의
생활 속에, 내가 경영하는 그 진리가
거기에 있음이니, 그리하여 내가 너희
들에게 뭐라 깨우쳤는가?
9 만백성을 구한다 말하지 말며, 너희들
이 직접 깨우친 그것을 가지고 너희
들이 믿는 것만이 참진리의 뜻이라 하
여 땅끝까지 따라가 모든 백성을 일
깨워 구원하겠다 그와 같이 하고 살아
가는 그 형태로 남을 구원하고자 하
기 전에,
10 스스로 너희들부터 변해야 하며 너희
들이 구원을 받은 자가 되어야 한다
내가 그리 말하지 아니하였던가?
11 너희들이 나의 계명대로 살아가는 그
완벽한 생활을 먼저 터득하며 변하는
생활을 하는 그 삶을 먼저 살라 하였
음이니라.
12 내가 원하는 그 계명대로 살아가도록
노력하며 하루하루 변하는 삶을 사는
자만이 만백성을 구할 수 있으며 만백

성에게 빛이 될 수 있다 내가 너희들
에게 말하였음이니, 이를 깊이 깨우쳐
행하도록 하라.
13 그리하지 아니하고 너희 자신이 구원
을 받지도 못하면서 남을 구원한다
하며, 너희들의 종파만이 위대한 것이
라 하여 그 종파의 뜻을 전하는 것만
을 너희들이 지상 끝까지 좇아가서
행하여야 한다는 그 착각 속에서 벗
어나야 할 것이니라.
14 너희들이 스스로 변화되었을 때, 너희
들이 변화된 그 속에서 만백성을 구하
는 그와 같은 자로서 내가 명한 자요,
내가 선택한 자가 그 길을 갈 수 있음
이니,
15 너희들부터 먼저 변하는 그와 같은 삶
을 살아야 할 것이니라.
16 내가 너희들에게 2천 년 전에 또는 몇
천 년 전서부터 너희들을 깨우치기를,
나의 계명을 지키고 사는 것이 하늘에
오르는 길이요, 영혼을 구원하는 길이
라 그리 강조하였거늘,
17 너희들은 그는 지키지 아니하고 그리
행하지 아니하면서, 길거리에 가서 너
희들이 가는 길을 믿는 것만이 구원
을 받는다 소리 지르는 것은 남을 괴
롭게 하며 남을 귀찮게 하는 그와 같
은 죄요, 행동을 하고 있음을 알아야
할 것이니라.
18 이제 자기 자신을 깨닫는 자, 그리고
나의 백성이라면, 백성 중에 가장 불
행하고 어리석은 백성은 바로 십계명
을 모르며, 십계명대로 살아가야 하며
십계명을 지키고 살아가야 한다는 것
을 모르는 자, 그리고 지금 제3의 시
대에 내가 내리는 나의 법전을 보고
그 법전의 뜻이 나의 성령이요, 이가
하늘에 오르는 길의 기본이요, 근본이
요, 기초라는 것을 모르는 자,
19 그와 같은 자가 가장 불쌍한 백성이라
는 것을 너희들은 그리 전해 주면 알
게 될 것이니 그리하도록 하라.
20 너희들이 먼저 변해야 함을 잊지 말
라.

4,043 번째 하나님 말씀

2002년 11월 24일 08시 17분

1 사랑하는 나의 아들아!
2 "네, 아버님! 말씀하옵소서."
3 너희들이 나 여호와가 존재하며 나
여호와의 전지전능함을 알고자 하거
든, 너희들의 얼굴의 형태요, 몸매를
거울에 비춰 보면 그를 알 수 있다 하
였으니,
4 스승이 바로 너희들 몸이라 내가 그리
말하였으며,
5 그 오묘하고 꼭 필요한 자리에 있는
너희들의 이루어진 그 아름답게 생긴
형태를 보면 거기에서 깨달을 수 있
다 내가 말하지 아니하였던가?
6 그러한 너희들의 그 아름답고 꼭 있
어야 할 곳에 모두가 형성되어 그리
꾸며진 너희들의 형태가 어디에서 태
어나며 너희들은 과연 어디에서 오는
것인가를 생각해 보았는가?
7 그리고 너희들은 어디에서 와서 어디
로 어떻게 살아가며 너희들이 취하고
얻는 모든 것이 과연 나로부터 받은
것이 아닌가 생각해 보는 그 깨달음을

얻어야 할 것이니라.
8 너희들은 정녕 어디에서 와서 이 세
상에 육을 가지고 나와 너희들이 취하
고 얻고 사는 그 모두는 누가 주었으
며, 또한 육이 쇠퇴해 죽어 갈 때 과연
너희들은 어디로 가는가?
9 결국 너희들은 죽음이라는 그 문턱을
넘게 되어 있음이니,
10 너희들은 죽을 때까지 육과 영혼이 구
분되지 아니하고 산다는 것을 어찌 모
르는가?
11 너희들이 죽어 갈 때, 그때에만 영과
육이 구분되어 가거늘, 지금의 삶에서
종교 지도자들이 어찌 가르치는가?
12 육이 행하는 것은 죄악시하며 영혼이
하는 것만이 구원을 받는 길이라 분
리시켜 놓고 가고 있음이니,
13 이 어리석음을 내가 너희들에게 다시
한 번 강조함이니, 그리 살아서는 아
니 되는 것을 너희들은 알아야 할 것
이니라.
14 사랑하는 나의 아들아!
15 "네, 아버님! 말씀하옵소서."
16 정녕 지금의 종교 지도자들이 높은 단
상에 앉아서 기도하고 경배하면서 많
은 백성들과 다른 공을 가진 자들이
라 하며, 그리고 너희들이 말하는 많
은 금화와 은화를 주고 얻은 그 값진
이름을 가진 신도라는 자들이 과연
어찌 살아가는가?
17 너희들은 그들을 놓고 분석해 봐야 할
것이니라.
18 정녕 너희들이 믿음을 가진 기간이
긴 만큼, 긴 세월동안 믿음의 길을 공
부하고 깨우친 자는 그만큼 천사와
같이 변화되어 있어야 하는 것이거늘,
19 그와 같이 변화되지 아니한 자는 진정
한 나의 참진리의 길을 가는 것이 아
니니,
20 그와 같이 변화된 자는 자기 자신을
다스릴 줄 알아야 하는 것이며 스스
로 자기 자신을 다스려야 하는 것이니
라.
21 너희들의 가장 무서운 적이요, 가장
무서운 것이 무엇이라 말하였느냐?
22 자기 자신을 다스리는 것이며, 자기와
의 싸움이라 하지 아니하였는가?
23 자기 자신을 다스리지 못하는 자는 믿
음의 세월을 아무리 많이 가졌으며
아무리 많이 공부를 하였으며 아무리
높은 자리에 앉아서 만백성의 근본이
라 하며 저희들을 감히 따를 수 없다
하며 저희들을 본받고 살라 하며 그
저 단상에 앉아 예배하고 경배해도,
그와 같은 자들이 다 무엇이더냐?
24 바로 저 자신을 다스리지 못하는 그
와 같은 자는 나 여호와의 뜻에 따라
배운 자가 아니며, 깨달은 자가 아니
며, 하늘에 오르고자 하는 삶을 사는
자가 아니니,
25 이것으로써 너희들이 구분하는 방법
이니 그리 알라.

4,044 번째 하나님 말씀

2002년 11월 24일 08시 27분

1 사랑하는 나의 아들아!
2 "네, 아버님! 말씀하옵소서."
3 나의 만백성 중에 한 사람의 생명을
구원한다는 것이 얼마나 소중한 것인

가를 알겠느냐?
4 그것이 만백성을 구하는 것과 똑같으
니라.
5 너희들이 한 생명을 구원하여 그가 나
의 뜻을 알며 나의 계명대로 살아가도
록 사람 하나를 인도했을 때, 그게 바
로 만백성을 구하는 그와 같은 역사를
이루게 됨이니라.
6 바로 내가 이루고자 하는 새로운 시
대에 사는 백성은 그리 변하는 백성만
이 살도록 하는 것이 그 역사함이니,
7 그 자손이 바로 나로부터 선택된 백성
이요, 천 년 후에 이 지상에 존재하는
그 백성의 뿌리를 너희들이 구원할 수
있기 때문이니라.
8 그리하여 너희들이 한 생명을 구원하
는 것이 만백성을 구원하는 그 역사라
는 것을 알고, 한 사람을 구원하되 최
선을 다해야 할 것이니라.
9 그 후손이 천 년 후에 이 세상에 존재
하는 백성의 조상을 너희들이 구원하
는 것인지 모르기 때문이니라.
10 그리하여 한 생명을 지옥으로 인도하
는 것이 너희들은 얼마나 무서운 것
인 줄 아느냐?
11 그 백성의 후손이 천 년에 걸쳐서 만
백성을 구하는, 하늘에서 이루어진 것
같이 지상의 낙원이 이루어졌을 때 거
기에 존속하는 그 뿌리가 될 수 있는
사람을 너희들이 지옥으로 인도하여
보냈다면, 만백성을 죽이는 그와 같은
무서운 죄를 지음을 너희들은 알아야
할 것이니라.
12 사랑하는 나의 아들아, 세상사의 모든
가르침이 그러하니라.
13 그리하여 성서의 깊이를 아무나 알 수
없다 하였으며,
14 내가 가르치는 것을 직접 너에게 전하
듯이 설명하여 손에 쥐여 주는 이와
같은 깨달음이 없을 때, 나의 뜻을 아
무도 알 수 없는 것이니,
15 그러한 이치를 너의 제자들은 알아야
할 것이니라.
16 너희들이 구원의 길이요, 믿음의 길이
라는 것은 정녕 너희들의 요령이나 잔
꾀요, 수완으로써는 절대 오를 수 없
으며 그를 볼 수 없다는 것을 다시 한
번 너의 제자들과 만백성에게 전해
줘야 함을 알라.
17 너희들이 세상에 살아가면서 순간의
잔꾀요, 순간의 요령으로써 모면하고
넘어갈 수 있으며 모두를 이룰 수 있
다 생각하나,
18 하늘에 오르는 길이요, 진정한 믿음의
길은 너희들의 요령이요, 잔꾀요, 잔
수완으로써 이루어질 수 없으며 행하
여질 수 없다는 것을 나의 피조물 만
백성에게 전해야 할 것을 잊지 말라.
19 사랑하는 나의 아들아!
20 "네, 아버님! 말씀하옵소서."
21 너희들 자신이 변하고자, 천사와 같이
되고자 노력하는 자는 세상사에 살아
가는 그 속에서 남의 허물이 보이지
아니하며 남의 잘못이 절대로 보이지
않는다는 그 사실이 얼마나 소중한 것
인가를 알아야 할 것이니라.
22 너희들이 남을 사랑하기를 저 자신과
같이, 제 마음과 같이 사랑하며, 제가
변한 마음을 가지고 있는 자는 남의
허물이나 남의 잘못하는 것이 보이지

아니함이니,
23 그 뜻은 바로 제 마음이 천사와 같이
되어 있기 때문에, 자신의 마음이 천
사처럼 변하여져 있으니 남들도 다 저
자신의 마음과 같이 생각하기에 보이
지 아니함이니라.
24 그 모두를 보는 것은 제가 변화되지
못하였기 때문이니,
25 너희들이 남의 허물을 보는 것이 얼
마나 잘못되었는가를 알아야 할 것이
니라.
26 모두는 다 제 것처럼 소중하게 보며
저 자신처럼 소중하게 보며 천사와 같
은 마음으로 변한 자는 모두가 저처럼
소중하고 아름답기 때문에 그와 같이
아름다움으로만 모든 것이 보이는 것
이니라.
27 남이 가진 허물이 보이는 자는 저 자
신의 누덕누덕한 그 허물을 짊어지고
있으며, 아직 변화의 문턱에 발을 들
여놓지 못한 백성이라는 것을 너는 너
의 제자들에게 깨우쳐 주고 가르쳐
줘야 함을 잊어서는 아니 되느니라,
사랑하는 나의 아들아!

4,045 번째 하나님 말씀

2002년 11월 24일 08시 33분

1 사랑하는 나의 아들아!
2 너희들이 믿는 자 뭐라 말하느냐?
3 이 세상의 모든 것은 나 여호와가 창
조하였으며 내가 필요로 하여 세상에
내보낸 것이라 너희들이 그리 말하며
그리 생각하고 살지 않는가?
4 그리고 종교 지도자 또한 그리 가르치
느니라.
5 그렇다면 너희들은 이 세상의 모든
것이 얼마나 값지고 소중한 것인가를
생각하고 그를 깨달아야 할 것이니라.
6 너희들이 말로는 세상 것이 다 나 여
호와가 필요하기 때문에 만들어 놓았
다 그리하느니라.
7 그러면서 그리 생각하지 아니하고 사
는 자들이 지금 바로 믿음의 길을 가
는 자들이니, 너희들은 세상사 모두를
다 사랑한다는 말을 감히 하지 말라.
8 지금의 종교 집단이 그러하니라.
9 저희들과 생각이 같지 않다 하여, 저
희들의 성전에 와 눈물을 흘리며 울
며불며 기도하지 아니한다 하여, 가진
재물을 바치지 아니한다 하여, 십일조
를 바치지 아니한다 하여 너희 형제
요, 이웃까지도, 너희 부모까지도 경
원시하고 사는 그와 같은 편협된 너희
들이 어찌 사랑을 알며 이 세상의 모
든 것을 다 소중히 한다 말하는가?
10 너희들은 남들 앞에서는 그리 말하며
대중 앞에서는 눈물을 흘리며 그리
말하나, 너희들처럼 편협하고 옹졸하
며 사악한 마음을 가진 자가 없느니라.
11 저희들만이 특별히 선택된 백성이라
는 그 착각을 버리지 못하고 있는 한
너희들은 이 세상 모든 것을 사랑할
수 있는 그 마음이 열리지 않은 증거
임을 알라.
12 나 여호와가 이 세상에 만든 그 모두
를, 내가 너희들에게 내려 준 것을 소
중히 생각하지 아니하며, 너희 생명보
다 더 감사하고 값지게 생각하지 아니
하는 자는 바로 모두를 내가 만든 것

이라 말하면서 그를 사랑하지 아니함
이니, 그는 곧 무엇이더냐?
13 나 여호와가 존재함을 믿지 아니하며,
말로써만 전지전능한 나 여호와를 찾
으나, 정녕 나를 모르며 나를 찾는 백
성이 아니라 하여 너희들이 울부짖는
것은 여름밤에 울부짖는 개구리의 소
리만큼도 나에게 들리지 아니한다 내
가 그리 말한 것을 너희들은 알아야
할 것이니라.
14 너희들은 그와 같이 변화되지 않는 삶
을 살며 이중적인 행동과 생각을 가지
고 하늘에 와 너희들이 구원받을 수
있다는 생각을 하지 말라.
15 내가 진정한 믿음의 길을 가는 자요,
참진리를 깨달아서 가는 백성도 쉬어
가서는 아니 된다 하며, 쉬어서는 아
니 된다 그리 말하였거늘,
16 너희들은 참진리를 찾는 것도 아니요,
나 여호와와 관계도 없는 그와 같은
믿음으로 살아가면서 과연 구원을 받
을 수 있다 말하는가?
17 하루를 나의 성령이요, 나의 법전을
읽지 않고 나의 강론을 듣지 않는 자
는 이틀을 내려가게 되며,
18 1년을 나의 뜻에 따라 공부하지 아니
하며 나의 아들이 가르치는 나의 법전
이요, 강론을 듣지 아니하는 자는 2년
을 내려가게 되며,
19 10년을 너희들이 믿음을 갖지 하지
아니하였을 때는 20년이 떨어져 감이
니, 결국 무엇이더냐?
20 그리하여 너희들 스스로 무너져 지옥
으로 가는 그와 같은 삶을 살아가는
것이니라.
21 잠시라도 나의 법전을 읽지 아니하며
나의 강론을 듣지 아니하며 회개의 기
도를 하지 아니하면 배로 추락하는 그
와 같은 것이 너희들의 삶이니,
22 그와 같이 추락하는 자를 사탄들이
그대로 바라보지 아니하는 것이 지금
의 형국이니라.
23 그러니 너희들은 나를 믿는 것이 아
니요, 나의 뜻을 따르는 것이 아니요,
나와는 전혀 관계도 없는 그와 같은
믿음의 길을 간다고 평생 부르짖고
있으니, 너희들이 지옥으로 가는 것은
당연한 것이 아니고 무엇이더냐?
24 이제 너희들은 각성하고 깨우칠 때가
되었으며, 나의 법전을 듣고 변화될
때가 되었음을 알아야 할 것이니라.
25 너희들이 정녕 내가 세상에 내려 준
것을 소중히 생각하지 아니하며,
26 말로는 값진 것이며 귀중한 것이며
나 여호와의 뜻이 세상에 나왔다 하
면서 그리 행하지 않는 너희들은 바로
무엇보다도 육의 삶에 모두를 다 바치
고 살기 때문이니라.
27 육의 삶보다는 몇천 배 소중하고 값진
너희들의 영혼을 위한 구원의 길이요,
영혼을 위해 사는 그 소중함을 모르기
때문이니라.
28 너희들은 영혼의 구원을 위하여 모든
것을 다 바쳐야 하거늘, 육의 삶을 위
하여 얽매이며 육의 삶에 매달리며 살
아가기 때문에 영혼을 구하는 그 소중
한 것을 너무나 낭비하며 너무나 다
버리고 사는 것이니라.
29 육의 생명이 살아가는 동안에 너희들
의 영혼을 구원함에 최선을 다해야

하거늘,
30 너희들 스스로 지금 영혼을 구하는 그 소중한 시간을, 너희들의 값진 그 생명 연장의 시간을 낭비하며 살아가는 것이 너희들임을 깊이 깨우쳐야 할 것이니라.

4,046 번째 하나님 말씀

2002년 11월 24일 08시 41분

1 사랑하는 나의 아들아!
2 이 세상의 아름다움이 얼마나 오묘하며 절묘하던가?
3 이 세상에 자연의 불어오는 그 바람이 계절에 따라 얼마나 아름답고 향기로우며 감미롭더냐?
4 눈 속에 덮이며 얼음 속에서 덮여 있는 그 세상 속에서 살아가는 동식물들의 그 살아가는 삶 또한 너희들은 얼마나 아름답게 보고 있느냐?
5 너희들이 이 세상의 모든 것이 나의 성전이라는 그 뜻을 알겠는가?
6 이 세상의 자연 속에 이루어지는 그보다 더 아름다운 것이 어디 있으며 저희들끼리 서로 교류하며 저희들끼리 교통하며 살아가는 그들의 그 모습이 자연스러운 것이 얼마나 아름다운 것이더냐?
7 너희들이 아무리 그림을 잘 그리는 자가 제 평생을 다 바쳐 한 장의 그림을 그려낸다 하여도 자연 속에 가지고 있는 그대로를 표현할 수 없는 것이 그림이며 너희들의 한계이니라.
8 그것보다 더 아름다울 수가 있다고 생각하는 자 세상에 아무도 없을 것이니라.
9 너희들이 자연을 그대로 사진이라는 것으로 찍어 내는 그것 또한 너희들이 그 자연 속의 아름다움이요, 오묘함을 능가할 수 있다 생각하는가?
10 절대 능가할 수 없는 것이 바로 너희들이며, 그를 알고 인정할 것이니라.
11 그와 같이 너희들이 도저히 그릴 수도 없으며 찍어 낼 수도 없으며 상상할 수도 없는 것이 이 지상의 아름다운 삶의 형태가 아니던가?
12 그러기에 내가 이 지상이 나의 성전이요, 이 나의 성전이 가장 아름다운 것이라 하였음이니라.
13 너희들은 어찌하여 그것을 모르는가?
14 이 내가 만든, 세상에 누구도 흉내 낼 수 없으며 누구도 만들어 낼 수 없는 이 아름다운 자연이 곧 나의 성전이라 하였음이니,
15 나의 성전에서 살아가는 백성 너희들은 똑같이 나 여호와의 아들과 딸임이니 내가 너희들을 사랑함이니라.
16 그리하여 내가 너희들은 서로의 스승이요, 스승의 자격이 있다 말하지 아니하였던가?
17 내가 바로 나의 아들을 통하여 나의 성전에 와 배우고 깨우치는 백성들은 서로 선생이라 부르라 한 뜻을 너희들은 알고 있는가?
18 너희들은 그 의미를 모를 것이니라.
19 내가 이 성전에 살아갈 수 있는 나의 아들딸을 세상에 내보내면서 각자 그만이 가장 잘할 수 있는 하나의 특성을 다 내려보냈음이니,
20 너희들은 각자 한 가지씩 가장 잘하

는 특성이 있으니,
21 100이라는 숫자가 내가 내려 준 특성
이라면 너희는 99가지를 모름이니,
22 그리하여 하나밖에 모르는 네가 99가
지를 가진 그 백성들에게 스승이라
부르며 스승으로 알고 살라 하였음이
니라.
23 그리하여 서로 너희들이 선생이라 부
르고 살라 했던 그 뜻을 이제 너희들
이 알겠는가?
24 그리하여 나의 성전에 와 공부하고 배
우는 백성은 다 선생이라 부르라 하였
음이니, 그 뜻이 여기에 있음을 알라.
25 그리하여 나는 나의 아들에게 뭐라 말
하였느냐?
26 나의 아들 또한 그가 가장 잘하는 특
성 하나를 가지고 있음이니, 그 또한
나 여호와의 종이요, 만인의 종이라
내가 그리 가르치며 그리 살라 한 것
이 바로 여기에 있음이니,
27 내가 너희들은 서로 스승이라 부르며
선생이라 부르라 한 말을 알겠는가?
28 너희들이 구걸하는 기술도 기술이요,
너희들이 아부라고 해서 견디며 이기
는 것도 기술이요, 그 무엇 하나도 손
재주도 다 너희들만이 가지고 있는 기
술이니, 너희들이 그를 배워야 하기
때문에 스승이니라.
29 너보다 나은 자를 스승이라 부르는
것은 당연하니, 그리하여 너희들이 서
로 부를 때 선생이라 부르라 그리하
였음이니라.
30 사랑하는 아들아, 그와 같은 뜻을 너
의 제자들에게 깨우쳐 주고 전하도록
하여야 할 것이니라.
31 이제 이와 같은 이치를 하나하나 깨우
쳐 가는 너희들은 세상사에 살아가면
서 모든 향락을 통제하며, 부끄러움을
알며, 너희 자신이 어디에 서 있는가
를 알아야 할 것이니라.
32 너희들은 다 한 가지밖에 특성이 없
는 인간이라는 것을, 그것밖에 가지고
있지 않은 인간이라는 것을 스스로
인정하며 낮은 자세로 살아가는 그와
같은 삶을 살며,
33 세상사 모두에 네 마음을 다스려 이루
고자 하는 욕심, 얻고자 하는 욕심, 시
기하는 마음, 인간 세상의 향락에 젖
어 가고자 하는 마음, 그 모두를 억제
하며 다스려 가는 그와 같은 삶을 살
아가야 함을 잊어서는 아니 될 것이니
라.
34 이제 너희들은 그와 같이 살아가는 속
에서 자신의 영혼이 구원을 받을 수
없는 그와 같은 길을 가는 것이 아니
요, 너희들이 구원을 받을 수 있는 그
길을 위하여 달려가는 자가 가장 현명
한 자임을 알아야 할 것이니라.
35 내가 너희들에게 한 가지의 특성을
준 것을, 제가 세상 것을 다 가졌으며
저희들만이 유능하며 저희들만이 똑
똑하다 생각하는 자가 얼마나 대표적
인 어리석은 자인지 너희들은 알아야
할 것이니라.
36 저희들이 정녕 어디에 서 있는지도
모르면서 저희들만이 나에게 올 수 있
다 감히 그와 같이 생각하는 자들은
인간 세상에서 저희만 똑똑하며 저희
만 특정한 지혜를 받았다 생각하는
자들보다 천배 만배 어리석은 자들이

니,
37 구원의 길은 그리하여 올 수가 없기
때문임을 알아야 할 것이며, 만백성에
게 너희들은 가르쳐 줘야 할 것이니
그리 알라.
38 저희들 것만이 위대하며 제가 가진
것이 가장 위대하며 제가 가장 똑똑한
자며 저만 영리한 자며 저만 남에게
속지 않는 자며 저희들이 가는 그 믿
음만이 구원의 길이라 생각하며 그
길만을 달려가는 자, 참된 진리를 볼
수 없으며, 참된 진리의 길을 얻을 수
도 없으며, 바라볼 수도 없으며,
39 남의 장점을 저희 것으로 만들 수 있
는 자질도 없으며, 남의 장점을 믿고
그와 같은 장점을 보아 제 것으로 만
들 수 있는 그와 같은 기회마저도 갖
지 못하며 그와 같은 행동도 할 수 없
는 가장 어리석고 우매하며 불쌍한 백
성이라는 것을 알아야 할 것이니라.

4,047 번째 하나님 말씀

2002년 11월 24일 08시 50분

1 사랑하는 나의 아들아!
2 "네, 아버님! 말씀하옵소서."
3 너의 제자들에게만이라도 깨우쳐 주
라.
4 그리고 나의 법전을 읽고 깨우치는 백
성 너희들만이라도 나의 간절한 뜻을
알아야 할 것이니라.
5 내가 너희들이 사랑을 베풀며 살며 이
세상을 인정과 덕으로써 살아가는 그
마음을 뭐라 말하였느냐?
6 우선 너희들이 살아가는 인간 세상에
나눔의 정보다도 이 지상이 내가 만
든 성전이요, 이 세상에서 사는 나의
백성은 나의 아들딸이라 하였으니 너
희들이 형제라 하였음이니라.
7 그리하여 그들이 어떠한 종파에 젖어
있든, 어떠한 종파의 길을 가든 내가
필요하여 선택하여 그들을 불러 쓸
수 있으며,
8 그들이 바로 참진리의 길을 갈 수 있
으며 그와 같은 깨달음이 있을 수 있
기 때문에 모든 종파요, 남의 종파를
너희들이 인정해 주며 그들을 사랑할
수 있는 마음으로 살아가는 것이 가장
소중함이니,
9 그것이 진정한 사랑의 한계를 넘어 하
늘에서 다스리고 하늘에서 베푸는 하
늘의 사랑의 뜻을 너희들이 실천함이
라 내가 하였음이니라.
10 모두를 사랑할 줄 아는 자, 그리고 형
제의 소중함을 아는 자만이 나의 피조
물 만백성으로서 사랑을 아는 백성이
라 내가 말하였음이니라.
11 만백성 그 모두는 나의 아들딸이기
때문이요, 그러니 너희들의 형제임이
니라.
12 너희들이 형제의 소중함을 모르는 자
가 어찌 구원의 길을 올 수 있다 말하
는가?
13 성서에 내가 기록하여 두었음이니라.
14 너희 형제지간에 반목하는 자 지옥으
로 간다 하였음이니, 너희들은 한 가
정에 한 성씨를 가지고 한 부모 밑에
서 태어난 몇 사람의 형제라는 그와
같은 뜻을 여기서 가져서는 아니 될
것이니라.

15 그 형제를 통틀어 너희들의 선을 넘
은 것이 무엇이더냐?
16 나 여호와가 창조하여 만든 이 지상
에 사는 모든 백성의 그 형제를 말하
는 것이니, 곧 이는 너희들이 형제지
간에 우애 좋게 살라는 그와 같은 나
의 가르침이 아니요, 모든 백성이, 다
른 종파를 가지고 가든 다른 믿음으
로 가든 그 모두가 다 너희 형제들이
니, 너희들이 나의 자식으로서 형제를
사랑하며 이웃을 사랑하라는 뜻이 거
기 있음을 알아야 할 것이니라.
17 성서의 가르침은 너희들이 '박'씨면
'박'씨의 몇 형제요, '이'씨면 '이'씨의
몇 형제요, 너희들이 만든 성씨에 따
라서 그 자식들의 형제를 의미하는 것
이 아니며,
18 세상사 내가 만든 성전에 살아가는
나의 아들딸 너희들을 말하며 그 형
제를 말함이니,
19 그들이 어떠한 형태로 살아가든 그들
을 너희들은 사랑하는 마음으로 가져
야 하며,
20 정녕 그들의 아픔을 너희의 아픔으로
알아야 하며, 다른 믿음이요, 다른 종
파로 가는 그들도 너희들의 형제이니
그들을 사랑하며,
21 우선 세상사 내가 내린 이 지상의 모
두를 사랑하는 너희들의 마음 자세임
을 너희들은 알아야 할 것이니라.
22 이 깨달음을 알았다 하면 너희들이 지
금서부터 살아가는 마음 자세를 바꿔
야 할 것이며,
23 세상사 모두를 다 너희들이 형제라는
그 형제의 정으로써, 형제라는 그 하
나로써 모두를 다 초월하여 가야 할
것임을 잊어서는 아니 될 것이니라.
24 정녕 너희들이 한 형제라면 다른 종파
로 가는 자들을 불쌍한 자요, 사탄이
요, 이단이라 하며 겸상하기를 싫어하
며 대화하기를 싫어하는 그와 같은 마
음으로 가는 것이 아니라,
25 너희들이 모두를 다 던져 그들을 감싸
는 마음을 가져야 할 것이며, 그 속에
뛰어들어서 너희들이 비록 거기서 헤
어나지 못한다 하여도 그들을 구원하
러 그들의 잘못 가는 종파 속에 뛰어
드는 그와 같은 마음 자세가 바로 너
희들이 이웃을 사랑하는 것이며,
26 나의 자식인 너희 형제들을 사랑하는
너희들이 행하여야 할 것임을 알아야
할 것이니라.
27 그와 같은 용기 있는 자가 나의 백성
이요, 나로부터 선택된 나의 아들딸이
요, 그리고 진정한 사랑을 베푸는 자
이니라.
28 타 종교요, 타 종파를 욕하며 경원시
하며 사탄이요, 이단이라 말하지 아니
하며, 그 속에 뛰어들어가 그들을 구
원하여 불 속에서 끌고 나올 수 있는
그와 같은 백성이 되어야 하는 것을
알라.
29 너희들이 지금 화재가 나 집이 타니
그 안에 어린아이와 노인이 있을 때,
너희는 말로써만 '저들을 구원해야
하는데, 저기에 사람이 타 죽는다, 사
람이 죽는다!' 말하면 무엇하는가?
30 그 불 속에 제가 죽음을 각오하고 뛰
어들어가 그를 구원할 때, 그는 한 생
명을 구원하는 것이니,

31 바로 너희들은 불이 타고 있는 그 속
에 사람이 있거늘, 응당 들어가 구원
할 수 있는 것도 저 자신이 죽는 것이
두려워 들어가지 못하며 말로써만 부
르짖음이니,
32 저 자신이 불 속에 타 죽는다 하여도
그 한 생명을 구원하기 위하여 뛰어들
어가는 자가 바로 무엇이더냐?
33 그가 사랑이 아니며, 그게 나로부터
선택된 백성이 하는 행동이 아니던가?
34 지금의 모든 종파 너희들은 타 종파는
이단이요, 사탄이요, 악마요, 사악한
자라 하여 경원시하며 쳐다보지도 아
니함이니,
35 너희들이 불이 타는 그 속에 사람이
타 죽는 것을 보면서 구원하는 것이
아니라 이미 죽을 자 죽는 것은 어쩔
수 없다 하며,
36 구하려 뛰어들어가는 소방수라는 임
무를 맡은 자의 옷자락을 잡으며, 옆
에 있는 자가 그를 구원하려 뛰어들어
갈 때 그를 붙잡으니,
37 '죽을 자는 죽는 것이며, 차라리 그 하
나만 죽으면 될 것이지 너까지 죽을
필요가 없으며 나까지 죽을 필요도
없으니, 여기에 희생될 필요가 없으니
그만두자, 그저 그가 천국이나 가기를
빌어 주자.' 하며 '아멘!'하고 돌아서
는 것이 지금 너희들이 가는 믿음의
추악한 모습이니라.
38 그게 얼마나 추한 모습이요, 더러운
행위이며 돼지만도 못한 행동인가를
내가 나의 법전에 기록함이니, 여기에
항변할 자 있으면 말하라.
39 타죽어 가는 그 집 안에 있는 어린아
이요, 자신을 보호할 능력이 없는 자
를 구원하고자 뛰어들어가며, 제가 죽
는다 하더라도 그 생명을 소중히 생
각하는 그와 같은 자만이 나의 백성이
요, 사랑을 나누는 자이니라.
40 너희들이 정녕 타 종교를 이단이요,
사탄이라 말하기 전에 그 속에 뛰어들
어가 그를 헤쳐 너희들의 길로 인도
해 끌고 나오는 그와 같은 마음 자세
를 갖지 않는 자, 너희들이 바로 악마
요, 사탄임이니라.
41 불 속에 타들어 가는 자를 구원할 생
각은 하지 아니하고 남이 구원하는
것까지도 막고자 하는 것이니,
42 바로 내가 구원하고자 하는 나의 법전
이요, 나의 성령이 세상에 내려가는
것을 이단이요, 사탄이라 찢어 버리고
태워서 보지 못하게 하는 너희들이 불
속에 있는 자를 구원하러 가는 자를
가지 못하도록 옷자락을 잡는 것이며,
43 저 자신도 들어가지 못하면서 그와 같
이 하는 사악한 자임을 알라.

4,048 번째 하나님 말씀

2002년 11월 24일 08시 58분

1 사랑하는 나의 아들아!
2 "네, 아버님! 말씀하옵소서."
3 수천 년 동안 하늘에 오르는 길이요,
믿음이라 달려온 백성, 너희들이 지금
종파 속에서 살아온 그 믿음은 과연
어떠한 믿음이더냐?
4 스펀지라 하는 물건의 믿음의 형태이
니라.
5 스펀지 형태의 믿음으로써 너희들이

지금까지 살아왔음을 알아야 할 것이
니라.
6 스펀지라 하는 것은 더러운 물, 썩은
물이요, 어떠한 물이든지 그저 물이라
면 무조건 빨아들이니, 그와 같은 스
펀지 형태로 지금 살아온 것이 너희
들의 믿음이라는 것을 알아야 할 것
이니라.
7 너희들은 지금까지 아무것도 모르는
잘못된 지도자가 가르치며 그가 설교
하여 강론하는 것을 무조건 받아들였
으며, 그들이 설교하는 것, 또 그들이
가르치는 것, 그들이 교리라는 것을
가르치는 것을 그저 무조건 무분별하
게 받아들이면서 은혜를 받았다 하며
'아멘!', 할렐루야!' 눈물로써 광란의
짓을 하고 소리 지르며 그와 같이 살
아온 것이 지금의 너희들의 믿음이니,
8 너희들이 지금까지 살아왔던 그 믿음
은 바로 무엇이더냐?
9 스펀지형의 믿음으로써 너희들이 존
재하였음이니,
10 이제는 그 스펀지형의 믿음에서 너희
들이 스스로 가슴에 받아들이는 그와
같은 깨달음의 믿음으로 가야 할 때
가 되었음을 알아야 할 것이니라.
11 믿음의 길을 가는 자들이 얼마나 사
악하고 간악하던가?
12 일반 너희 순박한 백성들은 부모가
죽고 형제가 죽었을 때, 가슴 아파 눈
물 흘리기를 한없이 하며 그 헤어짐
을 고통스러워하는 것이니라.
13 그러나 가장 사랑을 베풀고 나누며
산다는 너희 백성들은 부모가 돌아가
신 그와 같은 장소에서 무어라 하는가?
14 돌아가신 분을 위하여 눈물을 흘리며
가슴 아파하는 것이 아니라, 이제 천
국에서 불러서 천국에 가게 되었음이
니, 그저 천국에 간 것이라 그리 말하
며 눈물 한 방울 흘리지 아니하며 진
정한 아픔의 눈물을 흘리지 아니하는
것이 너희들이니라.
15 나 여호와가 그를 불러 갔음이니 이제
그를 위해 천국에 가는 기도만 드려
주면 되는 것이라 생각하며,
16 각종 너희들의 생각을 갖다 붙여 대면
서 결국은 끝에 '아멘!' 하며 그는 천
국에 갔다 그리 말하는 것이니,
17 너희를 낳아 주고 길러 준 부모요, 이
웃의 형제요, 너희들과 같이 살아가는
형제가 죽어 가는 그 앞에 눈물 한 방
울 흘리지 아니하는 것이 지금의 스펀
지형의 믿음을 믿어 온 너희들의 형
태이니라.
18 스펀지와 같은 믿음 속에서 너희들이
지금 살아왔으니, 모든 것은 그저 더
럽고 추하고 썩은 물이라도 끌어들이
는 그와 같은 믿음으로 왔으니,
19 그 스펀지가 지금 썩은 물에 들어 있
으면 얼마나 추하고 더러운 것인가?
20 너희들은 그와 같이 더럽고 추하며
자제력이 없으며 옳고 그른 것의 판단
력을 잃어 버려 너희들이 세뇌된 상태
에서 지금 받아들이고 가슴에 가지고
있는 그 믿음이 썩어져 있고 더럽고
추한 물과 같은 그 믿음이라는 것을
알아야 할 것이니라.
21 감히 너희들에게 이렇게 무서운 매질
을 하며 진실된 것을 깨우쳐 주고자
가르치는 자 있으며, 책으로 글로써

만들어 전하는 자 있던가?
22 너희들의 그 집단의 힘이 두려워, 너
희들의 그 집단의 물리적인 사악한
행동이 두려워 감히 하고 싶은 말도
하지 못함이니라.
23 그러나 나 여호와는 그리 갈 수 없는
것이며 진실만을 너희들에게 깨우침
이니,
24 이게 바로 나 여호와의 참된 진리요,
나의 뜻이라는 것을 너희들은 여기서
깨달아야 할 것이니 그를 잊지 말라.
25 지금 가장 나의 선택된 나라요, 이제
제3의 시대를 열어야 할 이 동양의 작
은 나라에서 너희들은 스펀지형과 같
은 그 믿음을 철폐해야 할 것이며, 너
희들이 가장 대표적인 자들임을 알아
야 할 것이니라.
26 동양의 작은 나라의 믿음이 바로 폐
쇄된 믿음이요, 너희들이 만든 믿음이
요, 세상의 어떠한 백성도 너희들과
같은 폐쇄된 믿음으로 가는 백성이
없음이니,
27 너희들이 정녕 나 여호와가 나의 아
들을 통하여 내리는 이 법전을 읽고
깨우치지 못하겠거든, 세상사의 믿음
을 한번 깨우쳐 보도록 하라.
28 너희들이 세상을 구경하기 위하여 재
물을 많이 들여 여행이라는 것을 수
없이 즐기나,
29 정녕 하늘에 오르는 길이요, 믿음을
깨우치고자 하는 자들은 남의 나라에
가 다른 백성들이 믿음의 길을 가는
그 형국을 한번 보라.
30 너희들과 얼마나 차별화되어 있으며
얼마나 신사적이며 얼마나 깨끗하며
얼마나 순리적인 믿음으로 가고 있는
가?
31 가장 폐쇄적이며 가장 잘못된 믿음으
로써 구원의 길을 가고 있는 것이 동
양의 작은 나라의 백성들이 가는 형
국임을 너희들은 잊어서는 아니 될 것
이니라, 사랑하는 나의 아들아!

4,049 번째 하나님 말씀

2002년 11월 24일 10시 05분

1 사랑하는 나의 아들아!
2 "네, 아버님! 말씀하옵소서."
3 구약의 시대요, 신약의 시대를 거쳐
내가 너희들에게 깨우쳐 주었던 것은
모두가 비유로써 비사로써 가르쳤음
이니,
4 이 시대요, 지금에 바로 제3의 시대가
열리며 너희들을 심판하기 위한 준비
요, 과도기로서 너희들이 그리 흘러왔
음이니라.
5 이제 준비 단계요, 과도기는 끝났으
며, 제3의 시대, 심판의 시대가 시작
되었음을 너희들은 이제는 부정해서
도 아니 되며 부인해서도 아니 됨을
알아야 할 것이니라.
6 이제 너희들이 수천 년 동안 비유요,
비사로 흘러와 그 성서의 비밀을 모
르며 그 깨우침을 몰랐던 것을 제3의
시대에 나의 법전을 통하여 나 여호
와가 하늘의 비밀이요, 천기를 책으로
만들어 너희들의 손에 법전이라 하여
지금 전해주고 있음을 알아야 할 것
이니라.
7 그리하여 이제 모두는 다 이 심판의

시대를 위하여, 이를 시작하기 위하여
준비된 단계였음을 너희들은 알아야
할 것이니라.
8 이제 나의 뜻이요, 하늘의 비밀을 책
으로 만들어 너희들의 손에 지금 전해
주고 있음이니,
9 너희들은 이를 정독하고 또 정독하여
그 소중함을 알아야 할 것이며, 그 속
에서 너희들이 원하는 그 깨달음을
알아야 할 것이니라.
10 새로운 시대를 열고자 하는 나 여호
와가 바로 역사하고자 하는 것이 무엇
인가를 너희들이 이제는 나의 법전을
정독하면서 그 속에서 알게 될 것이
며, 내가 이루고자 하는 것이 무엇인
가를 너희들이 알게 됨이니라.
11 지금서부터 너희들이 새로운 시대를
열어 가는 것이 바로 나의 법전을 읽
고 깨우치는 자가 기초를 다져 가는
것이며, 무엇이 나의 법전의 기초인가
를 너희들이 알게 될 것이니라.
12 이제 새로운 역사요, 새로운 구세주가
세상에 나와 지배하는 그 모든 뜻을
너희들은 나의 법전을 접하고 읽음으
로써 알게 됨이니,
13 나의 법전을 읽지 아니하며 정독하지
아니한다면, 내가 다시 이루고자 하는
그 시대를 너희들은 모르게 되어 있음
이니라.
14 이제 내가 천기요, 하늘의 비밀의 뜻
을 나의 법전에 기록하여 너희들에게
전함이니, 이를 보고 깨우쳐 구원의
길을 바라볼 수 있는 그와 같은 영광
을 얻으라.
15 그렇지 아니하면 너희들이 2천 년 동
안 비유요, 비사로써 전해 온 그 성서
의 비밀을 여는 이 시대의 진정한 가
르침이요, 나 여호와의 참뜻을 알 수
없기 때문이니 그리 알라.
16 내가 바로 하늘의 뜻이요, 천기를 너
희에게 전해줌이니, 이를 받아들여 너
희들이 구원의 길을 가도록 그리하라.

4,050 번째 하나님 말씀

2002년 11월 24일 11시 59분

(강론을 마치며)

1 사랑하는 나의 아들아!
2 "네, 아버님! 말씀하옵소서."
3 내가 내린 열여섯 권의 법전을 너희들
이 세 번 정독할 때, 너희들은 세상사
의 비밀을 알게 되며, 나 여호와가 이
루고자 하는 뜻을 알게 되며, 하늘의
뜻을 너희들이 스스로 깨닫는다 내가
말하였음이니라.
4 이 법전을 세 번 정독하는 자, 내가 무
엇을 이루고자 하는지를 알게 되며,
내가 무엇을 역사하고자 하는지를 알
게 됨이니, 곧 하늘의 뜻을 알게 됨을
알아야 할 것이니라.
5 지금 나의 성전에 와 나의 법전을 읽
고 정독하는 너의 사랑하는 제자들에
게 전하여 주라.
6 너희들이 나의 법전을 세 번 정독하는
것은 세상의 이치요, 내가 이루고자
하는 그 역사를 알게 된다 하였으나,
7 너희들이 등잔불이라 하는 것에 기름
이 없어 꺼져 갈 때 기름이라는 것을
부으면 그 불꽃이 활활 일어나듯이,
8 나의 법전을 세 번 읽는 자는 새로운

생명이요, 구원의 빛이요, 구원의 길을 보게 된다는 것을 잊어서는 아니 될 것이니라.
9 이것이 너희들이 법전을 세 번 읽었을 때 너희들에게 나 여호와가 생명을 부어 넣어 줌이니,
10 그는 어디 가서 스승이요, 누구든 가르칠 수 있는 그와 같은 깨달음을 얻게 됨이니, 이를 명심하여 행하도록 그리 전하라.
11 정녕 너희들이 나의 법전을 진심으로 정독하며 그를 깨우칠 때, 꺼져 가는 등잔불이라는 것에 기름을 부어 그 불이 소생하듯이 너희들의 생명을 구원하는 것이요, 너희들이 구원을 받는다는 것을 잊지 말라.
12 나의 법전에 기록되어 있는 내용에 너희들에게 잘못 살라는 것이 없으며, 너희들에게 거짓 하라는 것이 없으며, 나의 아들이 나의 뜻대로 살아가고자 눈물이요, 그 시련의 고통에 살아가는 내면의 변화됨을 너희들이 또한 모르고 있음이니,
13 세월이 지난 다음에 너희들이 그 모든 역사를 알게 될 것이니라.
14 나의 아들이 변화되며, 나의 아들을 따라 공부하는 제자 너희들이 선한 마음이요, 선한 쪽으로 모두가 변화되는 그 삶의 역사가 이루어진다면 그것이 곧 나의 뜻이요, 나의 진리임을 너희들은 알아야 할 것이며,
15 너희들은 이와 같은 영광 속에 오늘에 살아감을 잊어서는 아니 됨을 알아야 할 것이니라.

4,051 번째 하나님 말씀

2002년 11월 25일 07시 09분

1 사랑하는 나의 아들아!
2 "네, 아버님! 말씀하옵소서."
3 세상사 미래를 보고 있으며, 그리고 많은 사람들의 미래요, 그들이 돌아가는 것을 알고 있는 네가 무엇이 두려우며 불안하며 무엇을 초조해하는가?
4 모든 인간이 살아가는 것은 내일의 한 치 앞을 보지 못하고 살아감이니라.
5 그러나 너는 그 모두를 다 보고 있으며 그를 알고 살아가니, 네가 무엇이 두려우며 무엇이 겁이 나는가?
6 너는 알고 있는 그대로 네가 깨달은 대로 행하고 살아가면 그 모든 정답이 거기 있거늘, 어찌하여 네가 두려워하며 불안해하는가?
7 세상사에 앞을 모르는 백성들도 살아가고 있으며 미래에 이루어지는 역사를 모르는 백성들도 살아감이니라.
8 내일과 미래의 그 모두를 다 알고 있으며 보고 있는 네가 무엇이 두려우며 무엇이 그리도 고통스럽다 생각하는가?
9 정해진 그 시간 속에 정해진 그 모든 계획하에 모두가 흘러가고 있음이니,
10 오늘 이후부터 네가 불안한 마음, 초조한 마음을 버리도록 하라.
11 그리고 내가 명하는 대로 너는 행하여 실행하면 될 것이며,
12 네가 정녕 답을 얻을 수 없을 때, 나에게 묵상의 기도를 드림으로 인하여 내 모두를 다 주거늘,
13 너보다 더 세상을 아는 자 없으며 세

상을 살아감에 있어서 불편함이 없는
것이 너이거늘,
14 어찌하여 너는 그 기다리는 시간을
그리도 초조해하며 불안해하는가?
15 내가 명하는 대로 네가 행하고 가면
될 것이니라.
16 불안해하지 말며 초조해하지 말며, 모
든 세상사의 정답을 가지고 사는 자
보다 더 행복한 자가 없음이니, 내가
너에게 일찍이 깨우쳐 주지 아니하였
던가?
17 세상의 승자는 너라 말하였음이니라.
18 작은 아픔과 작은 고통 때문에 너 자
신의 마음이 흔들리며 네 마음에 파
장이 있어서는 아니 될 것이니,
19 그 모두는 또한 세월이요, 시간이 흐
르며 나의 법전이 세상에 나와 전해지
는 그 역사가 이루어지는 순간에 하나
하나 이루어져 감을 너는 잊어서는 아
니 됨이니, 마음속 깊이 네가 다스려
그리 행하여 살아가도록 그리하라.

4,052 번째 하나님 말씀

2002년 11월 25일 07시 16분

1 사랑하는 나의 아들아!
2 구약과 신약의 수천 년 동안의 그 믿
음 속에서 살아온 나의 백성은 그때
그 당시 예언자들의 말에 의하여 그가
이루어질 것을 바라며 그 역사가 이루
어질 것이라 그리 바라고 사는 것이
너희들의 마음이요, 기대 심리이니라.
3 지금의 믿음의 길을 가는 나의 피조
물 모든 백성들은 천국에서 나팔 불
며 천병들과 함께 예수가 재림하여
그와 더불어 만백성을 구할 것이며 그
들이 와 심판하는 시대가 열릴 것이
며,
4 그 심판의 시대가 열릴 때 저희들만이
천국의 천병들을 따라 구원을 받으며
나머지 백성들은 다 지옥으로 간다는
그와 같은 믿음 때문에 지금 내가 새
로운 왕이 오며 새로운 구세주가 온다
는 나의 법전이 세상에 내려가 만백성
을 깨우치고 저희들을 구원하고자 하
나,
5 그들이 그를 바라보지 못하며 사탄이
요, 이단이라 그리 말하며,
6 세상사 저희들이 가지고 있는 그 성서
를 제외한 모두는 다 한 글자도 들으
려 하지 아니하는 어리석은 우를 범하
고 있는 것이 지금의 믿음의 길을 가
고 있는 자이니라.
7 그들을 바로 깨우쳐 하늘을 볼 수 있
는 길을 안내하며 인도하는 것이 너
희들의 중대한 임무임을 잊어서는 아
니 될 것이니라.
8 너희들은 지금 어렵고 힘들다 그리 말
하나, 그 모두는 다 너희들의 탓이며
너희들의 행함에 있음을 알아야 할
것이니라.
9 너희들이 정녕 바로 서고 나의 뜻에
살아가는 그 마음이 굳건히 되었으며,
10 나를 향하여 한 점의 부끄럼이 없는
삶을 살 때, 모두는 다 이루어진다는
것을 잊어서는 아니 됨을 알라.
11 '하늘을 향하여 한 점의 부끄럼이 없
는 삶을 살라'는 나 여호와가 직접 나
의 아들을 통하여 쓴 그 계명을 너희
들의 가정에 보관하며 그를 읽고 깨

우쳐 그와 같이 살아가겠다는 것을
매일같이 너희들이 맹세하는 마음으
로 다스리는 마음으로 살아가라 하여
내가 가훈이라 하여 내렸거늘,
12 과연 너희들은 그를 얼마나 읽고 얼
마나 바라보며 너희들이 그와 같은 삶
을 어찌 살아가는가 또한 그것을 보
라.
13 너희들이 하늘을 향하여 한 점의 부끄
러움이 없는 삶을 사는 백성이 되었을
때,
14 그리하여도 너희들의 뜻이 이루어지
지 아니할 때는 나의 법전이 잘못된
것이며,
15 나의 아들이 선택된 자가 아니며, 나
의 성령이 만백성을 구하는 것이 아니
라 그리 말하라.
16 너희들의 입으로 전해지는 그 풍문에
예언자들이 한 말이라는 것이요, 너희
들의 조상이 지어낸 말에 대한 것은
너희들이 목숨을 걸고 믿고 가나,
17 나 여호와가 직접 글로써 나의 성령
을 내려 만백성에게 증거하는 미래에
이루어지는 그 역사에 대한 것은 너희
들이 보지 않으려 하며,
18 너희들이 구원의 길을 갈 수 있는 그
모두를 기록하여 내리는 나의 법전을
믿지 아니하며 보지 아니하려 함이니,
19 어찌하여 너희들은 황당무계한 말로
써 전해지는 그와 같은 것은 믿고 따
르려 하면서,
20 내가 글로써 직접 내리며 증거하며
근거하는 책으로써 만들어 너희들의
손에 쥐여 주는 이 귀중한 나의 성령
이요, 심판의 기준이요, 근본이 되는
이 책자를 너희들은 믿지 아니하려 하
며 보지 아니하려 함이니, 그 너희들
의 심성이 과연 어디서 나오는 것이
더냐?
21 너희들은 말로써 전하는 것은 그저
그것을 믿고 그에 대해 생명을 걸고
따르려 하나,
22 어찌하여 내가 근거를 보여 주는 그
실체를 보면서도 만져 보고 듣고 읽어
보면서 그를 믿지 않으려 하는가?
23 그 심성의 발로가 과연 어디서 나오
는 것인지 너희들은 깊이 깨우쳐야
할 것이니,
24 참진리를 갖다 이단이요, 사탄이라 하
는 것은 무엇이더냐?
25 너희들을 지배하는 것이 사탄이요, 너
희들이 이단 속에 빠졌으며 그와 같은
속에서 허덕이고 있다는 것임을 알아
야 할 것이니라.
26 내가 일찍이 말하여 전해 주지 아니하
였던가?
27 도둑을 잡는 자 그를 도둑이 볼 때는
사탄이요, 이단이라 말하였음이니라.
28 그리고 도둑이 저희를 볼 때 저희는
천사요, 저희들을 잡으려 하는 자는
이단이요, 사탄이요, 사악한 자라 말
한다 하였음이니,
29 만백성을 구하고자 하는 내가 근거로
써 내려보내는 나의 법전이요, 이 책
은 영원히 불변이며, 이를 따르지 아
니하는 자 지상에 존재하지 못함이니,
30 이를 사탄이요, 이단이라 하는 자가
도둑이요, 도둑을 보고 천사요, 저희
들을 잡으려 하는 그 천사를 도둑이라
말하는 그와 같은 형국임을 알아야 할

것이니,
31 내가 이와 같은 내용을 나의 법전에
두 번 다시 기록하여 너희들을 깨우치
는 역사가 없도록 나의 법전을 보고
너희들이 바로 서는 변화를 이루어야
할 것이니 그리 알라.

4,053 번째 하나님 말씀

2002년 11월 25일 07시 21분

1 사랑하는 나의 아들아!
2 "네, 아버님! 말씀하옵소서."
3 너희들이 행동 하나 하는 것, 말 한마
디 하는 것이 얼마나 소중하고 중요한
것인가를 내가 일찍 깨우쳐 주었음이
니라.
4 '개같이 벌어서 정승같이 쓰라'는 그
말은 잘못된 말이라 내가 하였음이니
라.
5 너희들은 그저 아무렇게나 살다 지옥
불이나 가라는 말과 똑같은 말이니
그런 말을 써서는 안 된다 내가 너희
들에게 일찍 깨우쳐 주었느니라.
6 모두를 나 여호와가 주관하여 세상을
창조하였으며 나의 모든 뜻에 의하여
운영된다는 것을 믿고 따른다는 너희
백성은 어찌 말하는가?
7 이 세상의 모두는 나 여호와의 뜻이
요, 나의 주관하에 이루어진다는 너희
들이 하루에 살아가면서 순간에 너희
들에게 얻고 잃는 그와 같은 변화가
있을 때, 너희들은 무어라 말하는가?
8 그날에 무엇을 얻었을 때는 재수가
좋아서 얻었으며, 잃을 때는 재수가
나빠 잃었다 생각하고 사는 것이 너희
들의 마음이니라.
9 순간순간에 너희들의 마음속에서 나
오는 말이며 너희들의 가슴속에서 나
오는 일이 너희들이 살아가면서 오늘
재수가 나빠서 잃었으며, 재수가 좋아
서 이와 같은 것을 얻었다 그리 말하
고 살아가는 것이 믿는 자나 믿지 않
는 자나 하는 말이니,
10 그와 같은 말을 하며 사는 자들이 과
연 나 여호와가 존재하며 이 세상의
모두는 나 여호와가 주관하여 만들었
다 생각하고 사는 것이 너희들의 근본
의 마음속에 뿌리를 내리고 있는가?
11 말로는 나를 믿으며 나를 공경하며 나
의 뜻에 의해 모두가 이루어진다 하
나, 너희들의 행동과 말은 순간적인
그 상황에 그리 이루어지지 아니하니,
12 너희들의 마음을 좁쌀보다도 더 작은
마음으로 하여 나를 경배하며 나의 뜻
에 따라가며 선행을 베풀고자 하는 마
음으로 뭉쳐지지 아니하면, 너희들은
순간에 본색이요, 생각이 나오게 됨이
니,
13 그를 다스리지 못하면 구원의 기초가
되지 아니한 자라 하였음이니라.
14 그러니 너희들이 하루에 살아가며 돌
부리에 걸려 넘어지는 것도 너희들은
재수가 없다 하며,
15 금화와 은화를 얻었을 때 오늘의 재수
가 좋아서 얻었다 그리 말하는 것이
너희들의 생각이니,
16 나의 백성이요, 나의 뜻에 따라가며
그 모두를 나의 주관에 의해 산다 하
는 너희들이 과연 그와 같은 행동과
말을 함부로 할 수 있겠는가?

17 생각과 마음이 극에 달하면 사고를
치는 것이 인간의 마음이니라.
18 너희들이 그와 같은 말을 할 수 있는
것은 그 마음을 다스리지 아니한 것
이며, 너희들이 믿음의 깊이가 없으며
변화되지 아니하였다는 것을 증명하
는 것이니, 이를 깊이 깨우쳐야 할 것
이니라.
19 너희들의 마음이 극에 달하며 화가 극
에 달하여 너희들은 이룰 수 없는 사
고를 저지를 수 있는 것이 너희들의
마음이니,
20 행동과 말을 기분에 따라 함부로 하
는 그와 같은 마음 자세를 아직도 가
슴속에 갖고 있음이니,
21 그는 나의 성령의 뜻이 너희들의 가
슴에 임할 수 없음이니라.
22 너희들이 말로써는 세상 것이 다 나
의 주관이며 나의 뜻에 의해 산다 말
하나,
23 나를 믿고 사는 너희들의 마음은 그
저 형식적이며 그저 육의 삶에 연연
하고 그 삶이 소중하다는 것을 아직
도 지우지 못하며,
24 너희들의 믿음은 그저 형식적이요, 너
희들이 육의 삶의 눈에 보이고 얻고
잃는 것은 너희들의 전부인 삶을 살아
가는 그와 같은 형국으로 지금 흘러가
고 있기 때문에
25 너희들이 그와 같이 함부로 말을 하며
함부로 행동하고 산다는 것을 너의 제
자들과 만백성은 듣고 깨우쳐야 할
것을 잊지 말라.

4,054 번째 하나님 말씀

2002년 11월 25일 07시 25분

1 사랑하는 나의 아들아!
2 "네, 아버님! 말씀하옵소서."
3 법전을 너희들에게 정독하라 내가 가
르침이니, 법전을 정독함으로 너희들
이 이해하며 깨우치는 것이 경지에 오
른다 내가 말하였음이니라.
4 너희들이 나의 법전을 3회 이상 정독
할 때, 꺼져 가는 등잔불에 기름을 부
어 그 불을 살리는 것과 같이 너희들
의 생명이 새로운 생명이요, 구원의
길에 오를 수 있으며 그 빛을 보게 되
어 있음이라 내가 일찍이 너희에게
깨우쳐 가르쳤음이니라.
5 모든 나의 피조물 만백성들은 그를
모르느니라.
6 내가 아무리 이와 같이 새 생명의 빛
을 얻으며 하늘에 오르는 반석 위에
설 수 있다 하여도, 너희들은 한 번 삐
뚤어진 마음이요, 한 번 어긋난 믿음
은 돌이키지 아니하며 돌이킬 수 없는
것이 너희들의 마음이니,
7 한 번 어긋난 자는 점점 그 어긋난 길
로만 달려가는 것이 너희들의 심성이
요, 지금 만백성의 지도자라 하는 자
들이 그리 나의 백성을 이끌어 가고
있느니라.
8 한 번 잘못 가는 그 믿음은 점점 사악
한 마음이요, 인간의 생각이요, 인간
의 계획이요, 그와 같은 쪽으로 변화
되어 그리 끌어감이니,
9 오로지 육의 삶이요, 눈에 보이는 것
만을 얻는 데 급급한 그와 같은 형국

으로써 너희들이 변해져 가니,
10 사랑하는 나의 아들아, 그리고 사랑하
는 나의 백성들아!
11 한 번 마음이 삐뚤어진 자, 계속 삐뚤
어져 가는 그 마음을 과연 어찌 잡아
야 하며 어찌 다스려야 하겠는가?
12 인간사의 너희들 부모도 한 번 삐뚤
어진 자식은 그 길이 정당하며 그 길
만이 옳다 생각하니 그를 다스릴 수가
없는 그와 같은 형국이니,
13 수천수만의 각자 다른 백성들이 저희
들 뜻이 맞다 하며 삐뚤어진 길을 삐
뚤어진 길인 줄도 모르며 어긋난 길
을 어긋난 길인 줄도 모르면서 달려
가고 있음이니, 그들을 어찌 가르쳐야
하겠는가?
14 과연 너희들이 갑론을박해서 그들을
가르칠 수 있겠는가?
15 그저 삐뚤어진 길, 잘못된 길, 어긋난
길로 달려가는 자, 그들과 너희들이
시시비비할 시간이 없음이니,
16 그들과 대화하고자 하지 말며, 점점
멀어져 나의 뜻과는 반대 방향으로 두
주먹을 쥐고 달려가는 그 백성들에게
그저 법전이라는 것을 손에 쥐여 주
는 것으로써 너희들이 대명을 다하는
것이라 하였음이니,
17 너희들은 이와 같은 백성의 심리를 알
아야 할 것이며, 너희들과 대화하며
너희들에게 귀를 기울이는 네 주변에
있는 형제들부터 구원하는 데 역점을
두어야 할 것이니라.
18 어긋난 길을 달려가는 자, 그들을 너
희들이 바로잡기는 너무나도 힘들며
지금의 형국으로써는 너희들이 역부
족이니,
19 나의 법전이 세상에 눈이 내려 덮듯이
그와 같은 역사가 있을 때, 그들이 달
려가는 그 고집에서 멈추고 나의 법전
을 보는 그와 같은 형국이 될 것이니
라.
20 한 마리의 짐승도 먹지 않는 물을 인
간의 힘으로 먹일 수가 없듯이, 어긋
나고 삐뚤어진 길로 달려가는 그들을
바로잡기는 아직은 너희들이 역부족
임이니,
21 좀 더 기다리는 그와 같은 여유 있는
마음으로써 가도록 그리하라, 사랑하
는 나의 선택된 백성들아!

4,055 번째 하나님 말씀

2002년 11월 25일 07시 31분

1 사랑하는 나의 아들아!
2 이 세상은 곧 무어라 말하였느냐?
3 성전이라 말했으며, 내가 만든 성전이
라 하였음이니라.
4 그리하여 그 속에 사는 나의 피조물
만백성은 나의 아들딸이며 너희들은
같은 형제이기 때문에,
5 어떤 종파를 믿든 어떤 종파를 따라
가든 그보다도 너희들이 더 소중한 자
라 말하였음이니,
6 이 세상에 내려 준 모든 것은 성스러
움을 너희들이 알아야 할 것이며, 너
희들이 취하고 먹고 사는 그 모두는
내가 성스러운 것을 너희들을 위하여
내려 주었음을 너희들은 알아야 할
것이니라.
7 사랑하는 나의 아들아, 너의 제자들에

게 물어보도록 하라.
8 창조주가 내려 준 이 세상의 그 성스러움을 먹고 사는 너희들이 남의 아픔과 남의 고통을 좀 더 어루만져 주며 살아가는 그 아름다운 마음을 갖고 살 수는 없는가?
9 남의 아프고 힘든 고통을 너희들은 즐겨 하며 그들을 고통스럽게 몰아넣는 것을 즐거움으로 삼는 그와 같은 심리를 버리며,
10 남의 아픔과 고통을 정녕 네 것으로써 어루만져 주며 그를 서로 도와 가며 사는 그 아름다운 마음으로 세상을 살아갈 수는 없는가?
11 너희들이 편하고자 하며 너희 육의 편안한 삶을 위하여 정녕 욕심을 버리지 못한다 하면,
12 이 세상에 성스러운 것들이 제자리를 지키며 아름다운 모습으로 살아가 제 임무를 다하도록 내가 너희들에게 내려 준 그 모든 것들은,
13 너희들이 육의 삶을 위하여 욕심을 버리며 살아가는 마음으로 살지 못할 때,
14 내가 내려 준 모든 동식물들이 너희들의 죄로 인한 그 삶을 위하여 얼마나 불안과 고통 속에서 살아가는 것인가를 너희들은 알아야 할 것이니라.
15 이제 너희들은 깨달아야 할 것이니라.
16 내가 내려 준 그 동식물들만을 너희들이 취하며, 취할 때가 되어서 취하고 사는 것이 얼마나 너희들이 성스러움을 아는 것이며 나에게 감사하는 것인지를 아는가?
17 너희들이 무엇을 위하여, 너희들이 육을 위하여, 너희들이 좀 더 아름다운 미모를 갖기 위하여, 너희들이 좀 더 젊음을 유지하기 위하여, 너희들이 육신을 좀 더 오래 존속하기 위하여 너희들이 사랑이라는 걸 모르고 세상에 내려 준 모든 것을 마구잡이로 흔들고 마구잡이로 취하여 살아갈 때, 그들이 살아가며 존재함이 얼마나 고통스럽고 고통스러운 것인가를 너희들은 알겠는가?
18 너희들이 육의 건강을 위하여 산속에 하나의 살아가는 그 동식물을 잡아 취하기 위하여 고리를 놓아 그들을 잡음이니라.
19 그 고리에 걸려 있는 짐승이 제 생명을 살리기 위해서 몸부림칠 때마다 그 쇠줄은 그 짐승의 목을 조르며 그 짐승은 피를 토하며 결국은 비참하게 죽어 감이니,
20 그것이 너희들의 육을 위하여, 건강을 위하여 하고 살아가는 행위이니, 과연 너희들은 그 고통을 생각해 보는가?
21 너희들이 고리로 만든 것에 걸려든 그 무지한 짐승이 그리 살고자 몸부림칠 때, 그는 점점 그 목이 조여들며 피를 토하고 서서히 말라 죽어 감이니,
22 그를 취하는 너희들의 그와 같은 행동이 과연 성스러운 나의 성전에서 이루어질 수 있는 일이며, 너희들이 사랑하는 마음으로 이루어질 수 있는 것인가?
23 그들의 고통 또한 너희들이 바라볼 수는 없는가?
24 너희들의 육에 도움이 되며 너희들의 건강을 위함이요, 너희들이 오래 살

수 있으며, 너희들의 미모를 위하여 그들이 정녕 필요한 것인가를 알지도 못하면서,
25 그 내가 내려 준 성스러운 동식물에게 너희들이 편하고자 너희 육신의 안일을 위하여 조여들어 가는 그 마음으로 그 행동으로 인하여 그들이 얼마나 고통스럽고 불안하며 어려운 삶을 살아가는가 그것 하나 너희들이 바라볼 수 있는 마음 자세를 이제 가져,
26 내가 내려 준 대자연의 그 순리를 파괴하는 그와 같은 파괴의 진범이 너희들이 된다면 너희 스스로 죽음을 선택하는 것이라는 것을 잊지 말도록 그리 깨우쳐 주라.

4,056 번째 하나님 말씀

2002년 11월 25일 07시 39분

1 사랑하는 나의 아들아!
2 "네, 아버님! 말씀하옵소서."
3 이 세상에 내가 만든 성전에 모든 동식물은 자유로이 그 명을 다 할 때까지 살아갈 수 있는 그 모두를 내가 내려 주었음이니라.
4 그러나 그들을 통제하는 인간 너희들이 육의 삶이요, 너희 자신의 육신의 건강을 위하여 그 짐승을 쇠줄에 매달아 며칠씩 고통스럽게 죽여 가는 형국이 있다 하였으며,
5 그와 같은 행동을 즐겨 하는 자들이 있으며, 살생의 무기로써 내가 내린 그 짐승의 생명을 육의 행복을 위하여 살생함이니,
6 그리하여 그들의 심장에 너희들은 칼을 꽂아 피를 빠는 그와 같은 행동을 하고 있음이니라.
7 지금 수천 년 동안 믿음의 길이요, 사랑을 베풀며 정녕 이 모두는 나의 뜻에 의해 성스러운 것이요,
8 내가 너희들을 위하여 세상에 내려 주었다 그리 생각하고 사는 믿음을 가진 자들은 과연 그러한 행위를 하지 아니하는가 너희들 자신을 한번 돌이켜 봐야 할 것이니라.
9 그 생명을 다하도록 내가 만든 지상에서 살아갈 수 있는 그 모든 동물들을 너희들은 살생 무기로써 그 생명을 끊어 그 가슴에 칼을 꽂아 피를 빨면서 희희낙락 웃는 그와 같은 짓을 지금의 믿음의 길을 가고 있는 백성은 과연 하지 않는가?
10 그러면서도 너희들이 사랑을 베푸는 것이며, 이 세상은 내가 내려 준 성스러운 것이며, 모두는 다 나 여호와가 내려 준 한 형제요, 한 무리라 너희들이 말하고 살아갈 자신이 있는가?
11 이제 사랑하는 나의 아들아, 너의 제자들은 그와 같은 행위를 해서는 아니 될 것이며, 너희들은 지금의 믿음의 길을 가는 백성과 만백성과의 그 차별화를 이와 같은 작은 것에서부터 하나하나 행하여야 함을 알아야 할 것이니라.
12 그것으로써 너희들이 변하는 모습이요, 나의 선택된 백성이요, 이 세상의 모두는 다 저희들이 자유로이 살 수 있는 그와 같은 내가 그들에게 내려 준 영광된 것을 너희들을 위하여 그들을 조이며 그들에게서 생명을 앗아

가는 그와 같은 행위를 해서는 아니
될 것이니라.
13 이와 같은 이치를 깨닫고 너희들 스스
로 내가 내려 준 이 아름다운 성전의
대자연을 보호하며 그 속에서 너희들
이 서로 취하고 얻어질 때 얻으며, 버
려질 때 버리는 그와 같은 순리적인
삶을 살아야 할 것이며,
14 내가 내려 준 너희들이 취할 수 있는
그 모두도 자연히 취하게 될 때 취하
는 그와 같은 순리로 살아가는 너희들
의 마음을 가져야 할 것이니라.
15 너희들의 육의 삶을 위하여, 너희들의
건강을 위하여 쇠 올무를 놓아 그곳
에 얽힌 짐승이 그 목숨이 다할 때까
지 그곳을 벗어나고자 몸부림치니,
16 목줄기에 살이 튀어나오고 피를 토하
며 죽어 가는 그들의 고통을 너희들이
즐기는 인간이 되어서는 아니 될 것이
며,
17 자연 속에 살아가는 산짐승들을 살생
무기로 죽여 그 가슴에 칼을 꽂아 피
를 빠는 너희들의 그 형국을 보라.
18 그러면서 너희들이 하늘을 보고 웃으
며, '오늘 하나님께서 우리들에게 행
운을 주며 재수가 좋아서 내가 이와
같은 것을 마신다.' 그리 생각하는 그
잔인한 너희들의 삶이 과연 사랑이며,
19 믿음의 길을 가고 있는 나의 백성의
종교 지도자들은 그와 같은 곳에 동참
하는 일은 과연 없으며, 그를 다스려
말리는 그와 같은 너희들의 마음 자세
로 세상을 사는가?
20 그는 너희들과 아무런 관계가 없는 것
처럼 그저 당연한 것처럼 그리 생각하
고 사는 종교 지도자요, 믿음의 길을
가는 자들은 없는가?
21 내가 내려 준 나의 성전에서 모두는
자유롭게 살 수 있는 것을 박탈하며
사악하게 그들을 고통스럽게 몰아가
는 것이 가장 높은 지혜를 주었으며
22 가장 사랑을 베풀며 이웃을 사랑하고
살아가야 한다는 너희들이 자행하고
있는 것이니,
23 이를 한번 돌이켜 보고 반성할 수 있
는 기회를 가져야 할 것이며,
24 나의 법전을 읽고 깨우친 백성이요,
나의 아들을 따르는 너희들은 이와 같
은 행위가 있어서는 아니 됨을 그리
알라.
25 그와 같은 행위가 있을 때 너희들을
엄히 다스림을 잊지 말며, 오늘의 죽
어 가는 그 짐승의 고통보다 너희들이
열배 백배 더 고통스러움을 받는다는
것을 잊지 말라.

4,057 번째 하나님 말씀

2002년 11월 25일 07시 46분

1 사랑하는 나의 아들아!
2 "네, 아버님, 말씀하옵소서."
3 지금의 믿음의 길을 가는 모든 나의
백성들에게 너희들의 믿음이 과연 무
엇이며 진실된 구원의 길이 무엇이냐
물으면 그들은 대답할 수가 없을 것이
니라.
4 그들은 지금의 그 믿음이 무엇이며 저
희들이 무엇을 얻으며 어찌 구원의 길
을 가는 것인가를 알 수 없음이니,
5 그들은 정녕 아무런 대답을 할 수 없

으며, 저희들이 정녕 진실된 말을 할
수 있다면 공허하며 허전한 그 마음밖
에 없다 그리 말하는 자가 진정 깨달
을 수 있는 자일 것이니라.
6 그러나 그들은 그리 말하지 아니할 것
이니라.
7 지금 저희들이 가는 그 믿음이요, 광
란의 짓을 하며 그저 재물을 갖다 바
치면 구원을 받는다는 그 길만이 진정
한 길이며,
8 그리고 하늘에 재물을 많이 쌓아 놓
음으로 인하여 그 죄를 저희들이 용
서받는다는 것이 머리에 박혀 생각을
돌릴 수가 없는 것이 그들이니, 그들
에게 전하라.
9 너희들의 믿음이요, 깨달음이라는 것
은 배운 자요, 배우지 않은 자요, 가진
자요, 갖지 않은 자에 따라서 다른 것
이 아니라 그리 말하라.
10 너희들이 정녕 믿음을 얻는 것은 스스
로 자신에게 달렸으며, 시간과 공간을
다 초월하는 속에서 깨달음을 얻게 됨
이니,
11 너희들이 가진 자와 없는 자, 배운 자
와 배우지 아니한 자를 따질 것 없이
너희들의 마음 자세를 어찌 갖느냐에
따라, 너희들 스스로 어찌 변하느냐에
따라서, 어찌 너희들이 나의 계명대로
살아가느냐에 따라서 너희들이 시간
과 공간과 인간 삶의 그 모두를 다 초
월함을 얻을 때 그 속에서 깨달음이
있는 것이니,
12 이는 곧 너희가 선택하는 것임을 너
희들은 알아야 할 것이니라.
13 그리하니 너희들이 지금 가는 믿음이
과연 나의 믿음이요, 신앙이라는 그
속에서 가고 있는 것인가, 인간의 생
각과 인간의 계명에 의하여 그들의 뜻
에 따라 좌우되는 것인가를 깨우쳐
봐야 할 것이니라.
14 너희들이 수십 년 동안 믿음의 길을
간 그들에게 과연 너는 무엇을 얻었으
며 하늘에 오르는 길을 어찌 보았느냐
물을 때,
15 이대로 가는 것만이 구원을 받는다 그
리 말하는 자, 그는 위선이며 허세임
을 알아야 할 것이니라.
16 그 마음에는 공허함이 있으며 그 마음
에 허전함이 있으며 그 마음을 다스려
줌이 없음이니, 그와 같은 그들에게
너희들은 깨우쳐 주라.
17 믿음이란 가진 자요, 없는 자요, 권력
있는 자요, 또는 배운 자요, 배우지 못
한 자에 따라 변화되고 달라지는 것
이 아니며, 그에 따라서 깨달음을 얻
고 못 얻는 것이 아니니라.
18 너희들이 수십 년 동안 지금의 믿음의
세계에 와서 모두를 다 바쳤다 하여
깨달음의 길을 보고 하늘에 오르는
길을 보는 것이 아니라,
19 시간과 공간이요, 그 모두를 초월하여
서 얻어지는 것이 진정한 믿음의 깨달
음이요, 구원의 길을 보고 못 보는 것
은 여기에 있음이니, 그 모두는 너희
선택에 의함이니라.
20 오늘의 너희들이 가는 길이 인간의 지
식이요, 인간의 뜻에 의해 끌려가는
것인가, 진정한 구원의 길을 위하여
나의 뜻에 의해 따라가는 것인가를
엄밀히 구분하여 선택하는 지혜를 갖

도록 하라 그리 전하라.

4,058 번째 하나님 말씀

2002년 11월 25일 07시 56분

1 사랑하는 나의 아들아!
2 "네, 아버님! 말씀하옵소서."
3 나의 성서의 모두가 비유로 되어 있
음이니, 그 비유의 뜻을 모르는 자, 그
를 깨닫지 못하는 자는 아무것도 알
수 없다 내가 말하였음이니라.
4 오늘 내가 너희들에게 그 이치를 깨닫
게 하고자 하여 하나를 전하고자 함이
니라.
5 이제 3부가 다 끝나가니 내가 나의 아
들에게 '너는 토굴에 들어가서 모든
법전을 쓰는 것만을 하라.' 명함이니,
6 너희들이 알기는 나의 아들이 모든 짐
을 싸 가지고 깊은 산속의 땅굴로 들
어가 거기에서 나의 성령을 받아쓰는
것이 바로 토굴로 들어가는 것이라 너
희들은 그리 말할 것이며,
7 많은 백성들은 나의 아들이 그리 가
기를 원하며 그리 사는 것이라 말하며
그곳에 와서 공부하는 것이라 깨달을
것이니라.
8 오늘 이 시간부터 나의 아들이 깊은
산 속에 들어가서 나의 법전만을 기록
하며 토굴에 산다 하였음이니,
9 그가 산속에 들어가서 토굴 속에서
오늘서부터 살아가는 것으로 너희들
은 그리 생각할 것이며 그리 가르칠
것이니라.
10 그러나 여기서 너희들은 깨우쳐야 할
것이니라.
11 나의 아들이 나의 법전을 160권의 그
모두를 가르쳐 너희들에게 전하고자
하며 그를 기록한다면, 오늘의 이 환
경이요, 이곳을 떠날 수가 없음이니,
12 너희들은 나의 아들이 있는 곳을 나의
아들이 토굴에 가 있는 것처럼 너희
제자들이 그와 같이 몸가짐을 바르게
하며 몸가짐의 행동을 그리하며,
13 나의 아들 또한 토굴에 들어가 있는
그와 같은 형국으로써 너희들과 잡스
런 인간 세상의 모두를 바라보지 아
니하며, 오로지 나의 성전에 앉아서
기도만 하고 경배하라는 그와 같은 뜻
으로 내가 명함이니,
14 오늘의 제자들은 그 뜻을 알게 될 것
이니라.
15 내가 나의 아들에게 토굴에 들어가라
하며 토굴에 들어가 160권의 법전을
완성하라 한 그 뜻은 모든 그를 따르
는 제자들이 나의 아들이 토굴에 들어
간 것처럼 이 방문을 열지 아니하며
이곳에 근접하지 아니하고 그리 가며,
16 나의 아들 또한 그 토굴에 들어가 나
의 법전을 받듯이 세상사에 접하지 아
니하고 살아간다면 그는 임무를 수행
할 수 있으며 곧 토굴에 들어간 자와
같으니, 그가 앉아 있는 이 작은 방이
토굴이 되는 것이니라.
17 그러나 너희들이 후세에 전하기는, 그
가 토굴로 들어가서 그때서부터 깊은
산 속에 가서 이를 썼다 그리 말하고
그리 가르칠 것이며,
18 그 말을 그대로만 전하고자 하는 것이
며 그대로 따르고자 하는 것이 지금
성서에 비유되어 가르치는 그 뜻을 너

희들이 모름이니라.
19 너희들에게 2천 년 전에 성서의 신약
과 구약을 덮으며 새로운 법전이 세상
에 나올 것이라 말했으면, 너희들은
지금 나를 그나마 경배하는 형국이 더
뒤죽박죽이 되었을 것이며, 더 사악한
것으로써 세상을 덮었을 것이니,
20 내가 법전을 가지고 지금에 와 다스린
다 하여도 그리 이끌어 갈 수 없기에
내가 비유로 비사로써 말하여 그를
놔두었음이니라.
21 그러하니 너희들이 나의 성령이요, 성
서를 가지고 인간이 개조하고 또 변화
시켰다 하여도 거기에 나의 뜻이 있
음이니,
22 그를 갖고 너희들이 지금까지 지탱하
고 온 이 속에서 내가 나의 성령이요,
나의 뜻을 지금 다시 심어 제3의 시대
의 역사를 이루듯이, 이와 같이 성서
는 비유요, 비사로 되어 있는 뜻이니,
23 그때의 상황과 그때의 가르침과 그 시
대의 뜻이요, 그 가르친 자의 뜻을 모
르면 너희들이 알 수 없는 것이 바로
성서라 그리 말하였음이니, 성서는 이
와 같이 비유로 되었음이니라.
24 이제 3부를 다 끝내 가니 내가 나의
아들을 토굴에 두고자 하며 가둬 둠
이니라.
25 그러니 내가 산속 땅굴에 그를 두는
것이 아니요, 오늘에 그가 기도하는
이 방이 토굴로서 변한 것이니,
26 만백성과 그를 따르는 제자들은 나의
아들이 토굴에 가 있는 것처럼 그와
같은 행동을 해야 할 것이며,
27 나의 아들이 토굴에 갇혀 있는 것처
럼 하나의 문을 열고 나오면 밖의 세
상이나,
28 그것이 천리만리 떨어져 있는 산속에
있는 어렵고 힘든 그 문을 여는 것이
라는 그와 같은 마음으로 살면 이가
토굴이 되는 것이며 그가 기도하는 방
이 됨이니라.
29 아무리 천릿길이 떨어져 있다 해도 너
희들이 걸어 나오면 세상 속이나, 하
나의 문을 여는 것이 아무리 얇다 하
여도 그것이 세상 속에서 너희들이
몇 시간을 걸어와 열듯이 한다면 산
속에 있는 것과 무엇이 다르던가?
30 그것이 바로 성서의 비유의 깨우침이
니,
31 나의 아들에게 오늘서부터 토굴의 생
활을 명하노니, 너희들 제자들과 모든
백성이요, 그를 따르는 자는 나의 아
들이 토굴에 가 있을 때 너희들이 과
연 어찌 따라야 할 것인가 그와 같은
마음의 자세로 돌아가도록 그리하라.
32 이것이 수천 년 후의 백성이 볼 때는
나의 아들이 짐을 싸 가지고 산속으
로 들어갔으니 그가 깨달음이 부족하
여 그리했다 생각할 것이니라.
33 그러나 이와 같은 비유의 뜻으로써 성
서는 기록되어 있음이니,
34 그때의 상황과 그때의 정황을 파악하
며 나의 아들 예수의 뜻을 알지 못하
면 너희들이 바로 그와 같은 지도자가
될 수 없다는 뜻이 여기 있음을 알라.

4,059 번째 하나님 말씀

2002년 11월 25일 08시 14분

1 사랑하는 나의 아들아!
2 "네, 아버님! 말씀하옵소서."
3 너희들이 살아가면서 하는 말 중에
'열 손가락 깨물어서 안 아픈 손가락
이 없다.' 그리 말함이니, 이는 무엇을
의미하는 것이더냐?
4 열 자식이요, 몇 자식을 둔 부모에게
자식 하나하나가 똑같이 소중하지 아
니한 자식이 없다는 표현으로써 너희
들이 그와 같은 말을 하고 있음이니,
5 못난 아들, 잘난 아들, 너희들이 얘기
하는 몸이 불편한 아들, 그 모두를 다
똑같이 사랑하는 부모의 마음을 표현
하기를 열 손가락 깨물어 아프지 아니
한 손가락이 어디 있느냐 그리 말하
느니라.
6 그와 같이 나의 피조물 만백성들이
소박하며 순박하며 아름다운 마음을
가지고 살았음이니라.
7 그러나 지금 나의 백성들이 어찌 살
아가는가?
8 너희들은 그와 같은 마음은 이미 너희
들 가슴에서 떠났으며, 자식도 계산적
으로 생각하며 어떤 이해관계로써 보
는 그와 같은 너희들의 마음 자세가
서 있음이니, 그 모든 것을 누가 이리
만들었는가?
9 바로 종교의 지도자요, 종교의 믿음이
요, 사랑을 베풀며 하늘에 오르는 길
을 가겠다는 너희들이 그와 같은 형국
으로써 만들었음을 알라.
10 나의 피조물 만백성들이 열 손가락
깨물어 아프지 아니한 손가락이 없다
는 그러한 평범한 나의 백성은 그저
형제지간에 우애가 돈독하며, 저희 부
모를 공경하는 마음이 남다른 그와
같은 자녀로 평범히 살아가지 아니하
던가?
11 그러나 너희들의 믿음의 길을 가는
자는 어찌하던가?
12 너희들이 같은 믿음을 가지 아니하며
같은 길을 가지 아니한다 하여 형제
를 경원시하며 부모를 경원시하는 그
와 같은 마음을 갖고 사는 마음으로
변하게 만든 것이 바로 너희들이니라.
13 저희들과 뜻이 다르다 하여, 믿음을
같이 가지 아니한다 하여 저희 형제를
차별화하며 경원시하며 저희 부모까
지도 경원시하는 그와 같은 사악한 마
음의 뿌리가 너희들 가슴속에 싹트기
시작하였음이니,
14 그와 같은 마음을 가슴에 가진 너희들
이 바로 어찌하겠는가?
15 열 손가락을 깨물어 다 같이 아픈 마
음을 느낀다는 그 순수한 나의 백성들
의 마음이던가?
16 그렇다 하면 너희들이 어찌하여 형제
와 부모까지도 차별화하는 그와 같은
마음으로, 그와 같은 행동으로 살아가
는가?
17 바로 지금 너희들이 열 손가락을 깨물
어 다 아팠다는 그 부모의 마음의 시
대를 계산적이요, 생각에 따라 그 자
식을 보는 마음이요,
18 눈이 다르도록 그와 같이 만들어 놓은
것이 지금의 사랑을 베푼다 하며 위
선으로써 연극을 하면서 살아가는 종

교 지도자요,
19 그곳에 가 수십 년 동안 믿음을 깨우
쳐 하늘에 오르겠다는 너희들이 바로
원흉이며 진범임을 알아야 할 것이니
라.
20 너희들은 자식이 제 생명보다 더 소
중하고 귀하기에 자식이라면 모두를
다 바치는 그와 같은 마음으로 살던
그들의 시대를 다 접어 두게 되었으며,
21 자식도 계산이요, 생각에 따라 그를
보는 눈이 다르도록, 그 행동에 따라
보는 눈이 다르도록 그와 같은 마음
으로 만들었으며,
22 모자란 자식을 길거리에다 버리며 부
족한 부모를 길거리에다 버리는 이와
같은 사악한 형국으로,
23 도저히 인간의 마음으로써는 할 수 없
으며 인간의 도리로써는 할 수 없는
그와 같은 사악한 마음으로 변질시킨
것이 바로 지금 말로만 사랑을 베푼
다며 거짓 연극 속에 살아가는 종교
지도자 너희들의 집단 때문이니라.
24 너희 집단이 이 세상에 나타나지 아니
하였으며, 위선이요, 사악한 마음을
가지고, 진정한 나 여호와의 뜻이 아
닌 인간의 계명대로 살아가는 너희들
이 아니었더라면 그와 같은 형국은 이
루어지지 아니하였을 것이니,
25 바로 원흉이요, 진범이 잘못 가는 종
교 지도자요, 그곳에 따라가는 백성
너희들의 그 사악한 마음의 뿌리에서
이루어졌음을 너희들은 자각하며 반
성할 줄 알아야 할 것이니 그리 알라.

4,060 번째 하나님 말씀

2002년 11월 25일 21시 26분

1 사랑하는 나의 아들아!
2 "네, 아버님! 말씀하옵소서."
3 너희들이 아픈 자, 눈에 보이는 자를
치료해 주며 고쳐 주는 것만이 기적이
아님을 알라.
4 네가 나의 피조물 만백성의 기도를
하여 그들의 과거와 미래와 현재를
깨우쳐 줌이니,
5 그리하여 그들에게 닥칠 불행을 미리
예방해 주며 그가 겪어야 할 고초를
네가 그들에게 미리 깨우쳐 줌이니,
6 그 또한 기적이며 만백성을 위하고 돕
는 길임을 너는 알아야 할 것이니라.
7 네가 만든 '쉼터'라는 그곳에서 네가
많은 사람을 기도해 주고 그들의 어리
석음을 일깨워 주며 그들의 어렵고 힘
든 길을 안내해 주며 깨우쳐 주며 예
방을 해 줌이니,
8 그것이 바로 위대한 기적임을 너는 알
아야 할 것이니라.
9 그리하여 많은 백성들이 너를 찾을
것이니, 네가 어렵다 힘들다 생각하지
말며 만백성에게 그들이 겪어야 할
고초와 그들이 병마에 시달리는 것,
그리고 또한 시련을 겪을 것, 그들이
또 고쳐야 할 것,
10 그와 같은 것을 그들에게 일깨워 줘
그들이 바로 살아갈 수 있는 길을 깨
우쳐 줌이 바로 기적의 역사를 이루는
것이니라.
11 다만, 네가 나의 피조물 만백성을 그
리 인도하고 깨우쳐 주되, 그들로 하

여금 어떠한 대가를 받아서는 아니 될
것이며, 어떠한 대우를 받아서도 아니
됨을 너는 명심해야 할 것이니라.
12 나 여호와가 너에게 무상으로 내려 주
는 것이며, 내가 대가를 받지 아니하
고 나의 아들 너에게 내려 준 것이니,
13 너 또한 나의 사랑하는 피조물 백성에
게 나의 뜻을 전함이니, 그와 같이 너
도 무상으로 전하는 그 일을 반드시
지켜야 할 것이며, 절대 그를 어기는
일이 없도록 그리하여
14 나의 피조물 만백성이요, 너희 형제들
의 미래를 알려 주며 미래에 닥칠 불
행을 예방해 주며 그들이 병마에 시달
릴 것을 그들에게 미리 치료하는 방법
을 네가 깨우쳐 줘 그들로 하여금 기
적의 역사를 이루도록 그리하라.

4,061 번째 하나님 말씀

2002년 11월 25일 21시 30분

1 사랑하는 나의 아들아!
2 "네, 아버님! 말씀하옵소서."
3 한 가정의 삶 속에서도 부모가 어찌
살아가느냐에 따라서 그 모두의 변화
의 역사가 이루어짐이니,
4 자식을 기르는 부모가 부도덕한 행동
을 하며 부도덕한 삶을 산다 하면 그
가정은 어찌 되겠는가?
5 그 가정은 정상적으로 지탱될 수가 없
으며 파괴된다는 것을 너희들은 알아
야 할 것이니라.
6 인간사에 너희들이 만나고 사는 그와
같은 개인의 본질 속에서도 그 부모가
어떠한 형태로써 살아가느냐에 따라
서 그 자녀에게까지도 그 영향이 미치
게 되며,
7 부모가 잘못 살며 부도덕하게 사는 그
가정은 자식들 또한 그리 살아가는
것이 그와 같은 형태인 것을 너희들은
알고 있으며,
8 그리 보고 깨우쳐서 너희들이 지금 세
상 속에서 이루어지는 그 불행을 보고
있을 것이니라.
9 하물며 너희들이 나의 피조물 만백성
을 구원한다는 종교 집단이요, 나 여
호와의 뜻에 따라 천국에 오르는 길
로 인도한다는, 한 인간의 생명을 영
원히 사는 길로 인도하고 인도하지
못하는 그와 같은 중책을 맡았다는 종
교 지도자 너희들이 앞과 뒤가 다른
부도덕한 행위로써 하늘을 향하여 부
끄러운 행위를 하며 그와 같이 살아간
다 하면, 과연 어떠한 형국으로써 이
루어지겠는가?
10 하늘을 향하여 한 점의 부끄러움이 없
는 자가 종교 지도자라 내가 말하였거
늘,
11 너희들은 부끄러워 하늘을 향하여 고
개를 들 수 없는 그와 같은 부도덕한
행위를 하는 자가 단상에 섰을 때, 나
의 사랑하는 순박한 백성들이 어찌
되겠는가?
12 그들은 잘못된 너희들의 추악한 모습
에 저희 자신도 모르게 스스로 오염
되기 시작함이니,
13 나의 순박한 백성들이 잘못 가르치는
종교 지도자들의 그 행위에 의하여 오
염되기 시작함이니,
14 그 오염된 것이 역사가 흐르면서 어

떠한 형국으로 퍼지는가?
15 전염병이 퍼지는 것과 같이 모두가 이
세상이 그리 변하여졌음을 알아야 할
것이니라.
16 순박한 나의 백성들까지 잘못 가르치
는 종교 지도자들의 그 병에 걸려 그
들이 오염되어 전염병에 감염되었으
니, 그리하여 이 세상이 이리 험악한
형국에 이르렀으며,
17 너희들이 지금 사람이 사는 이 세상이
종말의 시대요, 도둑이 우글거리며 남
에게 거짓 하여 사기 치는 자가 이 세
상을 덮고 있다 그리 말함이니,
18 이와 같은 형국이 종말의 시대라 너
희들이 말하는 것은, 당연히 그와 같
은 변화될 수 있었던 너희들의 지금
의 종교 지도자들의 가르침이요, 잘못
가는 그 자세가 근본이요, 원흉임을
너희들은 알아야 할 것이니라.
19 이는 그 누구도 바로잡을 수 없으며,
지금과 같은 형국으로써는 그 사악한
씨가 사악한 자를 낳으며, 사악한 자
가 또 그 사악한 행위를 하게 되어 있
음이니,
20 그리하여 이를 잡을 수 없기에 내가
나의 아들을 통하여 책으로 글로써 만
들어 너희들에게 전함이니,
21 나의 법전이 이를 바로 다스리고자
하는 근본임을 너희들이 잊어서는 아
니 됨을 그리 깊이 깨우치며,
22 이를 가지고 배우고 깨달아 만백성을
구하는 지도자로 서는 너희들은 내가
160권에 기록된 잘못 간 종교 지도자
들의 그 행위요, 그들이 밟아 온 전철
을 밟아서는 아니 됨이니,
23 그를 거울삼아 너희들이 바로 서는 지
도자로서 가야 함을 잊지 말라.

4,062 번째 하나님 말씀

2002년 11월 25일 21시 34분

1 사랑하는 나의 아들아!
2 "네, 아버님! 말씀하옵소서."
3 내가 나의 아들을 통하여 너희들에게
무어라 가르쳤던가?
4 너희들이 주일이요, 쉬는 날이라 하여
경배하고 기도하는 그 시간에, 그리고
나의 성서요, 나의 법전을 가지고 공
부하는 시간에 너희들이 참여하지 못
한다 하더라도
5 한 가정의 의식주부터 해결하는 그와
같은 삶을 살아가는 데 모두를 다 바
쳐 살아가라 내가 너희들에게 그리 깨
우쳐 주었음이니라.
6 너희들이 의식주를 해결하지 못하고
사는 것은 나의 뜻에 순종하는 길이
아니라 내가 너희들에게 가르쳤음이
니,
7 너희들이 의식주를 해결하는 것이 얼
마나 소중하고 귀한 것인가를 알아야
할 것이니라.
8 너희들이 의식주를 해결하지 못하며
남으로부터 어렵고 힘든 삶을 살아가
는 자는 정녕 믿음의 구원의 길을 바
라볼 수 없으며,
9 너희들이 기도하고 경배하며 무엇을
얻고자 하여 매달리는 그와 같은 삶
을 살아서는 아니 됨이니라.
10 너희가 먼저 의식주의 기본을 다져 놓
아야 함을 잊지 말라.

11 너희가 살아가면서 저 자신이 의식주
를 다 준비하지 못하며 그를 다스려
갈 만한 가족의 체계로 만들지 못하는
것은 너희 자신과 너희 가족과 이웃
의 모든 사람에게 너희들이 상처를 주
는 그와 같은 삶을 살게 되어 있으며,
12 너희들 스스로 이웃으로부터 너희 가
족까지 모두가 상처받는 삶을 살게
된다는 것을 잊어서는 아니 될 것이니
라.
13 너희들이 의식주를 해결하지 못하고
사는 그 자체는 남으로부터 상처를 너
희 스스로 받는 것보다도 너희들이 다
른 많은 백성에게 상처를 주며 남에게
상처를 주는 그와 같은 삶을 살아가기
때문에 내가 너희들에게 의식주를 해
결하라 함이니라.
14 너희들이 의식주를 해결하지 못하여
남에게 무엇인가를 어려움을 해결하
고자 할 때, 그를 들어주지 못하는 너
희 이웃이요, 형제요, 많은 사람에게
마음 아픈 그 상처를 너희들이 입히게
되어 있음이니,
15 그리하여 의식주를 바로 세우는 자만
이 그 가정의 의식주가 안정된 속에서
곧고 바른 믿음의 길을 갈 수 있기 때
문이니라.
16 너희들이 의식주를 해결하지 못한 생
활 속에서는 곧고 바른 생각을 할 수
없으며 그와 같이 살 수 없음이니라.
17 그리하여 안정된 가정은 나 여호와가
내리는 모든 성령의 뜻과 내가 너희
들에게 내리는 사랑과 축복과 그 모두
를 받을 수 있음이니라.
18 너희들의 가정에 의식주가 해결되지
아니하여 너희들이 자세를 바로잡지
못하고 곧은 성품으로 곧은 생각을 하
지 못하고 살아갈 때, 나로부터 모든
축복과 은혜를 받을 수 없음이니,
19 의식주를 해결하는 백성이 나로부터
내릴 수 있는 축복이요, 영광이요, 은
혜요, 그 모두를 받을 수 있는 준비가
되어 있는 자며 자격이 있는 자이기
때문이니,
20 이를 잊지 말고 먼저 행하도록 너의
제자들과 나의 법전을 읽은 백성은 이
를 깊이 깨우치라.
21 너희 스스로 너희 가족이 상처받는
그 아픔의 생활을 해서도 아니 되며,
남들에게 상처를 주는 그와 같은 너
희들의 삶을 살아도 아니 됨을 알아
야 할 것이니라.

4,063 번째 하나님 말씀

2002년 11월 25일 21시 42분

1 사랑하는 나의 아들아!
2 "네, 아버님! 말씀하옵소서."
3 내가 너희들에게 말하였느니라.
4 아담과 이브 그 두 사람의 아름다운
사랑처럼 너희들이 같이 평생을 살아
가야 할 남녀가 서로 자기의 순수한
그 모두를 다 바치지 아니하는 자,
5 너희들은 사탄의 자식이 되는 것이라
내가 너희들에게 일찍이 깨우쳐 주었
음이니라.
6 또한 너희들이 정해진 부부관계에도
화기애애한 삶 속에서 이루어지는 그
사랑이야말로 아름다운 것이며 나로
부터 축복을 받는 소중한 것이라 내가

너희들에게 일깨워 주었음이니라.
7 너희들이 살아가면서 저 자신을 억제
하지 못하며 돌발적이고 우발적인 그
러한 행동을 하는 그 자체가 너희들은
죄악이며 죄를 짓는 행위라 내가 너희
들에게 말하였음이니,
8 너희들이 남녀의 관계가 자신을 자제
하지 못하여 우발적인 장소에서 우발
적인 행동으로 이루어지는 것은 그 죄
의 대가가 무섭다 내가 너희들에게 일
깨워 주었음이니,
9 이는 너희들이 무서운 죄를 짓는 것임
을 알아야 할 것이니라.
10 내가 너희들에게 말하기를, 너희들이
정해진 부부지간이라 하여도 서로의
허락이 없는 사랑의 행위는 강간과 같
다 내가 너희들에게 말하였음이니, 너
희들은 이 죄를 어찌 깨닫고 어찌 살
아가는가?
11 너희들은 지금 이와 같은 삶을 너희
자신이 어찌 살아가는가 너희들 자신
이 지금 돌아다볼 때가 되었음을 알아
야 할 것이니라.
12 너희들이 과연 얼마나 아름답게 자신
을 지키며 살아가는 것인가 너희 자신
을 돌아다보며, 너희들의 죄상을 너
희 스스로 한번 봐야 할 때가 되었으
며 깨달을 때가 되었음을 알아야 할
것이니라.
13 나 여호와가 너희들에게 남녀의 그 정
이요, 사랑을 나누며 살도록 한 것은
정해진 부부 외의 어떠한 행위도 그
죄가 얼마나 무서운 것인가를 너희들
은 아직 모르고 있음이니,
14 내가 너희들에게 부부의 인연을 맺어
주며 너희들이 사랑을 나누며 사는 것
은 정해진 부부 외에는 어떠한 행위도
용서할 수 없는 것이며 그 죄가 얼마
나 무서운 것인가를 너희들이 아직 모
르고 있음이니,
15 그 죄를 너희들이 회개하며 반성하며
뼈를 깎는 아픔으로써 회개를 하지 아
니하면 너희들이 그 죄의 대가가 얼
마나 무서운 것인가를 알아야 할 것이
니라.
16 정녕 너희들이 지금 살아가고 있는 형
태며 너희들이 존속해 살아가는 중에
이 한 가지를 보더라도 너희들이 과연
나 여호와 앞에 당당히 고개 들고 와
죄짓지 아니한 자라 말할 수 있는 자
있거든 한 번 나에게 말해 보라.
17 이와 같이 삶이 흐트러진 자, 바른 자
세로 살지 못한 자, 너희들이 죽어 나
에게 와 심판을 받기 전에 너희 육의
세상에서 그 죄의 대가를 다 치르며
18 너희들이 회개하며 용서를 받는 그와
같은 피나는 노력으로써 변화되지 않
고 깨달음이 없을 때,
19 그 죄가 얼마나 무서운 것인가를 너희
들이 죽어 나에게 와서 알 것이니라.
20 이 한 가지만 보더라도 너희들이 얼마
나 수천수만 가지를 죄인 줄 모르고
죄를 짓고 사는 것인가 너희들에게 깨
닫게 하기 위하여 내가 이 밤 나의 아
들을 통하여 이 내용을 다시 한 번 너
희들에게 전함이니,
21 이를 기초요, 근본으로 하여 너희들이
살아가면서 얼마나 무서운 죄를 짓고
있는가 그를 한번 돌이켜 보도록 그리
하라.

4,064 번째 하나님 말씀

2002년 11월 25일 21시 51분

1 사랑하는 나의 아들아!
2 "네, 아버님! 말씀하옵소서."
3 선과 악의 싸움에서 너희들이 선을 선택하지 못하여 악에 지는 자를 무엇이라 말할 수 있겠는가?
4 너희들이 만일 선과 악의 싸움에서 악에 진다 하면, 악은 무엇이든지 행할 수 있는 무서운 형태로 변할 수 있음을 알아야 할 것이니라.
5 악의 마음이라는 것은 선한 마음이 할 수 없는 그 무서운 짓도 다 행할 수 있으며
6 하나도 부끄럼이 없이 거리낌이 없이 행할 수 있는 그와 같은 마음이 너희들을 다스리기에 그 악이 무서움을 너희들은 알아야 할 것이니라.
7 그리하여 너희들이 악과 선의 싸움에서 어떠한 고통과 시련이 닥친다 해도 선을 붙잡고 매달리는 그 독하고도 무서운 마음이 아니면 아니 됨이니라.
8 악에 너희들이 지게 되면 너희들 자신이 선은 행할 수 없는 모든 사악한 짓들을 즐거운 마음으로써 괴성을 지르며 자랑스럽게 행할 수 있음이니,
9 행하면서 너희들이 그게 죄인 줄 모르고 행하게 되기 때문에 무서움을 알아야 할 것이니라.
10 그리하여 너희들이 악을 몰아내는 데, 악을 뿌리 뽑는 데 최선을 다하여야만 함을 잊어서는 아니 됨이니라.
11 너희들 인간의 마음에는 항상 악을 행하며 살아가고자 하는 그 자체를 너희들이 다스리는 그와 같은 피나는 노력이 아니면 이를 행할 수 없음을 알아야 할 것이니라.
12 악은 항상 너희들의 선을 이기며 너희들을 악으로 끌어들이고자 하며,
13 너희들 마음 또한 악을 행하는 것을 너희들도 모르는 사이에 즐거움이요, 향락으로써 착각하고 넘어가는 수가 있으며,
14 이는 정녕 죄가 되지 아니할 것이며 이와 같은 것은 나 여호와가 용서할 것이라는 그와 같은 마음 자세를 갖게 됨이니,
15 그게 바로 너희들이 악에 넘어가는 단계임을 알아야 할 것이니라.
16 이와 같이 악으로 넘어가 허덕이는 나의 백성들을 너희들의 의지로써는 다스릴 수가 없으며, 누구의 가르침으로도 그를 다스릴 수가 없으니,
17 내가 오로지 너희들을 바로잡을 수 있는 것이며, 악과 선에서 싸워 이긴 그 악이 모든 만행을 자행하는 것을,
18 그 악의 마음을 너희들의 가슴속에서 뿌리를 뽑는 것은 나의 법전이요, 내가 내린 십계명을 지키고 사는 그것밖에는 없으며,
19 그를 지키고자 하는 피나는 노력 속에서 너희들이 바로 구원을 받을 수 있다는 것, 그 외에는 아무것도 없음을 너희들은 알아야 할 것이니라.
20 이제 너의 제자들은 나의 법전을 접하며 나의 성령을, 내가 너에게 내리는 그 뜻을 직접 들으니,
21 그들이 지금 천사와 같은 마음으로 변하지는 못했다 하더라도 너의 제자들

이요, 나의 법전을 읽고 정독하는 선
택된 백성 너희들은 바로 악을 뿌리
치며 선을 선택할 수 있는 그와 같은
용기와 자신을 갖고 살아가고자 노력
하기에 내가 너희들을 신부라 그리
명하였음이니라.
22 이제 너희가 스스로 악을 제거하는 노
력을 하여 스스로 이길 수 있으며 견
딜 수 있는 것이 너의 제자들이며 나
의 법전을 읽고 깨우친 백성들이니,
23 그 악을 스스로 너희들이 제거하는 그
와 같은 힘을 길러내는 데 온갖 정성
을 다하며,
24 나 여호와를 찾으며 나 여호와에게 경
배하며 나의 법전을 정독하고 또 읽고
깨우칠 때, 너희들이 그 모두를 이길
수 있음을 알아야 할 것이니,
25 나의 법전이요, 십계명 외에는 그를
이길 수 있는 것이 이 세상에 아무것
도 없음을 너희들은 알라.
26 이 귀하고 소중한 것을, 내 하늘의 뜻
을 나의 아들을 통하여 너희들에게 전
하여 주거늘, 어찌하여 너희들은 이를
너희 생명보다도 더 소중히 가슴에 안
고 지켜 가고자 하는 마음을 그리도
못 갖는가?
27 너희들이 나의 법전이요, 십계명을 지
키고 살다 과연 잃는 것이 무엇이며,
손해 보는 것이 무엇이며, 너희들이
구원의 길을 올 수 없는 것이 무엇인
가?
28 십계명을 쉽게 풀어서 행할 수 있도록
한 것이 나의 법전이니,
29 너희들은 두려워하지 말며 나의 법전
이 나의 성령임을 깊이 인식하고 깨우
치는 선택의 길을 가도록 그리하라.

4,065 번째 하나님 말씀

2002년 11월 25일 21시 56분

1 사랑하는 나의 아들아!
2 "네, 아버님! 말씀하옵소서."
3 수천 년 동안 믿어 오는 나의 백성들
이 어찌 믿어 오며 그들이 어찌 믿어
오다 죽어 가 심판을 받았던가?
4 너희들의 믿음은 몇천 년 전이나 지금
이나 예수가 재림하여 너희들을 구원
해 줄 것이며, 구세주가 내려와 너희
들을 구원해 준다는 거기에만 관심이
있으며,
5 너희들은 예수가 천군을 데리고 와
너희들을 구원해 준다는 그 구원받는
다는 그것에만 관심이 있으며
6 그것에만 너희들이 모든 정신을 집중
하며 초점을 맞춰서 믿음의 길을 가
고 있는 것이 아니던가?
7 이와 같은 속에서 너희들이 지금의 믿
음을 가고 있음이니,
8 너희들은 여기서 그와 같이 구원을 받
기 위하여 너희들이 겪고 인내할 길이
무엇이며 어떻게 행하여야 할 것인가
를 전혀 알려고 하지도 아니하며 깨
우치려 하지도 아니함이니라.
9 너희들은 구원받는다는 거기에만 관
심을 맞춰 믿음을 달려가는 그와 같은
믿음의 형태에서 이제 깨우쳐 벗어날
때가 되었음을 알아야 할 것이니라.
10 너희들이 정녕 구원의 관심이요, 그
관심을 관철하고자 한다면, 나 여호와
가 이루고자 하였던 것이 무엇인가를

깨달으며,
11 내가 십계명을 너희들에게 내렸던 그
이치를 알아야 할 것이며,
12 그 계명에서 너희들에게 가르쳐 주는
그 내용과 뜻을 연구하고 깨달아야 함
을 잊어서는 아니 될 것이니라.
13 나 여호와가 나의 아들 예수를 보내어
그를 통하여 행하고자 했던 것이며,
내가 역사하고자 했던 그것과 예수가
행하며 살아갔던 그 살아간 모습들,
그가 행했던 그 모두를 너희들이 진실
되게 알아볼 수 있는 그와 같은 노력
으로써 깨우침을 가지 아니한다면,
14 그리고 그를 깨달아 너희들이 그와 같
이 행하고자 아니한다면, 너희들은 정
녕 구원의 길이 무엇인가도 알 수 없
음을 알라.
15 너희가 깨달음을 얻어야 할 것이며,
정녕 진정한 나 여호와가 원하는 것이
무엇이며, 하늘의 구원받는 것이 무엇
인가를, 너희들이 나의 법전을 지금
세상에 내려보내는 것을 읽고 또 읽었
을 때, 그 속에서만이 너희들이 그 뜻
을 알 수 있음을 알아야 할 것이니라.
16 이제 너희들이 나의 법전을 읽고 또
읽게 되었을 때, 너희들이 나 여호와
가 말하는 것은 즉, 사랑이라는 것을
알게 될 것이며,
17 나 여호와가 베푸는, 내가 너희들에게
부탁하고 바라는, 너희들에게 강요하
다시피 하는 사랑이요, 베풀며 살라
하는 것을,
18 나 여호와가 베풀라 하는 그 사랑을
중심으로 깨달아 나가지 아니한다면
너희들은 정녕 하늘의 이치를 알 수
없음이니라.
19 나 여호와가 사랑을 베풀며 살라는 것
에 그 모두의 중심이요, 너희들의 마
음을 거기에 초점을 맞춰 놓고 너희들
이 사랑이 무엇인가를 깨닫고 그리 행
하고자 살아갈 때,
20 너희들이 서 있는 나무의 모습을 다시
보게 되며, 흐르는 물을 다시 보게 되
며, 너희들이 매일같이 보는 산천이
다 다시 보이는 것이며,
21 네 주변에 사는 모든 백성이요, 모든
사물을 새로운 각도로, 그들이 가지고
있는 진정한 모습이요, 그들이 원하는
것이요, 그들이 숨을 쉬고 사는 그 삶
의 형태를 보게 되며 깨닫게 됨이니,
22 그 모두가 생명력이 있으며 얼마나 소
중하고 귀한 것이며 나로부터 내림을
받은 것이 얼마나 값진 것인가를 너
희들이 그들을 보게 됨이니라.
23 그와 같은 변화의 역사가 있지 아니한
자는 정녕 너희들이 마음의 변화가
있을 수 없으며,
24 너희들이 지금의 마음에서 마음의 대
변화가 있지 아니하는 한 너희들은
구원의 길에 오를 수도 없으며 볼 수
도 없다는 것을 알아야 할 것이니라.

4,066 번째 하나님 말씀

2002년 11월 25일 23시 16분

1 사랑하는 나의 아들아!
2 "네, 아버님! 말씀하옵소서."
3 나의 법전 3부는 나의 피조물 만백성
들이 저희들의 언어와 삶의 방식에
맞도록 그들의 글과 문자로써 설명하

여 공부하도록 하라 내가 너에게 명령
을 내렸음이니라.
4 그리하여 4부부터는 너희들 동양의
작은 나라의 언어로써 나가 동양의
작은 나라의 언어로 공통어를 만들어
세상을 지배할 수 있도록 그리하라 하
였음이니라.
5 내가 지금 너에게 말하여 내가 만든
이 지상의 성전은 아무리 그림을 잘
그리는 화가라는 사람이 평생을 그려
붓이 다 닳고 닳도록 연습하고 또 그
려도 대자연의 아름다운 모습을 그대
로 그릴 수 없는 것이 자연의 신비며
내가 이루는 역사라 하였음이니라.
6 아무리 사진작가가 천년만년에 걸쳐
그를 담아 놓는다 해도 그 속에 숨 쉬
고 있는 동식물의 숨소리를 찍어 낼
수 없으며 담아낼 수 없다 하였음이니,
7 이와 같이 세상에 내가 만든 지상의
낙원이 얼마나 위대하고 소중하던가?
8 그러나 너는 여기서 들어야 할 것이니
라.
9 이와 같이 신비요, 위대한 지상의 그
모든 내가 만든 창조물보다도 나의
법전이 세상에 나가는 것이 더 소중하
다 하면, 너는 과연 어찌 생각하는가?
10 나의 이 법전에는 너희들의 깨우침이
있으며 너희들의 철학이 있으며 너희
들이 생각하는 것이면서 너희들의 지
혜를 다스림이 있음이니,
11 이는 정녕 살아서 움직이는, 나의 피
조물 만백성 너희들을 직접 구원으로
인도하는 그 가르침이요, 그 뜻이 여
기에 있음이니,
12 모든 동식물보다 얼마나 위대하고 값
지고 소중한 것인가를 너는 잠시 한
번이라도 생각해 보았는가?
13 너희들은 그저 내가 너를 통하여 성령
으로 내려보내는 나의 글이요, 나의
뜻이라 하여 책으로 만들어 내 너희들
이 읽고 덮어두며 또 깨우치며 덮어
두는 그와 같은 책으로써 그 한계의
위대함만 느끼고 있음이니,
14 이 세상의 모든 동식물보다도 더 위대
한 철학이요, 역사의 너희들의 깨우침
이 여기에 있음이며, 그보다 몇십 배
더 소중하고 귀중한 보배요, 무엇과
도 바꿀 수 없는 것이 나의 법전이라
는 것을 너희들은 생각해 보지 않는가?
15 이와 같이 소중하고 값진 것을 만들어
내는 너는 또한 어떠한 자던가?
16 세상의 수십억 인구 중에 나의 아들딸
이 아닌 자 없으며 내 백성이 아닌 자
없으나, 내가 나의 아들이라 불러 나
의 성령을 듣게 하며 나의 음성을 듣
게 하며 내가 모두를 너에게 보여 줘
이 법전을 세상에 만드는 너는 과연
누구이던가?
17 네가 만들고 있는 이 법전이 얼마나
소중하고 귀한 것인가를 안다 하면,
네 마음 자세요, 네 몸가짐이며 네 노
력함이 어떠할 것인가를 너는 과연
생각해 보았는가?
18 너의 제자들에게 이르라.
19 이 세상 자연의 위대함이요, 그 오묘
함보다도 더 뜻이 깊고 살아 있는 생
명이요, 살아서 움직이는 것이 곧 나
의 법전이요,
20 나의 성령을 기록하여 너희들을 구원
의 길로 보내고자 깨우쳐 하늘에 내

가 이끌고자 하여 내려보내는 나의 법전보다 더 귀한 것이 없으며 소중한 것이 없다는 그 이치를 만백성에게 깨우쳐 전하도록 하라, 나의 아들아!

21 그리하여 나의 법전을 읽을 때, 내가 너희들과 같이한다 하였음이니,

22 세상의 어떤 동식물을 너희들이 취하고 만진다 하여 내가 너희들과 그때 같이 있는다 하였던가?

23 오로지 나의 법전을 너희들이 열고 정독할 때만이 내가 너희들과 같이하는 그 역사를 이룸이니,

24 창조주 나 여호와가 너희들과 같이하는 것은 나의 법전의 뚜껑을 열 때밖에 없음이니,

25 얼마나 귀하고 소중하며 보배로운 것인가를 너희들 스스로 가슴 깊이 깨우쳐 간직하고 소중히 다루고 소중히 정독하여 너희들이 깨달음을 얻어 구원을 얻도록 하라 그리 전하도록 하라, 사랑하는 나의 아들아!

4,067 번째 하나님 말씀

2002년 11월 25일 23시 22분

1 사랑하는 나의 아들아!

2 "네, 아버님! 말씀하옵소서."

3 너희들이 지금 몇천 년 동안 믿음의 가는 길이 과연 무엇이던가?

4 너희들이 확고한 깨달음이 있으며, 구원을 받는다는 그 확신을 가지고 있는가?

5 진정한 미래를 알고 있으며 하늘에 오르는 길을 알고 지금 종교 집단의 지도자라 하여 너희들을 가르치고 있는가?

6 정녕 하늘의 뜻을 모르는 지도자가 저희 손으로 지은 그 성전에 나오면 너희들이 구원을 받을 것이라 그리 가르치고 있음이니,

7 저희 자신도 확고한 신념이 없어 그 지도자가 그저 구원받은 척하면서 너희들을 가르치고 있다 하면 너희들은 과연 어떠한 형국이 되겠는가?

8 너희들을 그저 그런대로 이끌고 가다 보면 구원을 받을 것이라 그리 생각하며 너희들이 속된 말로 '누이 좋고 매부 좋다'는 그와 같은 말을 하듯이

9 좋은 게 좋은 것이라 하여 아무것도 모르는 종교 지도자들이 그런 형국의 마음을 가지고 너희들을 가르치고 이끌어 간다고 너희들은 생각해 보아야 할 것이니라.

10 그렇지 않다 너희들은 확신할 수 있는가?

11 너희들 지도자가 확실히 모르면서 그저 끌고 가는 척하며, 구원을 받은 척하며,

12 너 좋고 나 좋은 형국이라 하여 그와 같은 형태로 그들이 그저 저희들의 편안한 삶을 위하여, 육의 안일을 위하여 끌고 가는 집단 속에서 그와 같이 방황하는 자가 지도자라 하여 너희들을 이끌어 간다 하면 너희들은 과연 어찌하겠는가?

13 너희들은 그와 같이 무식한 지도자가 이끌어 가고 있으며, 그들을 따라 믿는 자 또한 어떠한 것이던가?

14 그 지도자는 저 자신을 속이며 너희들을 속이고 있음이니, 너희들이 진정한

진실의 길이 아니요, 지옥으로 가는 길을 가고 있다 하면 과연 너희들은 어찌할 것인가?
15 너희들은 어찌하겠는가?
16 그것이 잘못된 것이며 너희들이 진정 하늘에 가는 길이 아니라는 그것을 알면서도 너희들은 어찌할 수 없이 그러려니 하고 또 참고 참는 자가 있다 하면,
17 '참는 자에게 복이 있나니' 하고 생각하며 너희들이 잘못된 것을 알면서 그대로 그저 어찌할 길이 없어 참고 따라가는 그와 같은 형국의 믿음으로 가고 있다 하면,
18 너희들이 지금 믿음의 길을 가는 그 방식이 과연 구원을 받을 수 있다 생각하는가?
19 지금의 종교 집단의 지도자 일부가 그와 같은 자세로써 그와 같은 방법으로써 너희들을 끌고 가고 있다 너희들은 생각하지 않는가?
20 너희들은 정녕 그러한 것을 느낄 것이니라.
21 지금 많은 종교 지도자들이 그와 같이 너 좋고 나 좋은 형국으로 그저 방향이 무엇인지도 모르며 나의 사랑하는 백성을 끌고 가는 것이 지금의 그들의 형국이니,
22 너희들 자신이 여기서 더 이상 속아서는 아니 될 것이며, 그와 같은 곳에 너희들의 소중한 개인이 구원을 받고 못 받는 것을 그리 믿고 따라가면 아니 됨을 알아야 할 것이니라.
23 바로 그와 같은 것을 알면서 따라가는 자, 그 죄가 얼마나 무서운 것인가 너희들이 알 것이며,
24 지금 설마 서로 누이 좋고 매부 좋다는 너희들의 그 속된 말처럼, 그저 구원을 받을 것이며 구원해 주는 것처럼 구원해 주는 척하며 너희들을 끌고 가는 그자들이 너희들을 지옥으로 이끌고 간다 하면 너희들은 과연 어찌하겠는가?
25 이제 나의 법전에 기록하여 이 실상을 내가 하늘에서 본대로 너희들에게 전함이니,
26 너희들은 이를 읽고 깨우쳐 너희들 자신이 과연 어디에 서 있는가를 뒤돌아보는 그와 같은 소중한 시간을 갖도록 하며 그 귀한 깨달음을 얻도록 그리해야 할 것이니 잊지 말라.

4,068 번째 하나님 말씀

2002년 11월 25일 23시 30분

1 사랑하는 나의 아들아!
2 지금 구원을 받는 길이며 하늘에 오르는 길이며 진정한 저희들이 천국에 오르는 길에 서 있다 생각하는 자들, 그와 같은 깨달음으로 모든 종파에 속해 있는 나의 사랑하는 백성들의 지금의 믿음이 어떠한 형국으로 젖어 있는가?
3 그 백성들은 지금 저희들 스스로 너희들이 말하는 공주병에 젖어 있는 자들과 같은 믿음으로 가고 있음이니,
4 저 스스로 자신을 모르며 공주라 생각하는 그 공주병에 빠져 있는 소녀와 같은 믿음으로 가고 있는 것이 지금 수천 년 동안 믿음을 온 자들이며,

5 지금에도 너희들이 그와 같은 속에서 믿음의 길을 가고 있음을 알아야 할 것이니라.

6 저희들만이 일류의 백성이요, 최고의 집단이요, 최고의 특혜를 받은 백성이라는 착각 속에서 너희들이 믿음의 생활을 지금 하기 때문이니,

7 그와 같이 너희들 스스로 빠져 있는 그 믿음이야말로 공주병에 젖어 있는 소녀와 같음이니,

8 그 소녀는 공주병에 젖어 있으나 너희들은 또한 결벽증까지 젖어 있으니, 공주병에다 결벽증까지 젖어 있는 환자와 같이 되어 있는 것이 지금 너희들이 가는 믿음의 길임을 알아야 할 것이니라.

9 나 여호와의 참진리를 따라 깨우치며 나의 은혜와 보호 속에 성장하며 구원의 길에 오르는 것이 너희들이 아니던가?

10 나 여호와가 세상에 너희들의 생명이요, 영혼을 주었으며, 너희들이 먹고 살 수 있는 그 모두를 다 내가 내려 주었으며,

11 너희들을 구원을 하고 못 하는 것도 나 여호와이며, 너희들을 선택하는 것도 나 여호와에게 달렸음이니, 너희들은 나 여호와의 사랑과 은혜 속에서 성장하는 것이 아니던가?

12 그리고 너희들이 구원의 길로 오르는 것이 아니더냐?

13 그러나 너희들은 지금 착각 속에 살고 있음이니라.

14 너희들이 나의 보호 속에 살아가는 백성이라는 것을 벗어나 사탄으로부터 나 여호와를 보호하는 대명을 받고 그와 같은 임무를 받은 수비대와 같은 생각 속에서 너희들이 착각 속에서 살아가고 있음이니라.

15 그리하여 너희들이 모든 것을 이것은 사탄이요, 이것은 이단이요, 이것은 나 여호와의 뜻이 아니니 이것은 버려야 할 것이며,

16 이는 원수요, 적이요, 이와 같이 말하는 것이 바로 무엇이더냐?

17 나 여호와에게 접근하며 나와 더불어 가고자 하는 그 모든 백성들을 너희들이 사탄이요, 이단이기에 여호와를 보호하기 위하여 내 옆에 올 수 없으며 나를 찾을 수 없으며 너희들은 사탄이라 그리 말하고 있음이니라.

18 나의 보호 속에 조용히 살아가며 나의 모든 은혜 속에 살아가는 그와 같은 백성을 사탄이요, 이단이라 하며,

19 그로부터 나 여호와 창조주를 보호하는 수비대와 같은 그와 같은 착각 속에서 살아감이니,

20 곧 공주병에 걸린 자요, 바로 결벽증에 걸려 있는 환자와 같은 형국이 지금의 너희들이 가고 있는 믿음이니,

21 나의 보호를 받는 너희들이며, 나의 만분의 일이요, 몇억 분의 일도 따라 올 수 없으며 나를 능가할 수 없는 너희들이 나를 보호한다 그리 생각하는 속에서 사니,

22 적반하장이란 말이 바로 너희들을 두고 하는 말임이니, 너희들은 어찌 이리도 어리석고 우매한 행위를 하고 있는가?

23 너희들 스스로 이제 이 믿음 속에서

빠져나와 진정한 깨달음을 얻으며 무
모한 지금의 믿음의 길에서 깨어나지
아니한다면, 정녕 너희들은 구원을 받
을 수 없음을 알아야 할 것이니라.
24 너희들이 지금 믿음의 길에서 얼마나
결함을 가지고 있으며 잘못 믿어 가
며, 나의 뜻과는 관계없는 길을 가고
있는가를 다시 한 번 생각해 봐야 할
것이니라.
25 사탄이나 마귀로부터 나를 보호한다
는 그와 같은 마음의 자세로 너희들이
믿음을 믿는 것이 아니요,
26 나 여호와로부터 조용히 깨달으며 나
의 십계명을 따르며 나의 법전에 기록
된 내용을 깨달아 하늘에 오르는 깨달
음을 얻도록 살아가야 하거늘 이를
반대쪽에서 지금 생각하고 살아가는
것이 너희들이니,
27 얼마나 너희들이 어리석고 우매한 백
성인가를, 나의 법전을 읽고 깨우치는
만백성은 이웃에게 이를 깨우쳐 너희
들의 형제를 구원하는 데 잠시도 게을
리해서는 아니 될 것이니 그리 알도록
하라.

4,069 번째 하나님 말씀

2002년 11월 25일 23시 37분

1 사랑하는 나의 아들아!
2 "네, 아버님! 말씀하옵소서."
3 이 세상에 많은 민족이 살며 저희들의
형태로 살아가며 지금의 믿음의 종주
국이라 하는 그 나라의 백성들은 너
희들이 지금까지 믿어 왔던 형식적인
그 믿음이 아니요, 이제는 진실된 믿
음의 사이에서 그들이 정녕 나 여호와
가 나의 아들 예수를 통하여 이루고자
했던 그 진실 쪽의 길을 향하여 변화
되며
4 또 그 길을 깨달아 달려가고자 하는
것이 지금의 종교 종주국의 백성들이
살아가는 형국이며,
5 그들은 그리하여 참된 진리를 위하여,
그 진리의 길을 위하여 외형적이고 형
식적인 그와 같은 모든 허울을 벗어
가며 변화되고 있는 그와 같은 형국이
니라.
6 그러나 지금 동양의 작은 나라의 백성
너희들은 과연 어찌 믿어 가는가?
7 종주국의 그 형태는 예수의 삶이며 진
정한 내가 원하는 것이 무엇인가를 참
진리에 근접하여 깨우쳐 가고자 그들
이 변화되고 있건만,
8 지금 그를 전해 들은 너희들은 그들보
다 더 무서우리만큼 너희들의 방법으
로 너희들의 형태대로 고집스럽게 그
믿음을 이끌어 가고 있음이니,
9 너희들은 하물며 종주국의 그 믿음이
잘못된 것이며, 너희들 인간의 생각으
로 붙이고 빼서 만든 지금 너희들이
가고 있는 그 믿음이요, 동양의 작은
나라의 백성들이 가는 그 믿음만이
가장 우월하여 탁월하며 그리고 구원
을 받는다 그리 부르짖고 있음이니,
10 이것이 바로 동양의 작은 나라, 나의
아들이 존재해 있는 백성들이 믿음을
가고 있는 것이며 너희들이 그리 가고
있는 것이니라.
11 종주국의 그 원천적인 것보다도 너희
들이 더 위대한 믿음이요, 진실한 믿

음이며, 그들이 변질되어 있으며 그들
이 변화되어 있으며 그들이 타락되어
있음이니,
12 오로지 너희들만이 우월성이 있으며
너희들만이 진정한 나 여호와로부터
구원받는 백성이라 함이니,
13 세상이 변화해 가는 것을 모르며 오
로지 좁은 동양의 작은 나라의 종교
집단과 지도자들만이 너희들 형태요,
너희들 방법으로써 지금 굳건히 가고
있음이니라.
14 원천적인 종주국의 그 참진리를 탐구
하며 공부하여 변화되는 것이 변질되
는 것이라 너희들이 그리 반대 현상
으로써 지금 거꾸로 가고 있는 것이
니,
15 동양의 작은 나라에 있는 모든 종교
집단이요, 지도자요, 믿음을 따라가는
백성들이 지금 제 분수를 모르고 있
음을 알아야 할 것이니라.
16 너희들이 자식을 낳은 부모의 생산하
는 그 아픔을 모르는 것이니라.
17 열 달 동안 자식을 잉태하고 낳은 그
부모의 아픔을 낳지 않은 여자가 그보
다 더 아는 것처럼,
18 그리고 아이를 분만하기 위해 고통의
시련을 겪은 그 어머니의 하는 이야기
를 다 그것은 진실된 것이 아니며 진
정한 아픔이요, 진정한 사랑을 모르는
것이라 그리 말하는 어리석은 자와 같
은 것이 동양의 작은 나라요, 나의 아
들이 태어난 이 백성들이 가고 있는
믿음이요,
19 나의 법전을 너희들의 언어로 적고
있는 백성이, 너희들의 언어와 습관으
로써 나의 법전을 만들어 만백성을 구
하고자 하여 지금 선택된 백성들이
그리 극성스럽고 무자비한 믿음을 가
고 있는 것임을 알아야 할 것이니라.

4,070 번째 하나님 말씀

2002년 11월 25일 23시 42분

1 사랑하는 나의 아들아!
2 "네, 아버님! 말씀하옵소서."
3 정녕 너는 나로부터 선택된 나의 아들
이요, 목자요, 만백성에게 빛이 될 나
의 아들이 틀림없음이며,
4 너를 통하여 하늘에 오르는 길이요,
법전이라 하여 만든 이 책은 나의 성
령이요, 나의 가슴의 모두를 태워 너
희들에게 마지막 그 구원의 길을 일깨
워 주고자 내리는 참진리요, 진정한
하늘에 오르는 길의 나의 성령의 가
르침이니라.
5 이와 같은 가르침을 듣는 지금의 믿음
에 속해 있는 모든 종파요, 지도자요,
신도라는 그들은 과연 이 진실 사이에
서 너희들이 그 진실 쪽의 길을 향하
여 달려가고 있는 것을 어찌 보겠는가?
6 너희들에게 이단이요, 사탄이요, 사악
한 자라 그들이 말하지 아니한다 하
면, 이는 너희들이 이해할 수 없는 것
이니라.
7 그리고 나 여호와의 진정한 뜻이라 말
할 수 없는 것이니라.
8 잘못된 것으로 굳어질 대로 굳어졌으
며 비뚤어질 대로 비뚤어진 지금의
믿음을 가고 있는 모든 백성이 참진리
요, 나의 뜻인 나의 법전이 세상에 내

려가는 것을 보고 이는 이단이요, 사
탄이라 말하며 나의 아들을 세상에 존
재치 못하게 하며 나의 법전을 세상에
존재치 못하도록 하지 아니한다면,
9 이는 나 여호와의 참진리요, 너희들이
구원의 빛에 오르는, 너희들에게 새
생명을 주는 길이요, 말씀이 아닌 것
이 당연한 것이니라.
10 이는 정녕 너희들을 구원하는 뜻이요,
참진리이기 때문에 잘못 가며 비뚤어
지고 엉클어진 그들이 볼 때는 이것
이 이단이요, 사탄이요, 사악한 자라
하니,
11 그런 말을 듣는 것이 당연한 것임을
너희들은 알아야 할 것이니라.
12 그러나 흙탕물 속에서도 참진리에 갈
급하고 그 진정한 아름다운 길을 찾
기 위하여 발버둥치는 백성들이 수없
이 있음을 너희들은 알아야 할 것이
니라.
13 비뚤어진 그 종파가 보배 같은 나의
성령의 이 뜻을 이단이요, 사악한 자
의 장난이라 말하는 것은 당연한 것이
니,
14 그러나 그와 같이 말하는 그 백성들
중에 흙탕물과 같은 그 잡탕 속에서
참진리를 얻고자 갈구하는 백성들이
수없이 많이 있음이니라.
15 너희들은 그들을 위하여 쉬지 말아야
할 것이며, 그 형제들을 구하는 데 너
희들의 모두를 다 바치는 것을 주저해
서는 아니 됨이니라.
16 지금 잘못 가는 자들이 비뚤어진 종교
집단이 보배보다도 더 소중하며 너희
들이 그리 갈구하는 하늘에 오르는 그
법도를 내가 너희들에게 전하는 것을
사악한 자요, 마귀라 말하는 그 속에
서도, 정녕 이것은 아니라는 것을 깨
닫고 너희들을 따르고자 하며 이 법전
을 인정하고자 하는 백성이 있을 것이
니라.
17 그들을 위하여 너희들이 살아감을 잊
어서는 아니 될 것이니라.

4,071 번째 하나님 말씀

2002년 11월 25일 23시 49분

1 사랑하는 나의 아들아!
2 수많은 나의 백성들이 저희가 속해
있는 종교 집단이 정녕 하늘에 오르는
길이요, 축복의 길이라 대중들 앞에서
는 그리 말하느니라.
3 그리고 저희들이 믿는 것만이 완벽하
며, 오로지 저희들의 성전에 와 금화
와 은화를 바치며 저희들과 더불어 광
란의 찬송을 부르며 눈물의 찬송을 부
르는 자만이 구원을 받으며 그곳만이
구원의 길이라 그리 말하느니라.
4 그러나 그와 같이 완벽한 것이 저희들
의 구원의 길이라 말하는 완전한 골수
분자처럼 그저 그리 맹신하는 자들도,
그와 같이 행동하는 믿음으로 가고
있는 그 자신도 더러는 저 혼자 생각
하는 시간이 있을 것이니라.
5 골수분자요, 완전히 그곳에 빠져 있는
자라 해도, 도저히 그는 떠날 수가 없
으며 그는 돌이킬 수가 없으며 그는
구원할 수 없는 자라 너희들의 눈에
비치는 그와 같은 지금의 믿음의 길
을 가는 백성도 저 자신이 혼자 생각

하는 시간이 있으며 혼자 생각할 때가
있을 것이니라.
6 그리고 스스로 저 자신에게 자문자답
할 때가 있을 것이니라.
7 저 자신에게 저 자신이 냉정히 질문
했을 때, 그들은 알고 있음이니라.
8 지금 저희들이 아무리 골수분자요, 맹
렬분자요, 완벽하다 하나,
9 완전한 그 구원의 길에 대하여 회의적
인 생각을 하고 있는 자가 있으며, 불
안을 느끼는 자가 70퍼센트가 넘는다
는 그 자체를 너희들은 알아야 할 것
이니라.
10 그리하여 그와 같은 자가 수없이 있기
에 그들이야말로 정녕 너희들이 다스
릴 수 있는 것이며, 너희들이 승자가
될 수 있음을 알아야 할 것이니라.
11 그들은 많은 세월 속에서 저희들이 믿
음의 길을 가고 있는 그 속에서 많은
지도자들이 왔다 가며 그 많은 지도자
로부터 강론을 들었으며 깨달음을 받
아 많은 지도자를 접해 본 자들이니라.
12 그리하여 그들은 저희 스스로 저희들
의 믿음에 대해 회의를 갖게 되어 있
으며,
13 저 자신의 믿음이 어디에서 잘못되었
으며 과연 저 자신이 진정한 구원의
길인가 그를 놓고 생각할 때,
14 저희들 마음속에 어딘지 모르게 찜찜
하며 개운치 못하며 공허한 마음을
채울 수 없는 것이 너희들이 이야기하
는 골수분자요, 광신자라는 자들이니,
15 그들은 그와 같이 혼자의 시간을 가질
때 그리 회의적이고 불안해하며 가는
자라는 것을 알아야 할 것이니라.
16 그들은 알고 있음이니라, 많은 종교
지도자를 접해 보니 접할 때마다 다
르며 가르치는 것이 다르며 방향이
다르며,
17 그들의 모든 아름다운 강론이요, 가르
침 속에는 그들이 재물을 거둬들이는
것을 탐하고 유혹하며,
18 제가 저희 신도들 앞에서 재물을 거둬
들이는 그와 같은 말을 하지 못할 때,
헌금을 내라는 소리를 하지 못할 때,
다른 연사를 데려다가 집회요, 성회를
열어서 그들에게 그와 같은 것을 강
조하여 가르치는 그 비겁하고 추한
모습으로써 행동하는 것이 그들이니,
19 그걸 수없이 보고 왔으며 수많은 종교
지도자들이 변화되는 그 잘못된 행위
를 보고 온 너희들이 골수분자는 골수
분자일수록 찜찜하고 불안하며 어딘
지 모르게 개운치 못한 것에 공포를
느끼고 있을 것이니라.
20 그리고 저희들이 허전하고 공허한 마
음을 채울 길이 없을 것이니라.
21 저희들이 많은 종교 지도자를 접해 본
자들이며, 그 많은 종교 지도자들이
가르치는 방법이 다르며 각자 해석하
는 것이 다르며,
22 그리고 저희들 지도자라는 자들이 너
희들에게 헌금을 거두어들이기가 미
안하여 말 못 할 때에는 강사를 초청
하여 부흥회와 같은 행사를 치르면서
그들로 하여금 너희들에게 재물을 많
이 바치는 자 축복이 있다 그리 돌려
서 가르치고 그리 이끌어 가는 것이
얼마나 추한 모습인가를 알 것이니라.
23 그와 같은 행위를 하는 자, 정녕 저 자

신도 모르게 만백성을 끌어가는 것이
얼마나 찜찜하며 저 자신의 깨달음이
구원을 받는다는 확신을 하느냐 물었
을 때
24 개운치 못하며 공허한 저희들의 마음
을 달래줄 수가 없으며 채워질 수 없
는 것이 그들의 마음이요, 정신 상태
임을 너희들은 알아야 할 것이니라.

4,072 번째 하나님 말씀

2002년 11월 26일 06시 39분

1 사랑하는 나의 아들아!
2 "네, 아버님! 말씀하옵소서."
3 무섭게 쏟아지는 소낙비라는 그 빗방
울은 이 세상의 지구요, 내가 만든 성
전을 깨끗이 씻어 내고 청소하는 역할
을 하며,
4 태풍이 불어와 나뭇가지가 부러지듯
이 부는 바람은 새로운 공기요, 새로
운 산소를 너희들에게 공급해 주는 그
와 같은 변화의 역사를 하고 있음을
너희들은 알고 있는가?
5 지금 네가 나의 성령을 받아 나의 법
전을 기록하는 것은 무엇을 의미하는
가?
6 살아 있는 이 세상의 그 모두를 지배
하는 나의 피조물 만백성들을 다시
태어나게 하는 그 새로운 역사를 이루
고 있는 것이 네가 지금 가는 길이며,
너의 제자들이 더불어 하고 있는 그
중대한 일임을 알라.
7 심하게 불어오는 바람은 새로운 공기
요, 산소를 너희들에게 공급해 주며,
쏟아지는 소낙비는 내가 만든 지상의
성전을 씻어 내는 그 역할을 하여 새
로운 생명의 생명력을 불어넣어 줌이
니,
8 그 바람과 비는 내가 만든 이 지상의
낙원에 모든 동식물에 대한 그들의 생
명의 역할을 하고 있음이니라.
9 바로 나의 법전은 네가 만들어 세상의
만백성을 구하는 그 길을 감이니,
10 이 지상의 모두를 지배하는, 너희들이
말하는 만물의 왕인 인간을 다시 태어
나게 하며 그들을 씻어 내며 닦아 주
며 그들이 새 생명을 얻을 수 있는 그
와 같은 역사의 획을 긋고 있음이니,
이 일이 얼마나 소중하고 위대한 것인
가를 너는 알아야 할 것이니라.
11 인간 세상에 살아가면서 너희들이 한
사람의 생명을 구했을 때 그는 영원히
많은 사람들로부터 칭송을 들으며,
12 또한 그가 사람의 생명을 어떤 위급한
지경에서 건졌느냐에 따라 영원히 기
억되고 기억되지 않는 그와 같은 역사
가 이루어짐이니,
13 지금 나의 뜻에 따라서 움직이는, 수
십억 인구의 생명을 구하는 대명을
이루는 너와 너의 제자들이 얼마나 소
중한 것인가를 알아야 할 것이니라.
14 이는 곧 대지를 적시는 쏟아지는 소낙
비요, 새로운 산소요, 공기를 공급해
주는 그 불어오는 바람보다도 더 소중
한 역사요, 한 획을 긋는 것이라는 것
을 너희들은 잊어서는 안 됨이니라.
15 그와 같은 대명을 이루는 자, 너희들
이 어찌 살아가야 하며, 세상의 만물
이요, 세상의 모두를 보는 것을 어떠
한 눈으로 보며 어떠한 마음으로 봐야

하는가?
16 이는 가장 인자한 자요, 가장 성스러
운 자의 마음 자세로써 바라볼 수 있
는 그와 같은 마음의 자세로 변해야
함을 너희들이 잊어서는 아니 됨을 알
라.

4,073 번째 하나님 말씀

2002년 11월 26일 06시 45분

1 사랑하는 나의 아들아!
2 "네, 아버님! 말씀하옵소서."
3 초원에서 풀을 뜯던 사슴이 맹수를 보
고 놀라 뛰어 달려감이니, 너희들은
지금 무엇이 어디로 가는지도 모르고
사슴처럼 놀라 뛰어가고 달려가느니
라.
4 맹수에게 놀라 뛰어 달려가는 그 사슴
을 보며 나머지 사슴들이 그가 무엇을
위하여 어디로 뛰어가는지 모르면서
다 같이 놀라 맹목적으로 목적지가 없
이 그저 놀라서 달려가며 그 앞에 가
는 사슴을 보고 나머지가 따라가듯이,
지금 믿음의 길을 가고 있는 나의 백
성들이 그와 같은 형국으로써 가고
있음을 알아야 할 것이니라.
5 앞에 뛰어가는 사슴이 어디로 가는지
목적지도 모르고 방향도 모르며 그저
맹수가 두려워 맹수에 놀라 앞을 보고
달려가니 나머지 사슴들도 무엇인 줄
도 모르고 뜻도 모르면서 죽을 힘을
다하여 그저 달려가는 그와 같은 형국
이니라.
6 맹수에 놀라 놀란 가슴으로 뛰어가는
그 사슴을 따라가는 무리처럼,
7 너희들이 지금 구원의 길이라 하여
나 여호와가 존재하며 너희들은 나에
게 와 심판을 받으며 너희들이 죄짓고
사는 것은 두려움이라는 것을 아는 그
놀란 가슴을 안고 지금 정녕 너희들이
어떠한 길이 구원의 길인지 그것을 모
르며 그저 인도하고 앞에서 부르짖는
자를 위하여 맹종하며,
8 놀라 뛰어가는 사슴보다 더 무서운 마
음으로써 너희들이 지금 하나의 믿음
이라는 길을 달려가고 있음이니, 이것
이 지금 너희들이 가는 믿음의 형국임
을 알아야 할 것이니라.
9 그 달려가는 사슴이 초원을 향하여
달려가며 다음의 저희들의 안식처를
위하여 달려간다면 얼마나 좋겠느냐?
10 그러나 맹수에 놀라 달려가는 사슴은
좌우를 돌아다볼 여유가 없으며 좌우
에 아름다운 초원이 있음을 모르고 그
저 맹목적으로 놀란 가슴을 안고 뛰
어감이니,
11 그를 따르는 사슴의 무리와 같은 형
국으로, 너희들이 어찌 가는 것이며
어떤 길에 들어서 있는지 그것도 모
르며, 정녕 하늘에 오르는 길인지 지
옥으로 가는지 그것도 모르고,
12 앞에 있는 세 치 혓바닥으로 현혹하는
자의 말에 현혹되어 목적지 없이 그
저 두 주먹을 쥐고 아우성치며 광란
짓 하며 눈물을 흘리면 너희들이 두렵
고 무서운 그 죄를 용서를 받으며 하
늘에 오를 수 있다는 그와 같은 생각
으로,
13 놀란 사슴과 같은 가슴으로 믿음의 길
을 달려가고 있는 것이 너희들의 지금

의 형국이니라.
14 이제 너희들이 놀란 사슴이 달려가는
그와 같은 방법으로 구원의 길을 달려
가서는 아니 됨이니,
15 너희들 스스로 가던 발을 멈추고 좌우
를 보며 너희들의 형국이요, 어느 것
이 진정한 하늘에 오르는 빛인가를 깨
달아, 허황된 빛에 현혹되어 너희들의
소중한 개인의 생명을 지옥 불로 돌
리는 그와 같은 일이 있어서는 아니
될 것이니라.
16 이제 너희들이 앞만 보고 맹목적으로
앞에 가는 자 따라가는 그와 같은 놀
란 가슴의 사슴과 같은 형국에서 벗어
나야 함이니,
17 내가 오늘 나의 아들을 통하여 너희
들에게 이와 같은 이치를 설명하며
너희들이 바로 서고 좌우를 보며 너희
들이 설 자리와 가야 할 자리를 구분
하여 가라 함이니,
18 이 뜻이 과연 너희들에게 무엇을 의미
하는 것인가를 깊이 깨우쳐 너희들이
행하는 삶을 살도록 그리해야 할 것이
니 잊지 말라.

4,074 번째 하나님 말씀

2002년 11월 26일 06시 48분

1 사랑하는 나의 아들아!
2 "네, 아버님! 말씀하옵소서."
3 사랑하는 너의 제자들과 그리고 나의
법전을 읽고자 하는 만백성 너희들에
게 깨우쳐 줌이니라.
4 너희들이 살아가면서 내가 불로 직접
써 내린 십계명이요, 지금 만백성을
구하는 생명수인 나의 법전이 세상에
내려감이니라.
5 또한, 내가 나의 아들을 통하여 나의
성령의 뜻이요, 나의 음성으로써 너희
들에게 직접 강론하여 깨우치고 있는
이와 같은 역사를 이루어 줌이니,
6 너희들이 나의 십계명을 읽고 깨우치
며 나의 법전을 읽고 깨우치며 나의
아들로부터 강론을 듣고 깨우치고 얻
어짐이 있을 때,
7 그를 바로 너희들은 시행하고 바로 지
키는 그와 같은 삶을 살아가야 하며,
8 그와 같은 뜻에 따라 바로 실천하는
그와 같은 너희들의 마음 자세로써 세
상을 살아가야 함을 잊어서는 아니
될 것이니라.
9 너희들이 나의 법전을 읽고 깨우치는
것은 이와 같이 살겠다는 굳은 결의를
갖지 아니한다면, 너희들은 살아가면
서 시간 속에서 그 모두를 다 지워 버
리고 잊어버리게 되는 것이니라.
10 그리하여 주옥같은 소중한 것을 너희
것으로 만들지 못하며 너희들이 지키
고 행하지 못함이니,
11 가장 중요한 것은, 이제 내가 너희들
에게 깨우쳐 줌이니라.
12 나의 법전을 읽으면서 너희들이 이와
같이 살겠다는 생각으로써 마음을 굳
건히 하며 그를 행동으로 직접 하루
생활에 실천하며 살아가는 그와 같은
모범된 삶을 살았을 때, 그 모두가 너
희들 것으로 만들어질 것이며 너희들
이 깨달음의 경지에 오를 것이니라.
13 너희들이 듣고 읽고 보면서도 그리
행하지 아니하며 바로 즉시 그날의

생활에 적용하는 삶을 살지 아니하고
지워 버린다면, 너희들은 영영 구원의
빛을 볼 수가 없음이니라.
14 세월이 지나고 시간이 지나는 속에 너
희들은 그를 잊어버리며 귀한 보배보
다 더 소중한 너희들의 생명과 같은
그 아름다움이요, 진리를 깨달아도 그
진리를 너희들 머릿속에서 지워 버리
고 잊어버리게 됨이니 그를 행하고 살
수 없기 때문임이니,
15 바로 그날의 생활에 즉시 실천하며 행
하는 그와 같은 삶으로 너희들 것으로
만드는 길만이 구원의 길에 오를 수
있으며 나에게 한 계단 한 계단 가까
이 올 수 있음을 알라.
16 나에게 가까이 온 나의 백성에게 내
가 바로 구원의 길을 열어 줌이니, 이
너희들의 축복을 잊어버리지 말고 행
하도록 그리하라.

4,075 번째 하나님 말씀

2002년 11월 26일 11시 11분

1 사랑하는 나의 아들아, 내가 너의 제
자들에게 전하였느니라.
2 태풍이요, 비가 쏟아지는 것은 나 여
호와가 자연을 세척해 주는 것이며,
바람이 부는 것은 새로운 산소요, 공
기를 공급해 줌이니, 너희들을 위함이
라 말하였느니라.
3 그러나 인간 세상을 정화하며 인간을
깨우치며 하늘에 오르는 그 역사가 그
것보다 더 위대하고 소중한 것이라 내
가 너희들에게 말하였음이니라.
4 너희들은 여기서 하나의 대명을 오늘
가슴에 안고 가야 함을 알아야 할 것
이니라.
5 지금의 믿음의 길을 가고 있는 모든
종파가 어찌 가는가?
6 저희들만이 오로지 믿음의 길이요, 구
원의 길이라 그리 말하는 자들, 그리
고 나의 성서를 가지고 가르치는 자
들, 그들에 대해서 너희들이 이제는
깨우쳐 줘야 함을 알아야 할 것이니
라.
7 오로지 성서대로 한 자도 한 획도 고
치지 말며 있는 그대로 그 뜻을 설명
하며 그대로 배우며 가르친다 그리 말
하는 자들이 문자 그대로 설명하며 기
록된 문자대로만 가르침이니,
8 진정한 나 여호와의 참뜻이요, 하늘에
오르는 길의 의미를 모르고 가르치는
자들이니라.
9 그리고 나의 성경이 저희들의 소유물
인 것처럼, 저희들만이 관여하는 것처
럼, 나의 피조물 만백성, 선을 행하며
살아가는 그들까지도 견제하고자 하
며 경원시하는 자들,
10 오로지 한 획도 틀리지 아니하며 고치
지 아니하며 문자 그대로 해석하며 듣
고 배우고 가르치는 자만이 구원을 받
는다 그리 생각하는 그와 같은 잘못된
지도자요,
11 그 배우는 자들의 손에서 나의 성령
이요, 나의 뜻인 성경을 놓도록, 자유
로이 그들의 손에서 너희들이 풀어 주
도록 그와 같은 역사를 해야 됨을 알
라.
12 나의 성서는 너희들의 미래와 현재와
과거의 그 모두가 들어 있으며, 그 속

에 들어 있는 참뜻을 모르는 백성은
나의 뜻을 모름이니,
13 나의 뜻을 모르면서 오로지 저희들의
소유물이요, 저희들 것이며, 문자 그
대로 해석하며 문자 그대로 깨우치는
것이 성서요,
14 거기에 보태고 깨달음을 더 얹어서도
안 된다 그리 가르치는 그와 같은 독
선적인 그들의 손에서 나의 성경을
해방시켜 주며 그들의 손에서 성서가
떠날 수 있도록,
15 그들로부터 자유로운 나의 성경이 되
도록 그리하여 나의 뜻을 가르치며 그
속에 있는 의미를 알 수 있으며 진정
한 나의 뜻을 가르칠 수 있도록 그리
하기 위하여,
16 그 독재자보다 더하고 무지한 그들에
게서 나의 성경을 해방시켜 주는 것
이, 그들의 손에서부터 나의 성서를
놓도록 하는 것이 너희들이 오늘 해야
할 대명임을 다시 하나 기억하고 그리
가도록 그리하라.

4,076 번째 하나님 말씀

2002년 11월 26일 12시 02분

(강론을 마치며)

1 사랑하는 나의 아들아!
2 "네, 아버님! 말씀하옵소서."
3 너의 제자들에게 이리 답하라 하라.
4 '예, 저는 모릅니다.' 그와 같은 답이
너희들 입에서 나오도록 그리 훈련을
하라 이르라.
5 남이 너희들에게 너희는 구원을 받았
느냐 묻거든, '예, 저는 아직 모릅니다.
6 보내신 분이요, 역사하시는 분의 뜻이
요, 그는 내 맘대로 하는 것이 아니기
에 아직 저는 모릅니다.' 그리 말하라.
7 그리하여 남들이 정녕 너희들에게 구
원을 받았다 생각하느냐 묻거든, 너희
들은 그리 말하라.
8 '하나님을 능멸하는 이야기이며, 하나
님께 도전하고자 하는 그와 같은 행위
를 하지 마시오.' 너희들은 점잖게 그
들에게 깨우쳐 주라.
9 그리하여 그들이 바로 정신을 차리며
그들 자신이 자기가 서 있는 자세를
볼 수 있도록 너희들은 그리 깨우쳐
주라.
10 모든 나의 백성들이요, 믿음의 길을
가는 자들이 너희들에게 와 광분하여
말하기를, '정녕 하늘에 오르는 길이
요, 여호와 하나님의 말씀이라는 이
성령을 가지고 공부하는 너희들은 구
원을 받았다 장담하고 있느냐?' 그리
말하거든, '예, 저는 모릅니다.' 항상
'모릅니다.' 하는 답이 너희들 스스로
나올 수 있도록 그리하라.
11 지금 많은 믿음의 길을 가는 자들이
구원을 받았으며 저희들은 선택된 백
성이라 그리 그들이 착각하고 있음이
니, 과연 그들이 이룰 수 있다 생각하
는가?
12 그들은 저희들의 환상이요, 착각 속에
젖어 있음이니라.
13 지금 나의 아들을 통하여 너희들을 구
원하는 160권의 법전을 세상에 냄이
니,
14 나의 아들이 혀가 갈라지고 목이 아
프도록 십계명을 암송하고 암송함이

니라.
15 그가 십계명을 암송한 그 종이 한 장
이 쌓이고 쌓이는 것이 나의 아들의
키를 넘을 때, 그가 모두의 역사를 이
룰 수 있다 내가 그리 말하였으니,
16 나의 아들은 그 하나를 암송하면서
'과연 내가 오늘 이를 지키고 있는 것
이며, 내가 행하고 있는 것인가?' 하
여, 그는 지키지 못했을 때 회개하고
반성하며, 십계명을 외우며 마음속으
로 지키지 못한 것을 부끄럽게 생각하
며 눈물을 흘리고 있음이니,
17 바로 그만이 십계명을 지킬 수 있는
자임을 너희들은 알아야 할 것이니라.
18 그가 밤과 낮을 가리지 아니하고 나의
성령을 들을 때, 그는 십계명을 암송
하되 그냥 암송하는 줄 아는가?
19 한 줄을 외울 때 그가 그것을 지키고
있는가를 돌아보며, 지키지 못함을 후
회하며, 지키지 못한 것을 어떠한 일
이 있어도 지키겠다고 눈물로써 약속
을 하면서 그것을 암송함이니, 그 마
음이 어떠하겠는가?
20 그가 한 장의 십계명을 암송하여 한
장의 종이를 쌓으며 또 내일 쌓음이
니,
21 그가 쌓은 그 십계명을 암송한 종이
가 그의 키를 넘을 때, 그는 모든 역사
의 기적을 이룰 것이니라.
22 예수는 세상에 성령으로 태어나 그
모두를 가지고 나갔으나 너희들이 그
를 신비의 세계로 보며 나의 아들 예
수의 그 행적이요, 살아감을 모르기에,
23 너희들과 똑같이 60평생을 세속에서
산 나의 아들을 변화시키며 깨우쳐 하
늘에 오르는 길을 보이며 그가 천사와
같은 자세로 살아가는 것을 너희들이
보게 함이니, 너희들이 심판을 받을
때 두 번 다시 말할 수 없음이니라.
24 60평생이라는 것을 너희들과 똑같이
살아온 나의 아들이 변화되었음이니,
25 그가 스스로 계명을 외우며 지키겠다
는 약속을 하며 수시로 눈물로써 회
개하며 반성하는 그 마음속에 우는 눈
물을 너희들은 모르고 있을 것이니라.
26 그리하여 그는 그 고통과 시련 속에
서 견디어 천사와 같은 마음으로 변화
되었으니,
27 그와 같은 60평생에 너희들과 똑같이
산 나의 아들이 변화되었으니,
28 똑같이 산 너희들이 정녕 그와 같이
변하지 아니했을 때, 너희들이 나의
앞에 와 심판을 받을 때 할 말이 없을
것이니 그리 알라.

4,077 번째 하나님 말씀

2002년 11월 27일 09시 05분

1 사랑하는 나의 아들아!
2 "네, 아버님! 말씀하옵소서."
3 내가 너에게 십계명을 암송시키며, 네
가 나의 법전을 들고 만백성에게 강
론하고 또 강론하며, 나의 법전을 정
독하여 네 것으로 만들라는 그 뜻을
이제야 알겠는가?
4 "네, 아버님! 알겠사옵나이다.
5 십계명을 암송하며 아버님의 말씀의
성령의 그 가르침을 들으며 법전을 읽
고 또 읽는 속에서 저 자신도 모르게
제가 지은 죄에 대한 그 눈물의 회개

가 가슴을 울리며,
6 여호와 창조주 아버님의 애절한 뜻을
꼭 시행하겠다는 마음이 제 가슴속에
굳어지고 굳어지니,
7 오늘 아버님의 말씀을 들은 역사의 3
년이 지난 지금에 와서 모든 것이 정
상의 궤도요, 한 점의 부끄러움이 없
는 삶을 살아갈 수 있다 하는 그 마음
의 자신감만이 아니라, 행동으로써 그
리 갈 수 있는 변화가 되는 것을 알고
있사옵나이다.
8 그리하여 아버님께서 저의 제자들에
게 십계명을 암송하며 법전을 읽고 또
읽으라 하신 그 깊은 뜻을 이제야 알
았사오며,
9 오로지 법전이 모든 심판의 근본이라
하심을 또한 알겠사옵나이다.
10 십계명을 암송하고 법전을 읽지 아니
하면 그와 같이 변화되어 살 수 없으
며,
11 십계명을 암송하고 법전을 읽었을 때
는 사람이 변화되며 마음이 변화됨이
니, 그리하여 법전이 만백성을 심판하
는 그 심판의 기준이라 하신 뜻을 알
며,
12 이는 정녕 아버님의 말씀이요, 성령의
가르침이기에 읽고 또 읽기만 하면
스스로 사람이 하늘에 오르는 길이 무
엇이며,
13 인간의 도리가 무엇이며, 사람으로서
은혜를 받고 나와 세상에 살아가야 할
도리가 무엇이며, 어찌 살아가야 하는
가를 스스로 알게 됨이니,
14 그리하여 인간 세상에서 살아가는 데
심판의 기준이 먼저 됨을 이제야 깨우
쳤사옵나이다.
15 아버님의 법전을 읽고 또 읽고 정독
하는 자, 하늘에 와 심판을 받는다 하
였음이니,
16 그게 하늘에서 심판을 받음이 아니요,
육의 세속에서 살면서 이미 심판을 받
고 있다는 그 뜻을 이제야 깨달았으며,
17 하늘의 심판이 아니요, 지상에서 심판
을 받음을 이제야 알겠사옵나이다.
18 저희들이 십계명을 암송하고 지키며
아버님의 성령의 말씀대로 지키고 사
는 것이 만백성으로부터 지상에서 이
미 심판을 받게 되며 그들로부터 평가
를 받음이니,
19 이것이 죽어 가 아버님께 받는 심판
이 아니요, 스스로 이미 저희들이 심
판을 받고 있는 것이며, 심판의 시대
라 하신 그 말씀을 알겠사오며,
20 법전을 읽지 아니하면 심판을 받지 못
한다 하였음이니, 법전을 읽지 않고는
인간이 변할 수 없으며, 십계명을 지
키고자 노력하지 아니하면 변할 수 없
으며,
21 그를 그대로 행하고자 하는 그 자신의
마음에 그를 많이 정독하고 암송할
때 저 자신도 모르게 이미 지키고 있
으며 변화되고 있는 그와 같은 변화의
역사가 이룬다는 것을 제가 이미 깨우
쳤으니,
22 그 또한 제자들에게 그리 전달하여 깨
우치겠사옵나이다."
23 이제 알겠는가?
24 하늘의 심판이라 하면 너희들은 두려
워할 것이나, 하늘의 심판이 아니라
육의 세상에 사는 지금에 심판의 역사

가 이루어지고 있다 함이 바로 그것이
니라.
25 변화되는 자 심판대에 올라서 축복의
심판의 명을 받을 것이며, 그리고 나
의 법전을 읽지 아니하고 변하지 못
하는 자 그는 지옥으로 가는 재판을
받게 된다는 것이니,
26 곧 지금 너희들을 구하고 구하지 아
니할 자를 구분하는 역사가 이루어진
다 함은, 이미 창조주 나의 성령이요,
나의 심판의 기준이 세상에 내려왔음
이니,
27 그걸 읽고 깨우치는 자는 구원을 받을
것이며, 구원받고 못 받는 것이 이미
시작됨이 거기에 있음이니라.
28 네가 이를 깨우쳤으니 너의 제자들의
손에 쥐여 주어 그를 바로 깨우쳐 주
도록 그리하라, 사랑하는 나의 아들아!

4,078 번째 하나님 말씀

2002년 11월 27일 09시 14분

1 사랑하는 나의 아들아!
2 "네, 아버님! 말씀하옵소서."
3 진정한 믿음의 길을 가는 자요, 창조
주 나로부터 선택된 사람이요, 백성들
은 자신이 전하고 있는 그 뜻이 무엇
을 의미하는 것인지, 나 여호와 창조
주의 가르침이라는 것을 그는 스스로
알고 있음이니라.
4 만백성을 구한다는 지도자로서 저희
들이 명하는 자, 과연 그들은 어떠한
길을 가는가?
5 나로부터 선택된 백성이라는 것을 스
스로 자신들이 알고 느끼고 있는가?
6 그들은 그렇지 못함이니라.
7 정녕 나로부터 선택된 백성은 나로부
터 직접 성령을 들으며 나로부터 스스
로 먼저 변화되는 깨우침을 받으며 깨
달음을 받으며,
8 그리하여 유리로 비춰 봐 한 점의 부
끄럼이 없는 삶을 사는 그와 같은 형
국으로 스스로 변해졌을 때,
9 나의 지도자요, 나의 백성을 이끄는
자로 완벽히 설 수 있는 사람이며, 너
희들이 그리 섰을 때 만백성을 구할
수 있음이니라.
10 여기서 너희들이 알아야 할 것은, 나
의 사랑하는 피조물 만백성을 구하기
위하여 나로부터 선택된 지도자는 그
스스로 한 점의 부끄러움이 없이 나
여호와가 달구고 그를 훈련시키며 그
를 깨우쳐 하늘을 향하여 한 점의 부
끄러움이 없는 그와 같은 너희들 인간
으로 만듦이니,
11 세상사에 누구도 그를 따를 수 없으
며 그와 같은 삶을 살 수 없는 어렵고
힘든 길을 인내하고 갈 수 있는 자이
니라.
12 나의 아들 예수가 나로부터 성령을 받
아 너희들에게 가르치며 한 점의 부끄
러움이 없이 견디고 인내하며 살아가
듯이, 바로 내가 그리 달구고 만들어
완벽한 인간으로서 완벽한 지도자로
서 만들어 감이니,
13 지금 수억의 종교 지도자 너희들 자신
이 정녕 하늘을 향하여 한 점의 부끄
러움이 없는 완벽한 인간으로 살아갈
수 있는가 그를 돌이켜 보라.
14 지금 나의 아들이 변하는 모습이요,

그가 살아가는 모습이 얼마나 완벽하
고자 하며, 얼마나 부끄러움이 없는
삶을 살아가고자 그가 변해 가는가?
15 그의 생활과 내면을 들여다봐야 할
것이니라.
16 그를 보지 못하는 자, 그와 같이 변하
지 못하는 자, 너희들은 나로부터 선
택된 진정한 종교 지도자가 아님을 알
아야 할 것이니라.
17 오늘 내가 너희들에게 간단한 이치를
하나 가르쳐 주고자 함이니라.
18 너희들은 절약하는 의미요, 절약하는
것은 남을 돕기 위한 삶이며, 너희들
이 절약하고 아끼는 것을 가지고 남을
돕고 남을 위해 쓰는 것이 얼마나 값
진 것이더냐?
19 너희들이 금식이라 하여 굶고 굶는 그
전례요, 전통은 무엇이더냐?
20 어려운 시대에 곡식 한 주먹을 아끼고
그를 모아 남을 돕기 위하여 스스로
끼니를 굶으며 기도하는 데에서 그
금식의 기도가 시작되었던 것이지,
21 너희들은 금식의 기도가 무엇을 얻으
며 무엇을 받으며 너희들의 소원을
이루며 나로부터 음성을 들으며 나로
부터 메시지를 받으며 나로부터 축복
을 받는 그 위대한 행사라 생각하지
말라.
22 그리하여 너희들이 어리석은 자가 있
기에 10일이요, 20일이요, 30일이요,
얼마를 굶었느냐 그리하다가 죽어 너
희들의 생명과 바꾸는 그와 같은 어
리석은 짓을 함이니, 그 금식이 무엇
이더냐?
23 맑은 정신으로 기도하며, 너희들이 맑
은 정신으로 아름답게 살아가겠다는
것을 깨달으며 뉘우치는 시간으로서,
24 그리고 그 어렵고 가난한 시대에 끼니
가 없는 시대에 한 끼요, 두 끼를 모아
남을 돕는 그와 같은 아름다운 미덕
이 그게 바로 금식의 근본이지,
25 너희들이 많이 굶어 기록을 세우는
자, 그리고 미친 듯이 굶으며 기도하
는 자, 그리하여 너희들이 그 금식의
기도가 구원이요, 축복이요, 영광을
받는 그와 같은 행사로 생각하지 말라.
26 간단한 하늘의 이치가 여기에 있는
것을 너희들은 어찌 그리도 모르는가?
27 그리고 이제 너희들이 깊이 깨우쳐야
할 것이니라.
28 나의 아들이 변하는 모습이요, 그 제
자들이 변하는 모습을 너희들이 알 수
없음이니,
29 이제는 너희들이 그를 기록하며 그를
받아 전하는 나의 아들이요, 그 제자
들의 삶을 보려 하지 말라.
30 깨우치지 못하며 아름답게 변하지 못
한 너희들이 천사와 같이 변해져 가고
자 하며 경지가 높은 그들의 형국을
볼 수도 없으며 알 수도 없는 것이니,
이제 그를 알려 하지 말며,
31 너희들이 나의 법전에 있는 그 내용을
보도록 그리하라.
32 너희들이 말하기를, 종교 지도자를 보
러 가는 것이 아니요, 인간의 그 자세
를 보러 가는 것이 아니라,
33 너희들이 글로써 가르치는 나의 성경
이요, 나 여호와의 뜻이요, 가르침을
듣기 위해 너희들의 성전에 간다 말
하는 것은, 바로 그게 무슨 의미던가?

34 너희들을 가르치는 인간의 지도자는
볼 것도 없으며 너희들이 의심할 것도
없이 완벽히 선 자이기 때문에 그에
대한 행동을 보는 것이 아니요, 가르
침을 보러 가는 것이라 말하는 것이니
라.
35 추하고 더러운 짓을 하는 자들의 그
가르치는 자세요, 인간의 도리를 보러
가는 것이 아니요, 성서요, 하나님의
말씀을 들으러 가는 것이라 함이니,
36 너희들은 여기서 너무나도 멀고도 먼
나와는 관계도 없는 그와 같은 이치의
깨달음으로써 세상사의 그 모두를 얻
은 것처럼 그리 행동함이니,
37 그와 같이 어리석음을 너희들은 이제
해서는 아니 될 것이니라.
38 너희들이 가는 그 손으로 지은 성전에
지도자의 행동을 보러 가는 것이 아니
요, 말씀을 들으러 간다 함은,
39 그 지도자는 두말할 것 없이 하늘을
향하여 한 점의 부끄러움이 없이 완
벽하게 변해진 자이기 때문에 너희들
이 그를 탓하지 아니하는 것이거늘,
40 추하고 더럽게 사는 지도자에게 동질
의 마음에서 그를 탓하지 않는다 하며
그를 보살피며 그들을 이해하고 용서
하는 마음으로써 너희들이 깨우치고
가는 것은 나의 뜻과는 전혀 관계없는
것이니 그리 알라.

4,079 번째 하나님 말씀

2002년 11월 27일 09시 20분

1 사랑하는 나의 아들아!
2 수천 년 동안 너희 조상들이 믿어 왔
던 믿음과 또한 지금 너희들이 믿는
믿음이 과연 어찌 가는가?
3 정녕 하늘의 길이 무엇인지 모르며,
구원을 받는 그 자체며 성서에서 내가
너희들에게 가르치고자 하는 뜻도 모
르며, 십계명대로 지키고 살려고 노력
하지 아니하며,
4 너희들은 그저 아무것도 모르는 처지
에서 과대 허위 선전으로써 나의 피조
물 만백성을 지옥으로 이끌어 가는 그
믿음이라는 것이 수천 년 전부터 지금
에도 그리 흘러가고 있는 것임을 알
아야 할 것이니라.
5 많은 백성을 속이고 또 속여서 그들로
하여금 재물을 많이 거둬들이며 돈을
거둬들이는 것 외에는 아무것도 가르
치는 것이 없으며, 생각할 여유도 없
는 것이 지금 종교 지도자 너희들이
가는 형국이니라.
6 너희들이 모든 형태를 이루고자, 더
갖고자, 더 이루고자 하는 욕심 때문
에 재물을 나의 사랑하는 백성들로부
터 거둬들이는 것 외에는 아무것도 생
각할 여유가 없이 그저 감이니, 거기
에서 무슨 진실이 나오며, 신앙이 나
오며, 구원의 가르침이 나오겠는가?
7 또한 나의 백성들도 마찬가지이니라.
8 너희들이 재물을 갖다 하늘에 많이
바치면 구원을 받으며 천국에 가겠다
는 그 생각만 머리에 젖어 있으며,
9 너희들 스스로 육에서 지은 그 무섭고
두려운 죄의 대가를 받는 것이 아니
요, 육의 행함은 별것 아니요, 믿기만
하면 구원을 받으며,
10 나의 예수를 찾으며 예수로부터 구원

을 받았다 소리 지르면 구원받는다는
그 착각 속에서 살아가고 있음이니,
11 과연 가르치는 자, 배움을 받는 자, 거
기서 하나도 구원을 받을 자 없다 함
이 여기 있음이니라.
12 너희들은 알아야 할 것이니라.
13 세상사 너희들 자신을 위하여 금화와
은화로써 구원을 받는다 생각하는 자,
너희들은 이웃에 살아가는 모든 형제
가 지은 죄가 다 너희 자신의 잘못으
로써 이루어지는 것이라 생각하는 그
마음을 가지고 살아야 하는 것이 나의
뜻임을 알아야 할 것이니라.
14 너희들은 여기서 생각해 보라.
15 너희들은 금화와 은화를 갖다 많이
바치면 구원을 받는다 하여 저만 구원
을 받겠다며 살아가나,
16 지금 나의 법전을 읽고 깨우친 나의
선택된 백성들은 남이 살인하는 것,
남이 도적질하는 것, 남이 간음하는
것, 남이 나쁜 짓 하는 그 모두를 그
한 사람의 죄가 아니요, 자신들이 잘
못하여 그들이 죄를 지었다 생각하니,
17 그러한 나의 백성들과 너희들 중에
누가 하늘의 뜻이며 천사와 같은 마
음을 가지고 사는 자인가?
18 나를 따르는 제자요, 그 백성들은 생
각함이니라.
19 '내가 좀 더 사랑을 베풀었으며 내가
좀 더 아름답게 살았으며 내가 좀 더
이웃을 도울 수 있는 마음을 가지고
살았다면,
20 도적질하는 자, 간음하는 자, 살인하
는 자, 그와 같은 자를 미리 막을 수
있었을 것을,
21 내가 바로 살지 못하여 그를 막지 못
하였기 때문에 그가 한 죄는 나의 죄
요, 내가 정녕 베풀고 살지 못하였기
때문에 그가 나쁜 짓을 하는 것을 하
지 않도록 그와 같은 마음의 자세요,
역사를 이루지 못한 것이니,
22 그리하여 남들이 지은 죄는 내 죄라'
생각하는 그들과,
23 그저 자신의 금화와 은화를 갖다 바치
며 눈물의 기도로써 말로써 예수의
보혈로 구원받았다 생각하며 사랑을
모르며 추한 모습으로 살아가는 너희
들 중에,
24 누구의 삶이 구원의 길에 가는 것인
가 이를 보고 너희 스스로 깨우쳐 판
단하도록 그리하라.

4,080 번째 하나님 말씀

2002년 11월 27일 09시 24분

1 사랑하는 나의 아들아!
2 수십 년 동안 믿음이요, 종교 집단에
서 성서를 가지고 잘못 가르치는 지
도자들 앞에 저희들의 그 소중한 생
명을 구원받는다 매달린 자, 그곳을
떠나기가 두려우며 그를 버릴 수 없어
공포에 떠는 자, 그와 같은 백성들에
게 너는 일깨워 주어야 할 것이니라.
3 진정한 만백성을 구하는 지도자는 나
여호와로부터 선택을 받음이니, 그는
학력이요, 지식이요, 권위요, 그것이
필요 없는 것이니라.
4 다만, 나로부터 선택된 자는 세상의
모든 이치를 알며 만백성을 깨우칠 수
있는 자격이 있거늘,

5 지금 너희들에게 단상에서 교리를 가
지고 설교하며 나로부터 명을 받았다
는 자들을 너희들이 한번 분석해 보도
록 하라.
6 그들이 나 여호와로부터 지도자로서
명을 받은 자들인가?
7 그들은 아니니라.
8 저희 종교 집단이요, 저희 선배요, 저
희들의 종교 지도자를 양성하는 곳에
서 저희들이 가르치는 기준으로 인간
이 한 기간 동안 가르쳐 그에게 인간
으로서 시험을 보아 그가 문자의 답
을 맞혔을 때 그에게 자격증을 줌이
니,
9 인간 집단의 인간으로서 준 자격증을
가지고 그들이 너희들을 가르친다 말
함이니, 그는 나로부터 선택된 지도자
가 아니며, 내가 지도자로서 명한 자
가 아니니라.
10 인간이 저희들 스스로 명해 준 허가증
이요, 저희들 스스로 준 면허증이요,
저희들이 쓴 자격증을 가지고 나의 피
조물 만백성을 구한다는 그 역사를
이루는 순간에 그들은 금화와 은화를
거둬들이는 데만 연연하니,
11 그와 같은 자 밑에서 배우지 아니하며
그곳에 나가지 아니한다 하여 너희들
이 벌을 받고 지옥으로 가며 천국의
문을 보지 못한다는 생각을 하지 말라.
12 거기서 뛰어나오는 자만이 구원이요,
천국의 문을 바라볼 수 있다는 것을
너희들이 그들에게 깨우쳐 주라.
13 인간으로 인간의 시험에 의하여 인간
의 자격 기준에 의하여 저희들이 문자
의 답을 맞히고 못 맞힘에 따라서 거
기서 자격증을 받아서 종교 지도자로
서니, 그것은 인간이 준 것이니라.
14 그를 준 자가 사악한 자며, 그가 깨우
치지 못한 자며, 정녕 사탄과 같은 자
가 자격증을 주었다 하면, 그는 어떠
한 형국이 되느냐?
15 그는 사탄의 자식으로서 나 여호와의
자식이요, 나 여호와를 대변하는 자라
말함이니, 거기에 너희들이 현혹되어
속지 말라.

4,081 번째 하나님 말씀

2002년 11월 27일 21시 21분

(강론을 마치며)

1 사랑하는 나의 아들아!
2 "네, 아버님! 말씀하옵소서."
3 내가 너를 나의 종이라 불렀으며, 만
백성의 종이라 불렀으며, 또 선지자라
불렀음이니라.
4 이제 내가 너를 나의 아들이라 부름에
있어서 조금도 내 마음에 부족함이 없
으며, 나의 기쁜 마음이 이루 형용할
수 없으니, 너의 깨달음의 그 깊은 마
음에 나 여호와가 너를 사랑하며 너의
제자들을 사랑함이니라.
5 너의 제자들 또한 네가 변하여 가는
그것보다 더 높고 더 많은 깨달음의
역사를 이루어야만 이 지상에 천 년에
걸쳐 내가 이루고자 하는 그 낙원이
이루어질 수 있음을 알아야 할 것이
니라.
6 이제 너 하나 변하여 완벽히 선다 하
여 그 모두가 역사하는 것이 아니요,
지금 나의 법전을 읽으며 나의 강론

을 직접 듣는 나의 사랑하는 백성 너
희들이 변해지는 그 속에서 새로운 역
사가 이루어진다는 것을 너희들이 잊
어서는 아니 될 것이니라.
7 내가 오늘 너희들을 가르침에 있어서
천릿길도 한 걸음부터라 하였음이니,
8 곧 너희들이 천릿길을 한 걸음 디뎌
놓는 그와 같은 중요한 자들임을 잊
어서는 아니 됨을 알아야 할 것이니
라.
9 오늘 내가 나의 아들을 통하여 사랑하
는 너희들에게 전하노니, 너희들은 나
여호와를 믿으며 나를 경배한다면서
너희들이 어떠한 삶에 있어 나를 편의
주의로 이용하지 말며 그리 나를 활
용하지 말라 그리 깨우쳐 줄 것이며,
너희들이 그리 행동하라.
10 너희들이 어렵고 힘들고 부끄럽고 추
한 짓을 할 때, 이는 모두 나 여호와의
뜻이라 그리 변명하며 나를 빙자하여
그와 같은 죄악을 행하는 자,
11 그와 같은 죄가 너희들이 죽어 내 앞
에 와 얼마나 무서운 심판을 받는가
그 결과를 머지않아 알게 될 것이니
그를 깨우쳐야 할 것이니라.
12 또 너의 제자들은 너희들이 이루고자
하는 그 뜻을 이루는 데 나의 이름을
빙자하며 우리 부자 이름을 파는 그
와 같은 사악한 행위를 하는 백성이
되어서는 아니 될 것이며,
13 너희들과 지금의 믿음을 잘못 가는 백
성들과의 차별화요, 한계가 여기 있
음을 너희들은 알아야 할 것이니라.
14 내가 천 년에 걸쳐 새로운 시대요, 새
역사를 이루며 너희들 동양의 작은 나
라의 언어요, 문자로써 세계 공통어를
만들고자 하는 이 역사를 이룸에 너
희들이 첫발을 디디는 것이 중요하다
하였음이니라.
15 바로 너희들이 첫걸음을 떼 놓는 것
이니, 나 여호와가 첫걸음을 떼어 놓
는 것이 너희들임을 알아 너희들 스
스로 한 점의 부끄러움이 없는 그와
같은 삶을 살아가는 데 모두를 다 바
치는 마음의 각오로 살아야 할 것이니
라.
16 내가 너희들에게 말하기를, 말로써 나
를 믿으며 너희들이 목숨을 바쳐 나의
뜻을 따르며 나를 경배하고 산다 울고
불고하며 그와 같은 기도의 형국으로
써 광란의 짓으로 나를 따르지 말라
하였음이니라.
17 너희들이 천사와 같은 마음으로 변하
며 너희들이 그와 같이 깨달음을 얻는
것이 나 여호와의 가장 큰 기쁨이요,
가장 영광된 것이라 말하였으니,
18 이는 바로 너희들이 그와 같이 변하는
속에서 천 년에 걸쳐 내가 이루고자
하는 그 역사가 이루어지며 그가 시작
되는 것이기 때문이니라.
19 이를 잊지 말고 너희들 자신이 얼마나
소중한 것인가를 항상 가슴속에 깊이
새겨 행동하는 그와 같은 삶을 살도록
그리해야 할 것이며,
20 오늘부터 내가 너희들 모두와 다 같이
하고 있음을 잊어서는 아니 될 것이니
그리 알라.

4,082 번째 하나님 말씀

2002년 11월 28일 9시 30분

1 사랑하는 나의 아들아!

2 "네, 아버님! 말씀하옵소서."

3 만백성 모두가 나의 법전이요, 나의 성령을 사탄이요, 이단이라 하며, 너를 마지막 시대에 세상을 혼란케 하기 위해 온 마지막 사악한 자라 말하거든,

4 너는 그리 말하라, '너희들은 창조주인 여호와 하나님께서 불로 직접 써 내린 십계명을 과연 지키고 사는가?'.

5 그 십계명을 열 가지 계명이라 생각하지 말며,

6 그 속에 아름다운 뜻과 그를 행했을 때 얻어지는 행복과 나 여호와가 그를 지켜야만 너희들이 구원을 받는다는 그 뜻이 얼마나 오묘하고 아름다운가!

7 '나 외에 다른 신을 네게 있게 하지 말라'는 그 한 마디의 구절이 얼마나 너희들에게 소중하며, 나 여호와가 애절하게 너희들을 사랑하는 뜻인가를 과연 그들은 아는가?

8 그들이 너희들에게 사탄이요, 이단이요, 사악한 자요, 그리고 나의 법전이 잘못되었다 그리 말하며, 악마가 하는 짓이요, 사탄이 하는 짓이다 그리 말하거든,

9 너희들은 '과연 하나님 창조주께서 불로 써 내린 십계명을 얼마나 지키고 있는가?' 물어보라.

10 너희들이 십계명을 지키지 아니하기 때문에, 그를 지키고 살 수 없다 하기 때문에,

11 오늘 내가 제3의 시대를 열어 나의 아들을 통하여 십계명을 암송하게 하며 밤과 낮을 가리지 않고 시간을 다투어 법전을 세상에 내려보내는 이 어렵고 힘든 역사를 이루고 있음이니,

12 이 모두는 너희들이 내가 불로 써 지키고 구원받으라 하는 그 십계명을 지키지 아니하고, 그를 지킬 수 없다 말하는 그와 같은 사악한 자들이요, 사탄들의 후손이 있기에 지금 이 역사를 이루고 있음이라 그리 말하라.

13 나 여호와가 직접 불로 써 너희들의 영혼을 구원받는 그 기본이요, 기초가 되는 십계명을 너희들이 지키려고 노력하고 그를 따라 살려고 노력하기만 했다 하면,

14 지금 너희들이 사탄이요, 이단이라 말하는 나의 성령이요, 나의 아들을 통하여 이와 같은 법전을 세상에 만드는 역사도 없었을 것이며,

15 나의 아들이 나의 종이요, 선지자로서, 그가 미리 준비된 나의 아들로서 세상에 나가 오늘과 같은 역사의 힘든 길을 가지 아니해도 되었을 것이니라.

16 오로지 너희들이 십계명을 지키지 아니하였으며 지킬 수 없다 그리 말하며 그와 같이 살아가기에,

17 어쩔 수 없이 너희들을 깨우쳐 하늘에 오르는 길을 인도하고자 오늘의 이 어려운 길을 가고 있는 그 이치와 원인을 너희들이 하나 안다면, 너희들은 아무런 할 말도 없을 것임을 알라.

18 십계명을 지키며 그대로 살 수 있다 생각하며 그리 행하는 자는 나의 법전

을 보고 감히 이단이요, 사탄이요, 필요 없는 것이 세상에 내려왔다 말하지 아니할 것이며,
19 너희들이 그저 나의 십계명대로 지키고 그리 행하고 살았다 하면 오늘에 이와 같은 역사는 없었을 것이니라.
20 너희들이 십계명대로 그대로 지키고 사는 백성이 있거든, 나의 법전이 불필요한 것이며 나의 아들이 사탄이요, 사악한 자라 말해도 내가 벌하지 아니할 것이니라.
21 그러나 십계명대로 살지 못하며, 그를 지키고 살지 못하며, 인간이기에 그를 지킬 수 없다 생각하고 사는 자가 있다면,
22 너희들은 정녕 너희들이 지금 가고 있는 믿음이 지옥행으로 달려가는 길이니,
23 이제 나의 법전을 손에 들고 깨우쳐 축복과 영광의 구원을 받는 길을 가지 아니하면 아니 됨을 너희들은 알아야 할 것이며, 두 번 다시 이를 사탄이요, 이단이라 하지 말라.
24 나의 법전이요, 내가 기록하여 하늘에 오르는 길이라 하여 내리는 이 책은 너희들을 구원하는 십계명과 똑같은 구원의 길이요, 너희들의 영혼의 양식이요, 나의 성령임을 알라.

4,083 번째 하나님 말씀

2002년 11월 28일 11시 56분

(강론을 마치며)

1 사랑하는 나의 아들아!
2 "네, 아버님! 말씀하옵소서."
3 수천 년 동안 나의 피조물 만백성들이 독재자요, 폭군보다도 더 무서운 방법으로써 너희들의 재물을 갈취했으며, 갈취당하며 갖다 바치며 사는 그와 같은 삶을 살아온 것이 나에게 오르고자 하는 나의 백성이 지금까지 살아온 길이라 내가 너에게 말하였음이니라.
4 너희들이 폭군과 같은 자에게, 독재자와 같은 자에게 재물을 뺏기며 자유를 박탈당하며,
5 내가 너희들에게 내려 준 세상의 아름다움을 음미하며 살지 못하는 그와 같은 것으로써 끝난다 하면,
6 나 여호와는 이 시간에 나의 아들을 통하여 밤과 낮을 가리지 아니하며 나의 아들을 독촉하여 이와 같은 160권의 법전을 세상에 내지 아니하였을 것이니라.
7 너희들이 육의 삶에서 아무리 고통이 있다 하여도 그것으로써 너희들이 끝나는 것이며 모두 종말이 된다 하면,
8 나 여호와는 너희들에게 이와 같은 오늘의 나의 법전을 세상에 내려보내지 아니하며, 나의 성령이요, 하늘에 오르는 길이라 하여 이 책을 세상에 내려보내지 아니하였을 것이니라.
9 너희들은 독재자요, 폭군보다도 더 간악한 자들에게 재물과 내가 너희들에게 준 그 시간의 자유로움까지 다 박탈당하며 살다 그것으로 끝나는 것이 아니요, 너희들이 죽어 와 그 죄의 대가를 받음이니,
10 그는 영원히 불변이요, 영원히 변할 수 없는 그 세상에 와 너희들이 지은

죄의 대가의 무서움을 치르게 됨이니,
11 이와 같은 너희들이 다음 세상에 치르
는 그 대가가 없다 하면 나 여호와는
너희들에게 오늘의 이 시련의 어려운
길을 가라 하지 아니할 것이니라.
12 너의 제자들과 나의 법전을 읽은 만백
성은 이를 전해야 할 것이니라.
13 너희들의 삶이 육의 그 세월의 삶 속
에서 그것으로 끝이 난다 하면 나 여
호와가 오늘의 법전이요, 하늘에 오르
는 길을 내리지 아니하였을 것이라는
것을 너희들은 알아야 할 것이니라.
14 지금 나의 법전을 읽고 깨우치며 나의
뜻을 따라가는 자들은, 너희들의 마음
이 흔들리며 너희들의 마음을 다스리
지 못함은 너희들이 나 여호와가 존재
함을 믿지 못함이며 나 여호와가 있음
을 진심으로 믿지 못하기 때문이니,
15 너희들의 마음의 자세를 먼저 잡아야
할 것이니라.
16 만백성을 구하는 지도자는 무엇이라
하였더냐?
17 유리로 비추어 봐서 한 점의 부끄러움
이 없는 그와 같은 자가 지도자가 될
수 있다 하였음이니라.
18 너희들이 마음자리를 잡지 못하며 나
여호와가 존재함의 무서움을 모르며
내가 존재함을 모른다 하면, 이 세상
어느 백성도 구원의 길을 받을 수 있
는 자가 없음이니,
19 너희들의 마음이 흔들리며 마음을 잡
지 못하는 것은 너희들 가슴속에 그
뜻이 있음을 너희들은 알아야 할 것
이니라.
20 오늘 나의 아들은 세상에 살아오기를
60평생을 너희들보다도 더 어렵고 험
난한 길을 살아왔음이니라.
21 그를 내가 종이라 부르며 내 아들이라
부르는 것이 무엇인 줄 알겠는가?
22 그는 내가 존재함을 믿으며, 내가 존
재하는 것 그 외에는 아무것도 타협하
지 아니하려 함이요,
23 오로지 내가 내리는 나의 성령이요,
나의 명에 의하여 살아갈 수 있는 마
음의 자세를 굳건히 하고 살아가기 때
문이니,
24 그보다 더 굳은 마음의 자세로 바로
서야 하는 것이 너희들임을 알아야 할
것이니 그리 알라.

4,084 번째 하나님 말씀

2002년 11월 29일 09시 04분

1 사랑하는 나의 아들아!
2 "네, 아버님! 말씀하옵소서."
3 사람이 멀고도 먼 경쟁을 할 때 누구
든 다 자기가 우승의 영광을 차지하고
자 하며 우승자가 되고자 하느니라.
4 그러나 그들은 힘들고 고통스러운 그
고비를 넘기지 못함이니, 또한 믿음이
요, 너의 제자들이 변해 가는 삶이 그
러하니라.
5 조금만 더 참고 조금만 더 가서 너희
들이 넘으면 되는 그 선을 정녕 넘지
못하고 좌절하며 포기하는 자가 수없
이 있음이니,
6 너희들이 넘어야 할 그 선까지 스스로
넘어야 하며 버티고 견뎌야 함을 알아
야 할 것이니라.
7 정녕 내가 선택한 나의 백성이요, 사

랑하는 나의 아들이요, 나의 아들과
딸이라 하여 나의 법전을 읽고 공부하
는 나의 백성들에게 어떠한 편의를
제공하며,
8 너희들이 가야 할 길을 가지 아니하는
자를 내가 용서하며 너희들을 받아준
다 하면, 이는 과연 공의의 하나님이
요, 진정한 창조주 나 여호와라 말할
수 있겠는가?
9 이는 아니 됨을 너희들이 알아야 할
것이니라.
10 너희들이 기도로써 경배로써 마음이
변하여 하늘에 오르는 것은 오르는 것
이며, 너희들이 잘못된 그 죄의 대가
는 받아야 함이니라.
11 너희가 나 여호와의 뜻에 따라 행했으
며 법전대로 살고자 노력하였으며 십
계명대로 지키고자 하였다 하여 너희
들이 알면서 지은 죄를 용서해 준다
면 공의의 하나님이 아님을 너희들은
알아야 할 것이니라.
12 너희들이 스스로 나의 뜻에 살며 선행
을 베푼 것은 베푼 것이요, 너희들이
잘못한 것은 잘못한 대로 대가를 받
아야 하는 것이니,
13 너희들의 잘못된 것을 그저 넘어가
주고 덮어 주고 그를 용서한다면 그
와 같은 것은 공의의 하나님이 아니
며, 만백성이요, 사탄이요, 천사도 나
여호와를 따르지 아니할 것이니,
14 이와 같은 깊은 하늘의 이치를 너희들
은 알아야 할 것이니라.
15 조금만 더 견디고 조금만 더 노력하며
조금만 더 해서 넘어야 하는 그 선을
넘지 못하고 좌절하고 포기하는 너희
들이 되어서는 아니 될 것이니라.
16 너희들은 똑같이 스스로 넘어야 할
선이 있으며 견뎌야 할 선이 있음이니,
17 그 선을 넘지 못하면 나의 선택된 백
성이라 하여도, 또 지금 나의 성령이
요, 나의 법전을 받아 기록하는 나의
아들이라 하여도 내가 그를 특별히
용서하거나 그를 차별화함이 없음이
니,
18 이와 같은 나 여호와의 뜻을 너희들이
알아야 할 것이니 그리 알라.

4,085 번째 하나님 말씀

2002년 11월 29일 10시 29분

1 사랑하는 나의 아들아!
2 "네, 아버님! 말씀하옵소서."
3 많은 백성 나의 피조물들이 저희들이
가는 길만이 진정한 하늘에 오르는 길
이며,
4 나 여호와가 너희들에게 내리는 나의
법전이 하늘에 오르는 길이라 하여 나
의 성령을 내리는 이 나의 책을 이단
이요, 사탄이라 그리 말하며,
5 나의 아들을 마지막 시대에 오는 거
짓 선지자로서 너희들을 우롱하며 희
롱한다 그리 말하며 너희들을 지옥으
로 이끌어 간다 말함이니라.
6 그러나 너희들은 여기서 알아야 할
것이니라.
7 너희들이 내가 불로 직접 써 내린 십
계명의 나의 뜻대로 그대로 살며 삶
속에서 그를 지켜 왔다 하면,
8 나 여호와는 오늘의 이 법전을 세상
에 내려보내지 아니하였을 것을 너희

들은 알아야 할 것이니라.
9 십계명대로 너희들이 살지 못하였으
며 그대로 지키고 살지 못하였기에 나
의 유산을 받을 자가 세상에 없음이
니,
10 내가 바로 오늘의 나의 아들을 세상
에 내려보내 나의 사랑하는 백성 너희
들을 구원하고자 이 법전을 세상에 내
려보냄이니,
11 이를 보고 너희들이 사탄이요, 이단이
요, 사악한 자라 하는 그 어리석은 짓
을 해서는 아니 됨을 알아야 할 것이
니라.
12 지금 너희들의 믿음의 길이 무엇이더
냐?
13 너희들이 인간 본연의 아름다운 삶을
위해서 그 아름다운 삶 속에서 살다
나 여호와가 내려 준 나의 천국에 오
르는 것이 너희들의 삶의 목표이니라.
14 그러나 지금 믿음의 길을 가고 있는
모든 백성들의 삶의 자세가 어떠하던
가?
15 너희들이 인간 본연의 삶을 중요시하
지 아니하며, 인간의 아름다운 삶이며
너희들의 그 삶이 얼마나 중요한 것
인가를, 그 생활을 잊어버리고 그를
망각하도록 하며,
16 오로지 너희 손으로 지은 성전에 가
기도하고 경배하며 재물을 바치는 것
을 강요하며 그리 나의 피조물 만백
성들을 가르치고 있음이니,
17 나 여호와가 추구하고자 하며 내가 만
백성을 구하고자 하는 그 뜻과는 전혀
반대의 길로 나와 관계없는 길을 감
이니,
18 너희들이 지금 행하고 있는 것이 진정
한 삶이 아니요, 참진리가 아님을 알
아야 할 것이니라.
19 사랑하는 나의 아들아!
20 "네, 아버님! 말씀하옵소서."
21 지금 이와 같이 되는 대로 굴러가며
되는 대로 믿음을 가지고 가는 것이
만백성을 하늘에 구원하고자 한다는
그 믿음의 길을 가는 백성이 가고 있
는 형국임을 알아야 할 것이니라.
22 너희들의 마음은 항상 구르는 돌과 같
으니, 그 돌이 어느 쪽으로 구르느냐
하는 것과 같은 것이 너희들의 마음
자세이니라.
23 너희들은 항상 그 마음에서 선을 택할
수도 있으며 악을 택할 수도 있으니,
24 그것은 발 하나를 어느 쪽으로 디디느
냐에 따라서 그와 같이 무서우리만큼
차이가 이루어지는 것이 인간사요, 너
희들의 선택의 길이니라.
25 너희들이 믿음의 길에서 선택하는 것
은 마음 한 번 잘못 먹으며 발 한 번
잘못 디디는 것이 너희들이 지옥으로
가거나 천국으로 가는 그와 같은 어
려운 상황에 있는 것이며,
26 그리고 항상 외줄을 타는 그와 같은
길에서 너희들이 가고 있음을 알아야
할 것이니라.
27 너희들이 마음을 바로잡아 구원의 길
을 보도록 그리해야 할 것이며, 정녕
나의 십계명대로 살았다면 오늘 너희
들이 십계명을 지키고 살아갈 수 있는
그 근본이요, 기본인 나의 법전을 세
상에 내려보내지 아니하였을 것이니.
28 이는 나의 상속자가 없기 때문임이니

너희들은 그 부끄러움을 알아야 할
것이니 그리 알라.

4,086 번째 하나님 말씀

2002년 11월 29일 10시 33분

1 사랑하는 나의 아들아!
2 "네, 아버님! 말씀하옵소서."
3 너희들이 믿음의 가는 그 길에 만백
성을 이끌고 지도하는 자들이 무어라
말하느냐?
4 가난하기에 구원을 받으며, 부자이기
때문에 구원을 받을 수 없다 그리 말
하며 그리 가르침이니라.
5 그리고 정녕 가진 자는 구원을 받을
수 없기에 그들이 가지고 있는 것을
너희들에게 많이 바쳐야 한다는 그와
같은 심리를 이용해서 그들로 하여금
자극하기 위하여 그리 가르침이니,
6 그게 얼마나 잘못된 가르침이며, 너희
들이 얼마나 어리석은 자인가를 알아
야 할 것이니라.
7 너희들이 오로지 금화와 은화를 거둬
들이는 그것에만 연연하며 부자는 천
국에 갈 수 없다 그리 가르침이니,
8 너희들이 얼마나 간악한 수법으로 지
금 가고 있는가를 알아야 할 것이니
라.
9 너희들은 어찌하여 가난한 자는 죄를
안 지으며 가난한 것이 청빈이며 가난
한 것만이 아름다움이요, 구원의 길을
볼 수 있다 그리 생각하며,
10 가난의 그 길만이 아름답고 고고한
길이라 생각하는가?
11 너희들은 부자라 하여 죄를 짓는다
생각하며 부자라 하여 사악한 방법으
로 재물을 모았다 그리 생각하는 사고
를 버려야 할 것이니라.
12 그와 같은 너희들의 생각 속에서 부자
는 죄를 짓고 벌었으니 간악한 자며
부자 주변에는 인간이 없기에 재물을
바쳐 용서받는 삶을 살라 말하나,
13 부자가 더 죄를 안 지으며 부자가 더
아름답게 살 수 있음이니, 가진 자가
그를 어찌 쓰느냐가 중요함이니라.
14 부자가 더 정확하게 살 수 있으며 부
자가 가난한 자를 도와 가며 살 수 있
는 것을, 그와 같은 이치를 깨달을 수
있음을 알아야 할 것이니라.
15 부자는 악의 근원이라 그리 가르치지
말라.
16 부자가 재물을 아름답게 쓸 때 그는
아름다움을 행함이니, 갖지 아니하여
행하지 못하는 자보다 나음을 알아야
할 것이니라.
17 갖지 못한 자는 스스로 저 자신이 남
에게 의탁하며 남에게 의지하여 살아
가는 그와 같은 자가 될 것이니라.
18 가진 자는 마음에 여유로움이 있으며
바른 생각을 할 수 있으나, 빈곤한 자
그를 벗어나기 위하여 더 사악한 행위
를 할 수 있으며 더 사악한 생각을 할
수 있음이니,
19 너희들은 빈곤이 자랑인 것처럼 생각
하지 말라.
20 그들은 다 노력하지 아니하며 얻을 만
큼 얻고자 행하지 아니한 자들이니,
너희들은 그와 같은 견해를 버려야 할
것이니,
21 다만 부자는 너희들이 손으로 지은 성

전에 많이 바쳐야 한다는 그 욕심 때
문에 마구잡이로 그리 몰아가는 가르
침으로써 가지 말라.
22 얼마나 너희들이 잘못 살아가며 큰 죄
를 짓고 있으며, 만백성을 구원하는
자들이 그 뜻도 모르고 가는 것인가를
알고 있을 것이니라.

4,087 번째 하나님 말씀

2002년 11월 29일 10시 36분

1 사랑하는 나의 아들아!
2 지금과 같이 잘못 가는 자들이 세상을
덮고 있으며 나의 뜻이 무엇인지도 모
르고 만백성을 구한다 하여 썩어 가는
이 세상에서는
3 진정한 깨달음이요, 참진리의 길을 가
는 백성이요,
4 진정한 나 여호와의 뜻에 따라 천 년
의 역사를 이루고자 하는 길을 가며
하늘에 오르는 빛을 보고 달려오는 백
성이 지금 잘못 믿고 가는 그 백성들
로 하여금 사탄이요, 악마요, 사악한
자요, 이단의 행위라는 그와 같은 말
을 듣는 것이 당연한 것을 너희들은
알아야 할 것이니라.
5 지금 정녕 나의 백성들을 구하는 것
이 아니요, 재물을 거두어들이려고 혈
안이 되어 있으며,
6 저희들이 참뜻이 무엇인가도, 저 자신
이 어디에 서 있는가도 모르면서, 그
저 아우성치며 설교하고 소리 지르면
오늘의 하루를 넘겼으며 그저 이것으
로써 구원을 받은 것이라 생각하여
그에 대한 대가를 거두어들일 생각만
하고 있는 그 종교 지도자들의 집단에
서 가르치는 자, 그를 배우는 자,
7 그 모든 백성들로부터 사탄이요, 악마
요, 사악한 자요, 마지막 종말의 시대
에 온 이단자라는 그와 같은 욕을 먹
으며 그와 같은 저주의 손가락질을
받는 것이 당연한 것이니,
8 그와 같은 말을 듣지 않는다면 지금
너희들이 참진리의 길을 가고 있지 아
니함이며, 진리를 얻어 만백성을 구하
는 길이 아님을 알아야 할 것이니라.
9 지금 그들이 가는 길이 사탄이요, 이
단이기에 그들의 눈에 보이는 것이
이단이요, 사탄으로 보이는 것이 당연
한 것임을 알아야 할 것이니라.
10 그리하여 남의 집단이요, 남들이 가고
있는 참진리의 길을 가는 나의 백성들
에게 저희들이 이단이요, 사탄이라 하
는 것은 현명치 못한 자들이며,
11 가장 세상에 어리석은 자들이며, 썩어
져 가는 속에서 저희들이 최고요, 제
일이라 생각하는 착각 속에서 살아가
는 자들이며,
12 그들은 결국 지옥으로 가는 길을 달려
가면서 천국으로 가는 길이라 말함이
니,
13 너희들이 이단이요, 마지막 거짓 선지
자요, 사탄이요, 하는 그와 같은 저주
와 손가락질을 받는 것에 두려워하지
말며 거기에 개의치 말라.
14 도둑이 저희들을 잡는 법관을 볼 때
그를 사탄이라 하듯이,
15 지금 사악한 무리요, 정녕 사탄의 행
위를 하고 있는 자들이 진정한 나 여
호와의 참진리요, 하늘에 오르는 그

법전을 보는 순간에 그들은 오금이 저
려오며 등골이 싸늘하며 몸 둘 바를
모르기에 악을 쓰느니라.
16 술 취해 광란하는 자처럼 눈물의 기도
를 드리며 찬송을 부르며 발광을 하며
그들이 모두는 다 이단이요, 사탄이요,
17 저희들이 눈물짓고 찬송하며 아우성
치는 것만이 참진리라 하며 그리 어
리석음 속에서 감이니,
18 그들을 탓하지 말며, 불쌍한 그들에게
나의 법전으로써 철퇴를 내리도록 그
리하라, 나의 사랑하는 백성들아!

4,088 번째 하나님 말씀

2002년 11월 29일 10시 40분

1 사랑하는 나의 아들아!
2 "네, 아버님! 말씀하옵소서."
3 지금의 믿음의 길을 가는 백성들이요,
하늘에 오르는 길이라 하여 달려가는
저희들이 가고 있는 믿음의 길이 정녕
참진리요, 나 여호와의 뜻에 의하여
그 길을 가고자 하는 것이 아니며,
4 영혼의 구원이요, 자기 자신이 구원을
받는 영원히 사는 그 세상의 뜻이 얼
마나 위대하고 소중한 것인가를 모르
며 그 선택의 길의 방법을 모르고 있
느니라.
5 그리하여 그들은 지금의 외형적인 믿
음의 방대한 그 조직과 그리고 그들에
게 위협적인 태도로써 가르치는 그 종
교 지도자들의 외형적인 모습에 의하
여,
6 그들이 정녕 진정한 믿음의 길이 무
엇이며 구원의 길이 무엇인가를 모르
고 그곳에 몸을 던져 구원을 받고자
가고 있음이니, 그들을 너희들이 다스
려야 할 것이니라.
7 너희들이 지금 믿음이라는 그 길을 가
는 것은 너희들의 몸에 종기가 나 따
가운 것을 잠깐 손으로 어루만져 그
가렵고 따가운 것을 치료하는 것과 같
으니,
8 그 종기는 가려운 곳을 긁어 준다 하
여 나아짐이 아니요, 결국 더 곪아 터
지며 더 썩어져 가는 것이니, 이것이
지금 너희들이 가고 있는 믿음이니라.
9 그리하니 너희들이 썩어져 가는 그 종
기를 근본부터 뿌리 뽑아 제거하지 아
니하면 그 상처는 아물 수 없음이니,
10 지금 너희들이 잘못 가는 그 믿음의
형국은 종기가 나 아픈 곳의 가려움
을 그저 긁어서 치료하는 그와 같은
효과밖에 없는 것이니라.
11 그러니 너희들이 근본부터 다시 치료
하며 그 병마의 뿌리를 근절시켜 완
벽한 치료를 할 수 있는 그 깨달음이
요, 가르침을 얻지 못하면 아니 됨이
니,
12 이는 곧 나의 아들의 강론을 들으며,
내가 기록하여 내리는 나의 성령이요,
하늘에 오르는 나의 법전이요, 이 책
을 정독하며,
13 십계명을 놓고 지키고자 하는 그 눈
물 나는 고통과 시련의 길의 역사를
이루지 아니하면 너희들이 정녕 구원
을 받을 수 없는 길임을 알아야 할 것
이니라.

4,089 번째 하나님 말씀

2002년 11월 29일 11시 58분

1 사랑하는 나의 아들아!
2 **"네, 아버님! 말씀하옵소서."**
3 내가 나의 법전이요, 나의 성령의 뜻을 내리는 것은 만백성이 스스로 저희가 지키고 깨우쳐 와야 할 뜻임이니라.
4 내가 십계명을 모세에게 내렸다 하여 그를 모세가 지키는 것이 아니듯이, 그와 같이 만백성의 삶의 기초요, 근본임을 알아야 할 것이니라.
5 너희들이 인간사 세속에서 살아가면서 '손바닥이 마주쳐야 소리가 난다'는 말이 있음이니,
6 너희들이 이와 같은 이치의 깊은 뜻을 깨달아야 할 것이니라.
7 병원에서 음주를 해서는 안 된다 그리 진단을 받은 자에게 너희들이 술을 권하면서 먹지 말라 한다 하면 과연 그것은 어찌 되는가?
8 너희들이 권하지 아니하며 그 분위기를 만들지 않는 것이 그를 진정 위하는 길이거늘,
9 그와 같은 분위기를 만들어 놓고 너희들이 그가 술을 마셔서는 안 된다 그리 말하며 또한 한 잔 정도 마시는 술은 괜찮다며 권하는 자가 있다 하면 그 스스로 지탱하고 지키기가 어려운 것이니,
10 이것이 인간사 너희들이 손뼉이 마주치지 아니하면 소리가 안 난다는 그 깊은 의미임을 알아야 할 것이니라.
11 내가 너희들에게 오늘 깨우쳐 전했음이니라.
12 너희들이 넘어야 할 선이 있으며 넘어야 할 길이 있으며 넘어야 할 고개가 있다 하였음이니라.
13 너희 스스로 짐을 지고 넘어야 할 고개를 넘지 않았을 때 너희들에게 어떠한 역사의 그 기적도 이루어 줄 수 없는 것이 나 여호와요, 공의의 하나님으로서 해야 하는 나의 뜻이라 그리 말하였음이니라.
14 모두는 너희 스스로 자신을 다 깨우쳐 자신을 돌아다보는 그와 같은 삶의 역사를 이루어야 할 것임을 알라.
15 내가 너희에게 뭐라 말하였는가?
16 마음을 비우고 세상을 보았을 때, 마음에 상대방이 보이지 아니한다 하였음이니,
17 너희들은 내가 가르치는, 수없이 내리는 그 뜻을 읽고 정독하여 너희 것으로 만들어야 함을 잊지 말라.
18 나의 성전에 와 나의 아들을 통하여 내리는 강론을 듣고 너희들이 이 문을 나가는 순간에 잊어버린다면 아무런 의미가 없다 하였음이니,
19 내가 너희들에게 내리는 가르침을 그때 바로 시행하여 지키는 그와 같은 삶의 형태가 가장 소중하다 하였음이니 이를 너희들이 잊어서는 아니 될 것이니라.
20 이제 나의 법전 3부가 세상에 역사를 이루며 모두가 다 이루어져 만백성이 이를 접하게 되는 것이며,
21 또한 4부로부터 내가 나의 동양의 작은 나라의 그 뜻으로 이루어 나간다는 그 역사의 시기가 머지않았음을 너희들은 알아야 할 것이니라.

22 너희들 각자가 다 한 점의 티가 없는
그와 같은 맑고 고운 마음의 자세로써
변하는 역사를 이룰 때 그 모두는 이
루어짐이니라.
23 내가 나의 아들을 통하여 모두를 내리
듯이, 또한 나의 아들을 통하여 내리
는 그 모든 은혜는 나의 법전을 읽고
깨우치며 나의 아들의 제자라 명한 너
희들에게 바로 전달됨이니,
24 그것을 수용할 수 있는 너희들의 자세
또한 중요함을 잊어서는 아니 될 것이
니 그리 알라.

4,090 번째 하나님 말씀

2002년 11월 30일 07시 56분

1 사랑하는 나의 아들아!
2 "네, 아버님! 말씀하옵소서."
3 모든 역사의 이루고 못 이루는 것은
다 너희들 자신의 마음에 달렸다 하
였음이니, 마음에 달렸다는 그 뜻을
알겠는가?
4 선한 쪽으로 회개하고 반성하며 계속
깨달아 가는 자, 거기에서 깨달음이
있음이니,
5 너희들이 변하고자 하는 그 노력에 따
라서 세상의 이치를 다 얻는 경지에
오르고 못 오르는 그와 같은 결과가
되나,
6 너희들은 게으르며 나태하며 너희들
이 하나를 얻었을 때 세상 것을 다 얻
은 것처럼 그리 말함이니,
7 겸손하지 못한 마음속에서 너희들이
더 전진하지 못하는 것이니라.
8 악한 쪽의 생각과 악한 쪽의 마음을
먹었을 때 그 마음이 악한 쪽에 끝이
없음이니,
9 너희들이 어찌 생각하고 살아가느냐
가 가장 중요하며, 그것을 너희들이
어찌 행하느냐에 따라서, 너희들이 얼
마만큼 노력하느냐에 모두가 달렸음
을 알아야 할 것이니라.
10 제한된 시간 속에 너희들이 무엇을 행
한다 하면 어렵고 힘든 그 고통의 길
도 견딜 수 있으나,
11 즐거움이요, 향락이 없는 노력의 길을
하루 이틀도 아니요, 너희들이 평생
죽을 때까지 변화되고 또 깨우쳐야 하
며, 바르게 살고자 노력하며 오로지
선을 추구하는 그 끝은 보이지 아니하
며 한이 없으니, 가도 가도 끝이 없는
것이니라.
12 너희들이 말하기를 '밑 빠진 독에 물
을 붓는다'는 말이 있듯이,
13 정녕 믿음의 가는 길은 밑바닥이 없는
그곳에 물을 퍼붓는 것과 같은 어렵
고 힘든 고통의 길이니라.
14 그리하여 아무나 그 길을 갈 수가 없
으며, 모두가 다 좌절하며 무너짐이니
라.
15 나로부터 구약과 신약 시대에 선택된
모든 지도자들 또한 그 밑이 빠진 독
에 물을 붓고 부을 수가 없기 때문에
그들도 다 포기하고 주저앉아 쓰러졌
음이니, 너는 알아야 할 것이니라.
16 네가 나의 법전 160권을 세상에 내보
내니 그 많은 세월 속에 오로지 한 길
을 가야 하며, 네가 160권의 법전에
나의 성령을 받아 세상에 내니,
17 또 만백성이 아름답고 곱게 살아갈 수

있는 그 나의 성령을 받아 네가 죽을
때까지 나의 뜻을 받아 만백성을 구원
하는 그 글을 세상에 남겨야 함이니,
이게 어디 끝이 있는 것이더냐?
18 밑 빠진 독에 물을 붓고 붓는 것과 같
은 그 싸움이니, 자신과의 그 싸움이
얼마나 힘들고 어려운 길인가?
19 그리하여 모든 자들이 다 중간에 포
기하며 쓰러짐이니라.
20 보이는 즐거움과 보이는 향락이 아닌,
보이지 않는 선을 위하여 달려가는
그 길이 얼마나 힘들고 어렵고 고행의
길인가?
21 너희들 인생이 영원히 사는 것도 아니
요, 정해진 그 속에서 너희들이 깨우
치고 깨우친다 해도 세상 이치를 다
깨우치지 못함이니,
22 밑 빠진 독에 물을 붓듯이 결과가 없
으며 끝이 없는 그 길을 위하여 너희
자신이 죽을 때까지 그 한 길을 간다
는 것은 그 아무도 갈 수 없음이니라.
23 이제는 네가 갈 수 있고 행할 수 있는
그와 같은 마음의 자세가 되어 있으며
너는 갈 수 있기에 내가 너에게 말하
며 너의 제자들에게 말함이니,
24 밑 빠진 독에 물을 붓는 자신과의 싸
움에서 견디고 이기는 자, 나로부터
큰 은혜와 영광의 축복을 받는 그 선
택된 백성임을 알라 그리 전하라.
25 그 싸움을 이겨야 됨이니라.
26 손이 부르트고 발이 부르트고 너희
몸이 지쳐 쓰러질 때까지 붓고 또 부
어도 채워지지 아니하며 모여지지 아
니하며 거두어짐이 없는 그 고독하고
어려운 싸움의 길을 가는 것이 너요,
너를 따르는 제자들이 가야 하는 길
이라는 것을 잊지 말라 그리 전하라.

4,091 번째 하나님 말씀

2002년 11월 30일 08시 02분

1 사랑하는 나의 아들아!
2 "네, 아버님! 말씀하옵소서."
3 나 창조주 여호와가 너에게 무어라 가
르쳤느냐?
4 의식주를 해결하는 것부터 배우라 그
리 말하였으며 실천하라 함이니라.
5 그러나 가난한 것에 대하여 종교 지도
자들은 너희들이 갖지 않은 자를 가리
킬 때 뭐라 말하는가?
6 갖지 아니하고 탐하지 아니한 자는
깨끗하며 물질에 대하여 욕심이 없는
자라 그리고 청빈한 삶을 살아가는
자라 그리 격찬하느니라.
7 그리고 너희들이 살아가는 데 필요한
물질에 대하여 노력하는 자,
8 가정의 의식주를 해결하기 위하여 밤
낮으로 노력하는 자들을 보면서 깨달
음의 길을 간다는 종교 지도자들 또
한 그가 가련타 생각하는 자가 있지
아니한가?
9 그러나 너희들은 들어야 할 것이니라.
10 스스로 자기의 의식주에 개의치 아니
하며 그것을 위해 노력하지 아니하는
자는 생활에서 비굴하고 비참하며, 남
으로부터 폐를 끼치며 사는 사람이라
는 것을 알아야 할 것이니라.
11 너희들은 재물과 풍요로움이 있으면
세상의 유혹에 넘어지게 되며,
12 여자로부터의 유혹이요, 주변으로부

터의 유혹에 의하여 믿음의 길을 갈
수 없다 그리 말하느니라.
13 그러나 너희들은 이 모두가 너희들의
확고한 신념과 나 여호와가 존재하며
구원을 받는 그 길을 가야 한다는 그
와 같은 확고한 마음이 없기 때문이며
너희들의 믿음이 흔들리기 때문임이
니, 그 부끄러움을 알아야 할 것이니
라.
14 정녕 진정한 믿음이요, 확고하게 나로
부터 구원을 받는다 하는 자는 재물
이 있고 없는 것이 관계없으며,
15 주변에 너희들을 유혹하고 안 하는 것
은 아무런 관계가 없음이니라.
16 정녕 확실한 믿음이 없기 때문에 그와
같은 자가 되느니라.
17 너희들이 재물과 권력 앞에 굴복하는
것은 믿음의 길을 가는 자로서 있을
수 없으나,
18 너희들이 의식주를 해결하는 데 최선
을 다하는 것은 나의 뜻임을 알아야
할 것이니라.
19 그와 같이 의식주가 해결되지 아니한
속에서 너희들은 믿음의 길을 갈 수
가 없음이니라.
20 지금 나로부터 모든 깨달음을 받았다
하는 자, 그리고 나로부터 부름을 받
았다 하는 자, 스스로 혼자 깨우쳐 가
는 자,
21 그들은 저희들이 아무것도 하지 아니
하며 노력하지 아니하며 그저 구원의
길만을 가며 구원받을 때만을 기다리
며 그리고 저 자신이 깨끗하게 살아가
면 된다는 그와 같은 생각에서 노동하
지 아니하며 노력하지 아니하며,
22 그저 끼니때가 되면 한 끼를 거저먹
으며, 남에게 폐를 끼치는 것을 폐라
생각지 아니하며,
23 노력하지 아니하고 깨달음의 길만 가
며 믿음의 경지에 가면 된다 생각하는
자,
24 저희들이 깨끗하게 살다 내가 불러 하
늘로 왔을 때 한 점의 부끄러움 없이
먼지 털고 오듯이 올 수 있다 하며,
25 노동하지 아니하며 일하지 아니하며
저 자신만 그저 한 끼 한 끼를 연명하
면서 하늘로부터 명을 받았다 하는 자
들,
26 그들이 다 사악한 자들에게 넘어가 있
는 자들이며, 사악한 자의 행동을 하
고 있음을 알아야 할 것이니라.
27 하늘의 뜻을 아는 자, 그리고 나로부
터 어떠한 선택을 받았다 하는 자,
28 노력하지 아니하며 게으르며 남에게
한 끼의 식사를 하면서도 그것이 어찌
가는 것인지도 모르며 그저 저만 깨
끗이 살면 되며,
29 남에게 구걸하여 살면서도 깨끗한 마
음을 갖고 살아야 한다 그와 같이 착
각하는 자,
30 그와 같은 자들이 다 환상에 젖어 있
는 잘못 가는 백성이요, 불쌍한 자들
이니라.
31 그들에게 나의 법전을 손에 쥐여 주
어, 너희가 살아가는 것은 내가 세상
에 내려 준 이 세속의 삶 속에서 기본
인 의식주를 해결하고 살아가는 그 속
에서 형제와의 우애가 있으며 자식과
부모 간에 우애가 있으며
32 너희들이 믿음의 길을 갈 수 있다는

것을 확실히 그들에게 깨우쳐 주어 그들이 눈을 뜨도록 그리하라, 사랑하는 나의 아들아!

4,092 번째 하나님 말씀

2002년 11월 30일 08시 06분

1 사랑하는 나의 아들아!
2 "네, 아버님! 말씀하옵소서."
3 너희들이 인간사 살아가면서 부모와
형제와 이웃 간의 모든 인간관계에서
가장 무서운 적이요, 원수는 바로 무
엇이든가?
4 진정한 믿음의 길을 선택하여 가고자
하는 자에게 그 길을 가지 못하게 하
며 지옥으로 이끌어 가는 자가 가장
너희들에게 원수와 같은 적임을 알아
야 할 것이니라.
5 너희들이 정녕 다른 종교 집단의 가르
침이요, 세상에 나로부터 너희들을 깨
우치는 참진리가 나와 있으나,
6 이를 보지도 못하며 읽지도 못하게
그리 가르치며, 오로지 저희들을 따라
가는 것만이 진정한 길이라 하여 너희
들이 바른길을 선택하지 못하도록 유
도하는 것, 그와 같은 자들이 가장 무
서운 너희들의 적임을 알아야 할 것
이니라.
7 너희들이 말하기를, 이 세상의 모든
것이 나 여호와가 필요하여 존재하였
으며 내가 필요하여 세상에 다 이루
어졌다 함이니, 너희들 말대로 그와
같으니라.
8 나의 주관하에 움직이지 아니하는 것
이 없으며 나의 주관하에 역사하지 아
니하는 것이 없거늘,
9 이 세상에 참진리요, 아름다운 하늘에
오르는 그 길의 역사를 이루는 지금
에 와 너희들이 내가 직접 내리는 성
령의 법전도 보지 못하게 하며 읽지
못하게 하며,
10 그를 사탄이요, 이단이요, 사악한 자
라 하여 너희들을 그저 저 혼자 가기
억울하니 같이 지옥으로 끌고 가는
그와 같은 사악한 자들의 그 행위가
정녕 너희들에게 가장 무서운 적인 것
을 알아야 할 것이니라.
11 그와 같은 자들에게 현혹되어 그와
같은 자에게 귀 기울여서는 아니 될
것이며,
12 세상에 아름답고 넓고 넓은 이 내가
만든 낙원에서 이루어지는 모든 동식
물이 살아가는 형태와 역사 속을 너희
들이 바라다본다면,
13 나 여호와 창조주가 새로운 역사를 이
루어 새로 다스리고자 하여 내가 그
시대에 너희들이 이끌어 가고자 하는
그와 같은 변화의 역사가 반드시 이
루어지지 아니하고는 갈 수 없다는 것
을 너희들이 알 수 있을 것이니라.
14 모든 동식물은 수천 년의 역사 속에
질서를 지키며 그 형태를 유지하거늘,
가장 사악하고 가장 간악한 방법으로
변질되고 변화된 것이 내가 만든 백성
들의 마음 자세이니,
15 그 마음을 가지고 너희들이 어찌 구원
의 길에 올 수 있다 말하는가?
16 그와 같은 너희 지도자들의 가는 모
습이요, 너희들이 지금 살아가는 형태
로써 과연 구원을 받을 수 있겠는가?

17 너희들이 천사와 같은 마음으로 살아
가고 있는가를 다스려 볼 때, 너희들
은 방향을 바꿔야 하며 살아가는 형
태를 변화시켜야 한다는 것을 스스로
알 수 있음이니,
18 그 변화를 이루기 위해서는 너희들은
한자요, 한 획도 고치고 더할 수도 없
다는 그 성서를 가지고 이제 구원받을
수 없음을 스스로 알게 될 것이니,
19 그 깨달음을 얻어 나의 법전을 정독하
여 하늘에 오르는 길에 오르도록 그리
하라.

4,093 번째 하나님 말씀

2002년 11월 30일 08시 18분

1 사랑하는 나의 아들아!
2 "네, 아버님! 말씀하옵소서."
3 나의 만백성들에게 그리고 너의 제자
들에게 깊이 가슴에 심어 깨우쳐 주어
야 할 것이니라.
4 너희들이 정녕 육의 삶이 끝나 구원을
받으며 나 여호와가 존재하는 나의
나라의 내 옆에 오고자 한다면,
5 그리고 너희들이 지상의 낙원에 그 역
사를 이루며 하늘의 나의 낙원에 와
나와 더불어 살고 내 곁에 오고자 한
다면,
6 너희들의 육을 떠난 영혼이 어렵고도
힘든 천국의 문에 들어올 수 있다 하
면, 너희들이 그 길의 영광을 받고자
한다면,
7 정녕 세상에 너희들이 살아가면서 육
속에서 불쌍하게 살아가는 자, 남들보
다 부족한 자, 세상으로부터 저주받는
삶을 사는 자, 용서할 수 없는 자, 길
거리에 쓰러져 있는 자, 그리고 너희
들에게 단돈 금화와 은화 한 닢을 위
하여 손을 벌리고 구걸하는 자,
8 그와 같은 자들의 마음을 즐겁게 해줄
수 있으며 그들로부터 웃음을 웃을 수
있는 그와 같은 너희들의 행동으로 삶
을 사는 것이 그 어렵고도 어려운 은
하수를 따라 천국의 문에 들어올 수
있는 길임을 너의 제자들부터 가르치
며 만백성에게 네가 전할 것이며,
9 그리고 사랑하는 나의 아들딸 만백성
너희들은 오늘에 내리는 이 깨달음을
가슴 깊이 받아 새겨야 할 것이니라.
10 가장 불쌍하고 어려운 자들이 웃고
즐겁고 행복하다 생각하며 살아갈 수
있도록 하는 그와 같은 너희들의 행
동이요, 삶이요, 그것만이 바로 나 여
호와의 웃음이요, 나 여호와의 기쁨이
며 나의 뜻에 행하는 것이니,
11 너희들이 하늘에 오를 수 있으며 구원
을 받을 수 있는 그 길이라 함을 알라.
12 도저히 용서할 수 없는 자를 용서하는
그것이 나 여호와의 사랑임을 너희들
은 알아야 할 것이니라.
13 너희들은 죄를 지었으면 진심으로 그
를 뉘우치고 깨달으며, 너희들이 잘못
되어 그 죄를 되풀이하지 아니하는
그와 같은 삶을 살아가는 속에서,
14 그리고 너희들이 지은 죄를 몇 배의
아름다움으로써 그 대가를 치르는 것
을 즐거운 마음으로써 행하고 살아가
며, 그와 같은 기쁨을 얻는 것을 기뻐
하며 감사하는 기도를 하고 경배하는
삶으로써 살아가는 것만이 하늘에 오

르는 그 축복의 길임을 알라 전하라.
15 내가 너희들에게 불쌍하고 어려운 자,
구걸하는 자를 즐겁고 행복하게 살도
록 그와 같이 하는 행위가 너희들의
구원의 길이라 하였음이니,
16 그리 행하지 아니하는 자는 물론이요,
그를 역행하는 자, 그리고 구걸하는
자의 쪽박을 깨는 그와 같은 사악한
마음을 가지고 사는 자가 과연 하늘
에 오를 수 있으며 축복을 받을 수 있
겠는가?
17 사랑을 베풀며 나누며 사는 자, 너희
들이 주고받는 것을 거래할 수 있는
자에게 베푸는 것은 사랑이 아니요,
18 돌려받을 수 없는 자에게 베푸는 것이
진정한 사랑이라 내가 하였음이니라.
19 그와 같이 베푸는 자, 베풀지 아니하
는 자, 그 쪽박을 깨는 자 중에 너희들
이 지금 살아가는 형태요, 마음가짐이
과연 어디에 있는가 너희 스스로 분석
하고 깨우쳐 스스로 점수를 매기도록
그리하라 전하라, 사랑하는 나의 아들
아!
20 그 점수를 명확히 매기는 자가 현명한
자이며, 그 점수를 스스로 평가하는
자가 구원의 길에 들어서기 시작함을
알라 전하라.

4,094 번째 하나님 말씀

2002년 11월 30일 08시 22분

1 사랑하는 나의 아들아!
2 "네, 아버님! 말씀하옵소서."
3 너의 제자들에게 일러 깨우쳐 주라.
4 지금 너희들이 살아가는 삶에 고통이
요, 힘들고 어려운 그 길보다도 더 어
렵고 힘든 길이 얼마든지 있다는 것을
생각하며, 그를 지워 버려서는 아니
됨을 깨우쳐 주도록 하라.
5 그리하여 너희들은 지금의 삶이 가장
행복하며 최상의 은혜며 나로부터 영
광을 받는 삶이라 생각하고 살아가라
그리 전하라.
6 너희들이 단칸방에 둘이 삶이니 그를
불편하다 하는 자, 그곳에 다섯 명이
요, 열 명이 살다가 그들이 빠져나가
고 둘이 산다 하면 너희들은 그 작은
방이 궁궐과 같이 아름답고 소중하게
느껴지지 않겠는가?
7 너희들이 밥그릇 하나에 대여섯 명이
나누어 먹어야 할 그 삶에서 나머지가
다 떠나고 너 혼자 하나의 밥상을 독
차지하여 산다면 너는 과연 어찌 생각
하겠는가?
8 최상의 행복이라 생각하지 아니할 수
있겠는가?
9 그와 같은 것의 고통과 시련이 얼마든
지 너희들에게 있다 하며 오늘의 생
활을 행복하다 생각할 수 없겠는가?
10 하나의 작은 이불을 너희들이 발만
덮고 다섯 명, 열 명이 잔다 하자.
11 그리하여 그들이 다 떠나고 너 혼자
남아 네가 그를 독차지하고 살 수 있
는 삶이 있다 하면, 너는 과연 지금의
독방에서 네가 혼자 따뜻한 이불을
덮고 자며 끼니를 챙기며 사는 그것
에 불평불만을 하며 그것이 과연 지
옥의 삶이며 고통의 삶이라 말할 수
있겠는가?
12 너 혼자 쓰고 있기도 복잡하며 너 혼

자 살아가기도 어려운 그 방에 네가
많은 사람과 한 끼를 채우기 위해서
노력하며 다섯, 여섯 명이 수저를 들
고 같이 나눠 먹어야 하는 그와 같은
삶의 역사를 이룬다 하면 너는 과연
어떻게 생각하겠는가?
13 너희가 다섯 명이요, 열 명이 한방을
쓴다 하자.
14 그렇다 하면 너는 어떠하겠는가?
15 열 명 중에 하나를 빼 아홉이 남으면
너희들이 그 편안함을 알 것이며, 거
기서 아홉 명을 다 빼며 너 혼자 남았
을 때 그것이 궁궐이요, 하늘과 같은
천국의 삶이라 생각하지 않겠는가?
16 너희들은 그와 같은 이치의 깨달음을
알아야 할 것이며, 너희들에게 더 어
렵고 힘든 고통의 길이 수없이 있음
을 알아야 할 것이니, 오늘의 삶이 최
선의 행복이요, 영화요, 부귀요, 천국
이요, 궁궐의 삶이라 생각하여 바르고
곱게 사는 데 최선의 노력을 다하도록
하라.
17 그리하는 자에게 축복이 있을 것이니,
18 이를 불평불만 하며 이를 부족하다
생각하며 이를 원망하는 자, 더 어렵
고 힘든 역사의 삶의 고비가 있음을
잊어서는 아니 될 것이니라.

4,095 번째 하나님 말씀

2002년 11월 30일 08시 34분

1 사랑하는 나의 아들아!
2 "네, 아버님! 말씀하옵소서."
3 인간 너희들의 능력이 아무리 위대하
며, 너희들이 세상 것을 다 만들어 나
여호와에게 도전하고자 하는 마음을
가지며,
4 너희들이 신이 어디 있으며 나 여호
와 창조주가 어디에 있느냐 하며 오
로지 너희들의 머리요, 너희들의 기억
이요, 너희들의 그 위대한 생각 속에
모두를 다 이룰 수 있다 생각해도,
5 너희들이 추운 겨울의 그 매서운 바
람이 인간을 고통스럽게 한다 하여 불
어오는 그 겨울바람을 막을 수 있으며
그 오는 겨울을 막아 봄으로 만들 수
있는가?
6 너희들 인간이 아무리 모두를 다 이룬
다 하여도 그 고통스러운 겨울의 찬바
람을 봄바람으로 돌리는 그와 같은
역사를 이룰 수 없는 것이 너희들 인
간의 한계이며 너희들이 가지고 있는
그 뜻임을, 그리고 너희들이 이룰 수
있는 것과 이루지 못하는 것의 그 역
사가 거기에 있음을 알아야 할 것이
니라.
7 너희들이 추운 겨울의 추위가 고통스
럽다 하여 겨울이 오지 못하도록 할
수 없듯이,
8 인간 세상에 너희들이 살아가면서 나
의 성서의 비밀을 깨우치지 못하고는
정녕 하늘에 오르는 구원의 길을 볼
수 없으며 그 길을 가르칠 수 없다는
것을 너희들은 오늘 명심해서 들어야
할 것이니라.
9 너희들이 오는 계절이요, 세월의 흐름
을 막을 수 없는 것처럼,
10 너희들이 쇠퇴하여 노화되어 죽어 가
는 그와 같은 세월을 막을 수 없듯이,
11 정녕 하늘에 오르는 길이요, 천국에

오르는 길을 오고자 하는 자는 성서
에 숨어 있는 그 비밀을 깨우치지 못
하고는 정녕 나의 백성을 인도할 수
없으며 지도자라 할 수 없음을 너희들
은 알아야 할 것이니라.
12 오로지 성서를 깨우치고 그 비밀을 알
며 그 뜻을 아는 것은 나로부터 선택
된 나의 아들이요, 나로부터 명받은
자밖에 그를 알 수 없음을 너희들은
알아야 할 것이니라.
13 그리하여 지금 나의 아들을 통하여 너
희들을 깨우쳐 하늘에 오르는 참된
길을 보게 하기 위하여 내가 성서의
그 비밀의 문을 열 수 있는 열쇠를 지
금 내려보냄이니, 이는 곧 나의 법전
임이니라.
14 너희들은 나의 법전을 정독하고 정독
하여 읽었을 때 성서의 그 비밀을 알
며 나의 법전의 그 뜻을 알게 됨이며,
15 이를 바로 배우는 자, 바로 가르치는
자, 그리하여 너희들이 하늘에 오를
수 있는 그 참된 길을 볼 수 있음이니,
16 나의 법전을 정독하지 않는 자, 성경
의 비밀을 해독할 수 없으며 그 비밀
을 털어놓을 수 없으며 그를 알 수가
없음이니라.
17 이제 내가 제3의 시대를, 마지막 심판
의 시대를 열며 나의 아들을 통하여
성서에 있는 그 뜻을 해독하며 그 비
밀을 털어놓고자 함이니,
18 이를 깨우치는 자가 지도자가 되는 것
이요, 진정 나의 피조물 만백성을 구
원하는 인도자가 될 것이니,
19 너희들은 나의 법전을 정독하고 또 정
독하는 그 길밖에 없음을 알라.
20 나의 법전이 성서의 비밀이요, 하늘의
문을 여는 그 황금의 열쇠임을 너희들
은 잊어서는 아니 될 것이니, 이를 너
의 제자들에게 깨우쳐 전해야 할 것
이며, 만백성에게 전하도록 그리하라,
사랑하는 나의 아들아!

4,096 번째 하나님 말씀

2002년 11월 30일 08시 48분

1 사랑하는 나의 아들아!
2 "네, 아버님! 말씀하옵소서."
3 너희들이 육을 지탱하며 너희들 자신
이 계속 존재하며 살아가기 위하여 너
희들은 음식을 섭취하며 또한 거기에
따른 양분을 섭취하며 살아가나니,
4 너희들은 음식을 통하여 양분을 섭취
하지 못하면 견디지 못하고 존재하지
못하느니라.
5 그리하여 너희들은 지속적으로 계획
에 따라 계속 연결되는 속에서 음식을
섭취하며 양분을 공급하여 살아감이
니, 그 속에서 너희들의 육이 존재하
느니라.
6 그리하여 정상적인 육이 존재했을 때,
또한 그와 같은 너희들의 생활 속에서
영이 존재함이니,
7 영이 바르고 곧게 성장하는 것임을,
너희들은 그 이치를 알아야 할 것이
니라.
8 너희들이 1년에 먹을 음식을 하루에
다 먹고 1년을 지탱한다는 그와 같은
생각을 할 수도 있으나, 그는 이룰 수
없으며 할 수 없는 것이 아니던가?
9 너희들이 육에서 1년의 음식을 한 번

에 섭취한다 하여도 그를 소화시킬 능력이 없으며, 그를 섭취한다 해도 너희들 몸에서 받아들일 수 없는 것이 너희들의 한계가 아니더냐?

10 그리고 너희들의 소화 기능의 한계이니라.

11 그와 같이 너희들이 계속 단계적으로 소화시킬 수 있는 양분이요, 음식을 섭취함으로써 너희들의 육이 존재하며, 또 바른 육 속에서 영이 존재하는 그와 같은 삶을 살아가는 것이 너희들이니라.

12 너희들은 그리하여 평생 먹을 음식을 적절히 나누어 양분을 섭취하며 살아감이니, 그를 한 번에 다 먹을 수가 없는 것이니라.

13 너희들은 여기서 깨달음을 얻어야 될 것이니라.

14 너희들이 하늘에 오르는 길이요, 진정한 참진리를 깨우치는 것도 한 번에 세상 것을 다 깨우쳤다 말하는 자, 그들이 얼마나 어리석고 우매한 자들인가?

15 그들이 저희 스스로 환상에 젖어 있는 것을 알겠는가?

16 진정한 참진리요, 깨달음은 계속되는 삶 속에서 하나를 깨우치고 둘을 깨우쳐 얻는 것이니,

17 한 번에 무엇을 얻었다 하여 세상 것을 다 얻은 것처럼,

18 나로부터 선택받은 것처럼 그 환상 속에서 살아가는 백성들에게 스스로 제자리로 돌아올 수 있도록 나의 법전을 전해 주어야 할 것이니라.

19 너희들이 하나하나 깨우치는 그 속에서 참진리를 얻게 되며, 그 노력과 그 하나하나의 단계가 이루어지는 속에서 하늘에 오르는 그 길에 오를 수 있음을 알라.

20 한 번에 너희들이 무엇인가 변하는 역사를 바라지 말라.

21 그와 같은 것을 바라는 것도 다 너희들의 욕심이니라.

22 너희들은 한 끼 한 끼 양분을 섭취하며 소화시킬 수 있는 기능을 갖고 거기에 맞춰 살아감이니,

23 소화시키지 못할 분량을 먹었을 때 너희들에게 이상이 생기며 탈이 남이니라.

24 믿음이요, 깨달음 또한 그런 것이며, 나의 법전을 읽고 공부하고 깨우치는 것도 그러하니,

25 나의 법전을 서서히 읽고 정독하고 또 읽는 그 속에서 너희들이 완벽한 하늘에 오르는 그 길을 알 수 있으며, 성서의 그 황금의 열쇠를 알게 되어 있음이니,

26 서서히 전진하라.

27 꾸준히 노력하라.

28 중단하지 않는 삶을 살라.

29 땀 흘려 밑 빠진 독에 물을 붓는 그와 같은 삶을 너희들이 살아가야 함이니,

30 중단하지 않는 그 믿음이 중요함을 깊이 깨우쳐 그와 같은 행함으로 살아가라, 사랑하는 나의 백성들아!

31 나 여호와가 나의 아들의 제자 너희들을 사랑함이니, 너희들이 얼마나 소중한 자들인가를 잊지 말라.

4,097 번째 하나님 말씀

2002년 11월 30일 08시 54분

1 사랑하는 나의 아들아!

2 "네, 아버님! 말씀하옵소서."

3 너희들이 진정한 선과 악의 길에서 선을 선택해 사는 것도 악을 선택해 사는 것도, 너희들의 가슴에 마음과 생각만을 가지고 선과 악을 깨우쳐 행한다 생각하지 말며,

4 너희들의 머리의 판단으로써만 그리 이루어진다 생각하지 말라.

5 너희들의 가슴이요, 생각이요, 머리로써만 행해지는 것이 아님을 알아야 할 것이니라.

6 너희들의 모든 몸의 신체 구조에서 선과 악을 스스로 보며 그를 받아들이며 그를 발산시키는 그와 같은 기능의 역사가 이루어지고 사는 것이니,

7 그 많은 너희들의 육신의 기능 속에서 너희들 자신의 마음 하나를 다스리는 것이 얼마나 힘들고 어려운 길이던가?

8 그리하니 너희들이 마음 하나를 좁쌀보다 더 작은 마음으로 굳게 뭉쳐 그 속에서 선만 행하는 그와 같은 행동이 이루어짐으로 너희들이 바로 갈 수 있다 내가 너희들에게 일찍이 그리 가르쳤음이니라.

9 너희들이 살아가면서 말을 함이니라.

10 그 말을 하는 것도 너희들이 선한 말을 할 수 있으며, 악한 말을 할 수 있으며, 남을 저주하는 말을 할 수 있으니,

11 말로써 선과 악을 전하고 표현하는 그와 같은 삶을 살게 됨이니, 입이 그와 같은 역사를 이루는 것이니라.

12 그뿐이던가?

13 눈도 또한 마찬가지이니라.

14 너희들이 눈으로 보는 것도 선한 것을 보면 선한 것을 받아들이는 것이며 악한 것을 보면 악한 것을 받아들이는 것이니,

15 너희들이 눈으로 보고 선하게 생각하는 것은 너희들이 선을 세상에 전하는 것이요, 악한 것을 즐겨 할 때는 악을 세상에 전하는 그와 같은 행위가 되는 것임을 알아야 할 것이니라.

16 귀는 또 어떠하던가?

17 너희들이 악한 것을 들으면 악한 것을 받아들이는 것이요, 선한 것을 들으면 선한 것을 받아들이는 것이니,

18 너희들이 듣고 선하게 생각하는 것은 너희들이 선을 만천하에 전하는 그와 같은 변화를 이루는 것이니라.

19 너희들의 몸에서 겨울에 불어오는 찬 바람을 느끼며 봄에 따스한 봄바람을 느끼며 여름에 더운 바람을 피부로 느끼듯이,

20 너희들의 몸에 선과 악을 행함에 있어서 그와 같이 스스로 받아들이고 버리는 역할을 하고 있음이니,

21 그 모든 신체의 부분들이 다 악과 선을 선택하여 저희들이 행할 수 있는 그와 같은 것이니,

22 그 모두를 조정하고 다스리는 것은 너희들의 가장 작은 마음의 형태로써 함이니라.

23 너희들이 그리하여 좁쌀보다 더 작은 마음으로 너희 마음을 다스렸을 때,

그 모두를 이룬다 하였음이니라.
24 사랑하는 나의 아들아!
25 이와 같은 너희들의 그 모두가 이루어
지는 속에서 너희들이 선의 길을 선택
하는 것이 얼마나 소중하고 귀한지 알
아야 될 것이니라.
26 너희들이 살아가는 데 어떠하던가?
27 너희들이 모두를 다 그와 같이 너희
몸에 있는 것을 스스로 다스릴 수 있
는 것은 너희들의 마음 한 자리임이니
라.
28 너희들이 먹지 아니하여도 어느 정도
지탱할 수 있으며, 보지 아니하여도
살 수 있으며, 또한 듣지 아니하여도
살아갈 수 있음이니라.
29 그러나 너희들이 그것은 한계에 부딪
히는 것이며 어렵고 고통스러운 시련
속에서 너희들이 견디고 인내하는 것
이니,
30 그와 같은 너희들의 신체 구조에 달린
그들의 기능 속에서 그 모두를 다 통
제할 수 있는 것은 바로 너희들의 마
음 자세에 있음을 알아야 할 것이니라.
31 그리하여 너희들의 마음을 좁쌀로 만
들라 하였음이니라.
32 너희들의 마음을 좁쌀보다 더 작게 만
든 마음에서 핵폭탄보다 더 무섭게 선
하고 선한 것을 행하는 마음이 발산
될 때, 너희들은 창조주 나의 뜻에 의
해 살아가며 나에게 올 수 있는 백성
이 됨을 잊지 말아야 할 것이니 그리
알라.

4,098 번째 하나님 말씀

2002년 11월 30일 08시 59분

1 사랑하는 나의 아들아!
2 지금 나의 피조물 만백성 너희들이 구
원을 받는다며 달려오는 그 방법과 그
방향이 수천 년 동안 흘러온 지금에
와서는 내가 내린 황금의 뜻이 부식
되고 부식되어 무쇠가 되어 이제 그
속에서 떨어진 쇳가루가 오염되어 세
상에 번져 있는 것이 너희들이 밤마다
십자가에 불 켜 놓고 하늘을 향하여
찬란히 그리 세워 놓은,
3 너희 손으로 지은 성전이 곧 부식된
장소라 내가 너희들에게 깨우쳐 주었
음이니라.
4 이는 곧 성경을 연구하고 가르치며 깨
닫는다는 자들, 그 종교 집단의 지금
의 형국이니라.
5 내가 너희들에게 내가 내린 성령이요,
나의 뜻이 금으로 내린 것이 은으로
또는 동으로 되며 무쇠가 되어,
6 무쇠가 다 부식되어 그 쇳가루가 바람
에 날아가 앉은 것이 바로 너희들이
밤마다 십자가를 붙여 놓고 하늘을 향
하여 불을 켜 놓는 성전이라 하였음이
니, 바로 그것이 무엇이더냐?
7 너희들의 모든 종교 집단이 저희들 것
만 위대한 것이며, 저희들 것만 존경
하는 것이며, 저희들 것만 구원을 받
는 것이며, 저희들을 존경하고 따르는
것이 구원받는 길이다 그리 사분오열
되어 서로 개구리처럼 울부짖는 것이
너희들의 형국이 아니던가?
8 너희들 종교 지도자가 스스로 알아야

할 것이니라.
9 어찌하든 간에 이 종파의 그 모두가
하나로 통합되어 하나의 뜻으로써 너
희들이 하늘에 오르는 길을 가야 한
다는 것을 알고 있으며 그리되기를 너
희들은 소원할 것이니라.
10 서로 자기가 지은 성전의 그 뜻이 이
웃과 더불어 경쟁하지 아니하며 시기
하지 아니하며,
11 만백성을 가르치는 진정한 길을 너도
가르치며 나도 가르치는 그와 같은 통
합된 믿음의 길을 가고자 하는 것이
너희들의 소원일 것이며 그 뜻이 이루
어지는 것을 너희들은 원할 것이니라.
12 그리하여 지금의 경쟁이요, 그와 같이
사분오열되어 저희들만이 하늘에 오
르는 길이라며 서로 시기하고 질투하
는 그 자신이 얼마나 부끄럽고 추한
모습이며,
13 저 자신이 구원의 길을 모르면서 옳다
부르짖지 아니하면 아니 되는, 저 자
신이 구원의 길이 무엇이며 하늘에 오
르는 것이 무엇인지도 모르면서도, 잘
못 가는 길인지 알면서도,
14 '설마 이것이 구원받는 길이 아닐까?'
하여 그것이 맞다 부르짖는 너희 자신
이 얼마나 비참하고 처참한가를 종교
지도자 너희들은 알 것이니라.
15 그리하여 누군가가 이를 통합해 주기
를 바랄 것이니라.
16 그러나 하나로 통합하여야 한다 생각
하면서도 너희 인간들의 힘으로는 절
대 통합할 수 없음을 알고 있을 것이
니라.
17 이는 결코 하나로 통합될 수 없음을
너희들이 너무 잘 알 것이며 잘 깨닫
고 있을 것이니라.
18 그는 바로 무엇이더냐?
19 내가 내린 성경을 너희들이 완전히 제
대로 해석하는 자가 없으며 그를 해독
하여 가르치는 자가 없기 때문이니라.
20 그리하여 나 여호와가 새로운 시대를
열어 새로운 성령의 뜻을 세상에 전
함이니,
21 이는 곧 나의 법전이요, 이를 읽는 자
만이 성경에서 이해하지 못하며 깨닫
지 못한 그 비유의 뜻을 알 수 있게 된
다 내가 말하였음이라.
22 사랑하는 나의 아들아, 만백성에게 그
리 전하라.
23 너희들이 통합하고 싶으나 인간의 힘
으로써는 절대 하나로 통합할 수 없는
그를 이루기 위하여 작은 동양의 나
라에서 새로운 시대가 시작되며,
24 그리하여 여기서 나의 새로운 나라가
시작되고 세워짐이니,
25 그것이 바로 법전이요, 나의 성령이
내려가는 것이니라.
26 '하늘에 오르는 길'이요, '하나님! 말
씀하옵소서'라는 그 책이 나의 뜻이며,
27 내가 직접 너희들을 구원하고자 내려
간 구세주임을 잊어서는 아니 될 것을
깨우쳐 주라.

4,099 번째 하나님 말씀

2002년 11월 30일 09시 05분

1 사랑하는 나의 아들아!
2 "네, 아버님! 말씀하옵소서."
3 나의 피조물 만백성이요, 저희들이 구

원의 길이라 하여 지금 잘못 가고 있
는 그 백성들에게 내가 모든 눈을 뜨
는 그 가르침을 오늘 너를 통하여 내
림이니,
4 이를 보고 그들이 깨우쳐 하늘에 오
르는 축복과 영광을 얻으라 그리 말하
라.
5 나 여호와가 미리 성서에 기록하여 너
희들에게 깨우쳐 준 그 내용을 성서에
서 찾아야 할 것이며,
6 오늘 나의 아들을 통하여 내리는 이
내용을 성서에서 찾을 때 너희들은 눈
을 뜨게 됨을 알라.
7 나 여호와가 마지막 때 천 년의 안식
일이 시작될 때, 나의 성경을 해석할
수 있는 나의 아들을 세상에 보내게
되어 있으며, 그를 보낸다 하였으며,
8 지금의 성경을 완전히 해석한 다음에
새로운 성경, 나 여호와의 법전이요,
성령의 책이 세상에 편찬되어 새로운
역사가 이루어진다는 것을 내가 성서
에 이미 암시하였음이니, 너희들은 이
와 같은 뜻을 알아야 할 것이니라.
9 그리하여 나의 새로운 성서요, 성경의
가르침을 법전이라 하여 그 책이 세
상에 나갔을 때,
10 옛 성경을 그대로 고수하고자 하는 보
수적인 종교 집단의 방대한 힘과 그
조직들이,
11 나 여호와가 종교의 개혁이요, 너희들
이 진정 하늘에 오르는 그 길을 인도
하기 위하여 내가 성서를 해석하며 성
서의 뜻을 터득할 수 있는 열쇠인 법
전을 내려보내는 것을 목숨을 걸고 극
렬히 반대하는 자들과 극심한 대립의
현상이 이 세상에 이루어짐이니,
12 이는 인간 세속에 너희들이 죽고 사는
전쟁이 아니라 하늘나라에서 이루어
지는 전쟁이 시작됨을 알고 있어야 될
것이니라.
13 나 여호와를 핍박하며 나 여호와에게
도전하는 그와 같은 보수적인 자들이
요,
14 옛 성서를 가지고서만이 구원을 받는
다는 극렬한 자들과 무한한 전쟁이 이
루어진다 함을 성서에 미리 기록하여
두었으니, 그 뜻을 너희들은 성서에서
찾아봐야 할 것이니라.
15 지금 내려가는 나의 법전이 잘못된 것
이라며 극렬히 반대하며 이를 세상에
존재치 못하게 하려는 그 종교 집단
이요,
16 옛 뜻을 고수하고자 하는 그들은 나
여호와에게 도전하는 것이며,
17 나 여호와에게 대듦을 알아야 할 것이
니,
18 나 여호와에게 전쟁을 선포하는 것임
을 알라.
19 지금의 종교 집단과 극렬 보수파, 너
희들은 정녕 나의 새로운 종교 개혁
이요, 나의 뜻을 꺾고 나의 이 법전에
기록된 내용들을 다 접어 두고 너희
들이 승자가 될 것 같으나,
20 이는 너희들이 서서히 쓰러져 감이니
라.
21 나 여호와의 뜻에 의하여 새로운 나의
성령을 믿고 따르는 백성에 의하여
너희들은 서서히 패망할 것이며,
22 너희들이 불을 켜 놓고 밤마다 나를
고문하는 십자가를 세워 놓은, 그 손

으로 지은 성전은 서서히 문을 닫게 될 것이며 그곳에는 서서히 거미줄을 칠 것이니,

23 그 모두를 방해하는 백성 너희들은 나 여호와에게 심판을 받게 된다는 것을 잊어서는 아니 될 것이니라.

24 나에게 도전하는 지금의 종교 집단이요, 그리고 새로운 역사로써 만백성을 구하는 나의 심판의 법전이 세상에 나가는 것을 짓밟고 그에 거부하는 자,

25 너희들이 나로부터 심판을 받으니 그 대가를 치를 것이며, 그 대가가 얼마나 무서운 것인가를 알게 될 것이니라.

26 그리하여 그와 같은 전쟁이 이루어짐이니, 너희들이 밤마다 불을 켜 놓고 나를 고문하는 그 성전으로 지은 것은 문을 닫게 됨이니,

27 그 종파요, 내가 개혁하고자 하는 종교의 개혁은 이루어질 것이며 믿음의 세상은 통일되어 내가 원하는 지상의 낙원이 이루어짐이니,

28 창조주 나 여호와와 더불어 불멸의 세상에서 살게 되는 자들이 지금 나의 법전을 읽고 나를 따르는 너희들임을 알아야 될 것이니라.

29 이미 이와 같은 법전이요, 심판이요, 구시대의 보수적인 옛날의 믿음은 존재할 수 없다는 것이 전해져 있음을 너희들은 성서에서 찾아야 할 것이니라.

30 지금 마지막 시대의 심판이며, 그 심판을 위하여 내가 너희들에게 보내 줌이니,

31 이게 곧 나의 아들을 통하여 내려가는 나의 책이요, 법전임을 잊지 말라.

32 160권의 법전을 세상에 내려보냄이니, 너희는 이것이 너희들의 구세주요, 이를 읽지 않고 정독하지 않는 자, 세상에 다시 태어날 수 없음을 알라.

33 너희들은 나의 새로운 성령이 대신 내려옴을 믿으려 하지 아니하며, 아직도 그를 상상하지도 못하며, 그를 생각도 하기 싫어하는, 성서가 새로 내려온다는 그 자체를 꿈에라도 보기 싫어하는 것이 너희들이니라.

34 그러나 지금 다시 내려보내는 법전이 곧 너희들을 깨우치는 길이며, 너희들을 구원하는 절대적인 길임을 알아야 할 것이니라.

35 이 깨달음을 얻지 못하는 자 영원히 구원을 받지 못할 것이니,

36 그리하여 내가 지금 너희들에게 강력히 깨우쳐 줌이니, 이것이 마지막이요, 마지막 시대에 이루어지는 마지막 기회라 하는 그 깨달음을 잊어서는 아니 될 것이니 그리 알라.

2002년 12월

4,100 번째 하나님 말씀

2002년 12월 1일 07시 26분

1 사랑하는 나의 아들아!
2 "네, 아버님! 말씀하옵소서."
3 지금 믿음의 길을 가고 있는 그 많은
백성들이, 또 그들을 가르치는 자들이
성서에 있는 그 내용을 그대로 깨닫
고 이해한다면 오늘에 나의 법전이 세
상에 내려와 만백성을 구하는 것이며
새로운 성서인 나의 뜻이 내려온다는
것을 그들은 다 알 것이니라.
4 새로운 보혜사가 온다 말하였음이니
그게 무엇이더냐?
5 새로운 성경이 세상에 내려와 너희들
을 구원하고 깨우친다는 그와 같은 뜻
을 거기에 내가 기록하여 깨우쳐 주
었거늘,
6 그 자체를 너희들은 부정하며 인정하
려 하지 않음이니, 너희들이 바로 그
러하니라.
7 나의 아들 예수가 다시 재림하면 무엇
하며 내가 내려가면 무엇하겠는가?
8 그것이 지금 믿음의 길을 가고 있는
너희들의 잘못된 형국이니라.
9 너희들은 동양의 나라, 동쪽의 나라,
해가 뜨는 곳에서 새로운 역사의 왕이
세상에 내려온다는 것을 다 알고 있으
며, 그를 들어서 아느니라.
10 그러나 스스로 그 왕이 저희라 생각하
며, 또한 저희가 되어야 하기 때문에,
저희가 아니면 아니 되기 때문에, 나
의 법전 160권이 세상에 나가 대역사
를 이루건만 그를 믿으려 하지 아니하
느니라.
11 너희들이 한두 권의 말을 기록하는 그
와 같은 역사의 것이 아니니라.
12 너희들은 말로써 떠들고 전하는 것은
소중히 생각하며 한마디 듣는 것은 귀
한 줄 알면서, 모두 책으로 기록하여
전하는 그와 같은 역사는 믿지 않으
려 함이니,
13 너희들이 선지자요, 대제사장이요, 대
역사를 이루는 나로부터 선택된 그
지도자들이 과연 책으로써 글로써 역
사한 사람들이 얼마나 있느냐?
14 너희들이 선지자요, 대제사장이라 하
는 그들이 나로부터 명을 받고 꿈으
로 환상으로 명을 받으며 저희들이 나
로부터 직접 명을 받아 역사하였다 해
도 그들은 말로써 전하였으며 그 뜻을
들어 전하였음이니,
15 직접 이와 같이 책으로써 글로 만들어
전하는 선지자요, 예언자요, 나의 아
들이 어디 또 있었던가?
16 너희들은 이를 믿으려 하지 아니함이
니, 그러하니 너희들이 어찌 구원을
받으며 정녕 하늘에 오르는 길을 오며
나 여호와의 품에 올 수 있다 말하는
가?
17 성서에 기록되어 새로운 보혜사요, 나
의 성령이 다시 내려감을 내가 일찍이
너희들에게 깨우쳐 주었으며, 너희들
이 지도자요, 예언자로부터 동쪽의 나

라요, 동양의 나라에서 새로운 왕이
온다 함은 다 알고 있는 사실인 것이
니라.
18 그와 같은 역사에서 왕이란 나의 뜻이
요, 나의 성령이요, 마지막 너희들을
심판하는 나의 뜻이니,
19 과연 너희들은 한 인간이 160권이라
는 이 법전을 기록하여 이와 같은 역
사를 이룬다 생각하는가?
20 너희들은 너희 자신이 왕이라 하지
아니하며 너희 자신이 선택되지 아니
한 것 때문에 이를 믿고 깨달으려 하
지 아니함이니라.
21 이제 사랑하는 나의 아들아, 너의 제
자들에게 명해야 될 것이니라.
22 이 세상에 너희들에게 가장 소중하며
가장 기쁜 것이 무엇인가, 그리고 구
원을 받는 것이 무엇인가?
23 바로 너희들이 스스로 변화되는 것이
가장 행복하고 가장 기쁘며,
24 나 여호와가 존재함을 알며 내가 어찌
역사하고자 하는지 아는 백성들, 그리
하여 내가 있음을 알며 내가 존재하기
에 하늘의 두려움을 알며 창조주의
두려움을 아는 마음으로 살아가는 너
의 제자들은, 스스로 지금의 변하는
것을 그들은 모르나, 세월이 지나고
난 다음에 그들이 변해져 있는 자리를
알게 될 것이니라.
25 그리하여 그들에게 전하라.
26 너희들은 지금 너희들의 육신이요, 너
희들의 평화를 위해서 존재한다는 생
각을 하지 말라.
27 어찌 눈앞의 손톱 밑에 가시가 박힌
것만을 아프다며 빼려고 하는가?
28 너희들이 160권의 나의 성령을 받아
만백성을 구하는 그 대역사를 이룸이
니,
29 거기에 너희들의 안위요, 따뜻한 집
에서 배불리 먹고살고자 하는 그와
같은 것을 위한 나의 성령이요, 나의
뜻이요, 내가 내리는 축복이라 그리
생각하지 말라.
30 너희들은 그와 같은 것은 이미 다 벗
어난 자들이니라.
31 너희들은 대역사를 이루며 만백성을
구하는 나의 법전을 세상에 만들어 내
는 대명을 받았음이니,
32 너희 자신이 가루가 되어 없어진다 하
여도 이 역사를 이루는 것에 비하면
오늘에 육의 금화요, 은화를 거둬들이
며 축복과 영광을 받는 것을 생각하지
말라.
33 예수의 제자들도 새로운 왕이 왔을 때
그들이 권력이요, 부귀와 영화를 누릴
것이라 생각하였으나, 너희들은 그리
생각해서는 아니 되느니라.
34 너희들의 육신이 가루가 되고 마음이
천 갈래 만 갈래 갈라지는 그 아픔의
고통이 있다 하여도 만백성을 구하는
대업을 이루는 자들로 선택된 백성들
이니,
35 너희들이 아니면 이 역사는 이루어질
수 없음이니, 너희 자신을 생각하지
말라.
36 '나'를 생각하지 아니하는 자만 존재
한다 하였으니, 너희들의 부귀와 영화
요, 편안한 육의 삶이 나의 축복이요,
영광이요, 내가 역사하는 것을 거기에
비교하여 생각한다면 자신에게 복을

달라며 비는 자들과 무엇이 다르더냐?
37 다만, 그들은 말로써 비는 자들이요,
너희들은 마음속으로 더 빌고 고대하
는 그와 같은 불쌍한 백성이니, 그것
을 벗어나야 함을 알라.
38 너희들은 대명을 이루는 자요, 만백성
을 구하며 새로운 지상의 낙원을 하늘
과 같이 이루는 역사를 이루는 자들이
니,
39 너희들의 부귀와 영화요, 너희들의 편
안함을 먼저 생각해서는 아니 될 것이
며, 그를 내가 내리지도 아니할 것이
니라.
40 대명의 역사를 위하여 생각하고 그리
노력하고 가라.
41 모두를 다 던져서 그 역사를 이루라.
42 그 역사를 이룬 다음에도 너희들에게
그 축복이 없거든, 너희들은 무슨 축
복을 원하는가?
43 육으로 황금이요, 금화요, 은화를 가
슴에 쌓는 축복을 원하는가, 너희들의
마음이 변하며 생각이 변하며 세상을
아름답게 보며 새들의 울음소리요, 짐
승들의 울음소리가 무엇인가를 깨닫
는 그와 같은 축복을 얻길 원하는가?
44 너희들은 여기서 깊이 깨우쳐 생각하
는 바가 있어야 할 것이니 그리 알도
록 하라.

4,101 번째 하나님 말씀

2002년 12월 1일 12시 01분

(강론을 마치며)

1 사랑하는 나의 아들아!
2 "네, 아버님! 말씀하옵소서."
3 내가 너를 사랑하는 아들이라 부름이
니 남들이 말할 것이니라.
4 어찌하여 형체도 없고 보이지도 않는
여호와요, 하나님의 아들이라 제가 감
히 말하는가 그리 말할 것이니라.
5 창조주 내가 만든 모든 백성 너희들
이 다 여자는 나의 딸이요, 남자는 나
의 아들임이니,
6 내가 그리 부르는 것을 시시비비를 한
다 하면 그는 어떠한 것을 아는 자인
가?
7 콩깍지는 알아도 그 속에 있는 콩의
형태는 모르는 자들이니 너희들은 그
와 같은 자들에게 개의치 말도록 그
리하라.
8 내가 오늘 너의 제자들에게 이름이니,
너희들이 하늘에 오르는 길이요, 정녕
구원을 받는 길은 너희 형제가 대신해
줌도 아니요,
9 너희 부모가 대신해 줄 수 없는 것임
을 알라.
10 스스로 너희들이 이루어야 하는 것이
며 너희들이 역사해야 하는 것이며,
11 스스로 구원을 받고 못 받는 것은 너
희들에게 달렸음을 잊어서는 아니 될
것이니라.
12 너희들 스스로 어찌 변화되며 너희들
스스로 어찌 깨우치느냐에 따라서 그
모두는 스스로 너희들에게 달렸다 함
을 잊어서는 아니 될 것이니라.
13 그렇다면 이제 너희들은 가슴에 손을
얹고 너희 스스로 한번 생각해 봐야
될 것이니라.
14 과연 너희들이 나에게 한 점의 부끄
럼이 없으며, 지금까지 살아오는 그

속에서 너희들이 나에게 구원을 받을
수 있는 진정 그 삶을 살 수 있었는가?
15 많은 종교 지도자들이요, 오로지 저희
들이 가는 길만이 진정한 믿음의 길이
라 그리 소리치며 맹신하는 자들일수
록 제가 혼자 조용한 밤에 저 자신을
돌이켜 볼 때,
16 그 자신이 지금의 믿음이 잘못됨을
잘 알고 있으며, 잘못 가고 있음을 누
구보다도 잘 아는 것이 그들이라 하였
음이니라.
17 또한 너희들 제자들이 그러하니라.
18 너희들 스스로 자신에게 점수를 매겨
봐 '내가 과연 구원을 받을 수 있는 자
리에 와 있으며 그 점수에 와 있는
가?'
19 자기 스스로 깨우치는 반성의 생활과
반성의 시간을 갖지 아니하면 너희들
이 정녕 구원을 받을 수가 없음이니라.
20 너희들이 잘못 살고 잘못 가는 것도
너희 자신보다 그 누구도 더 잘 아는
자 없으니, 너희 스스로 자신에게 점
수를 매기는 그와 같은 삶을 살아가
도록 그리하라 전하라.
21 너희들이 스스로 너희들의 점수를 매
기기에 가혹하리만큼 완벽한 자세로
써 너희들을 평가하는 그와 같은 단
계를 거치지 아니하고는 너희들이 정
녕 구원을 받을 수 없다는 것을 내가
오늘 나의 아들을 통하여 다시 너희들
에게 전함이니,
22 구원은 스스로 받음을 잊지 말고 명심
하도록 그리해야 할 것이니라.
23 내가 이제 세상에 내려가는 나의 법
전의 3부까지는 각 민족의 언어와 뜻
으로써 전해지며,
24 그리고 4부부터는 이 동양의 나라요,
동쪽의 나라요, 해 뜨는 나라에 내 새
로운 왕이 올 것이라 하였음이니,
25 4부부터는 너희들의 그 언어와 뜻으
로써 세상에 나가는 그 역사가 이루어
질 것이니라.
26 오로지 너희들의 마음 자세며 너희들
이 과연 그 역사에 동참할 수 있는 자
인가를 너희들 스스로 깨우치는 데 시
간이 없음을 알아야 할 것이며,
27 너희들 스스로 잘못되었을 때 그를 고
치고 바로 섬에 있어서 너희들이 시간
이 없다는 것을 잊어서는 아니 될 것
이니라.
28 이제 곧 역사함이니 시간이 없음이니
라.
29 너희들이 지금 바로 서지 아니한다면
영영 나로부터 구원의 길에 오를 수
없음이니,
30 너희 스스로 자신에게 점수를 냉혹히
매겨 이제 바로 서는 그와 같은 삶을
살도록 하며,
31 한 점의 부끄럼 없는 너희 자신으로
다스려 나가는 데 최선을 다하도록 그
리하라.
32 그리해야만 나의 역사가 이루어짐을
너희들이 잊어서는 아니 될 것이니 그
리 알라.

4,102 번째 하나님 말씀

2002년 12월 2일 08시 57분

1 사랑하는 나의 아들아!
2 "네, 아버님! 말씀하옵소서."

3 일국의 한 나라를 다스리는 왕이 아니
요, 몇 개의 나라를 통일하는 제국을
이루는 왕의 가는 길도 아니니라.
4 이 세상 모든 만백성을 구하는 나의
법전이요, 나의 성령으로써 만백성을
통일하며 구원하는 그 길을 가야 하는
네가 어찌 가야 하며 네가 얼마나 소
중한 자인가를 알겠는가?
5 한 나라를 다스리기 위한 왕도 적이
있으며 그를 멸하려는 자가 있으며 그
를 폐망케 하는 자가 있음이니,
6 또한 제2의, 제3의 나라를 정복하여
다스리는 그 제왕과 같은 자의 고통
은 얼마나 있으며, 그를 시시때때로
넘보는 그의 적들이 얼마나 많이 있겠
는가?
7 하물며 너는 지금 세상의 만백성을
통일하며 하나의 종교 개혁을 이루어
하나로 이루고자 하는 대명을 받았음
이니,
8 지금보다도 모든 종파들이 가지고 있
는 그 뿌리요, 그들의 물리적인 힘이
요,
9 그리고 물질적인 그 힘이요, 그 방대
한 조직은 네가 어떠한 무력으로써
제왕이 한 나라요, 두 나라를 제압하
는 것보다도 몇천 배 더 어렵고 힘든
역사의 길을 가야 함이니,
10 네가 어찌 가야 하며 네가 어찌 서야
할 것인가를 아는가?
11 너와 너의 제자들 또한 수십억의 종파
들이 다 저희들이 하늘에 오르는 길이
라 하여 갈라지고 찢어진 그들을 하나
로 만들어 공통어로써 그들이 하나의
언어를 쓰도록 하며
12 믿음의 종교 개혁을 이루어 한길로 갈
수 있도록 하는 그 역사를 이루어야
할 네가 얼마나 방대하고 소중한 임무
의 역사를 이루는 것이며 얼마나 귀중
하고 위대한 역사를 이루는 것인가를,
13 너 자신을 알아야 할 것이니, 네가 그
리 행해야 하지 아니하겠는가?
14 그와 같은 역사를 이루는 자, 너에게
대적할 자 없으며 너를 따를 자가 없
음이니라.
15 이 세상 모든 종파의 문을 닫게 하며
그들을 하나로 통일하는 것이 제국을
이루는 것보다도 얼마나 힘들고 어려
운 것인가를, 너는 그를 알아야 할 것
이니,
16 너 자신이 함부로 처신함도 안 되며,
네가 함부로 행동함도 안 되며,
17 네가 남들과 완벽한 차별화의 그 삶
으로 살아가는 모습이 보이지 아니할
때 그 모든 역사는 이루어질 수 없음
을 알아야 할 것이니라.
18 그러하니 네가 어찌 행동해야 하며,
너의 제자들이 어찌 행동해야 하며,
또한 네가 어떠한 마음을 갖고 가야
하며,
19 너의 제자들이 어떠한 마음을 갖고 가
야 하며, 어떠한 언행으로써 세상을
지배하고 살아가야 하는가 그들에게
깨우쳐 주며,
20 너 자신의 소중하고 귀함을 알라.
21 너희들 자신을 함부로 다루는 그와 같
은 삶을 살지 아니하도록 그리 전하라.

4,103 번째 하나님 말씀

2002년 12월 2일 09시 02분

1 사랑하는 나의 아들아!
2 "네, 아버님! 말씀하옵소서."
3 이 세상 나의 피조물 만백성 너희들이
믿음의 길을 깨우치며 하늘에 오르는
길을 달려가는 자,
4 그리고 스스로 세상사 이치를 깨달아
한 점의 부끄러움이 없이 살아가고자
노력하는 자,
5 그 모두가 스스로 깨우침을 얻으며 바
른길을 살아가고자 하는 것이 너희들
의 마음이니라.
6 누가 죄를 짓기 원하며 누가 사악한
짓을 하기를 원하겠는가?
7 그와 같은 마음을 가지고 사는 백성이
없음이니라.
8 그러나 너희들은 여기서 깨달아야 할
것이니라.
9 평소 너희들이 살아가는 그 생활 속
에서 누구든 너희들이 말하는 성인군
자가 되지 못할 자 어디에 있으며, 천
사와 같은 자가 되지 않을 자 어디 있
겠는가?
10 그러나 너희들은 알아야 함이니, 너희
들이 살아가는 평범한 생활 속에서
어떠한 변화가 없는 그 속에서 너희들
은 그와 같이 아름다운 마음을 가지고
살아갈 수 있음이니라.
11 그러나 너희들이 부득이한 상황에 부
닥치며 어떠한 평소에 생각하지 못했
던, 자신을 다스릴 수 없으며 억제할
수 없으며 남으로부터 핍박을 받으며
남으로부터 인격적인 모독을 받으며
남으로부터 무시를 당하는 그와 같은
행위가 이루어졌을 때,
12 과연 너희들은 그때도 그와 같이 성인
군자의 자세로써 살아가는가?
13 여기서 너희들은 그와 같은 깨달음의
이치를 얻어야 할 것이니라.
14 너희들이 긴박한 상황이요, 남으로부
터 도저히 참을 수 없는 일이며 용서
할 수 없는 그와 같은 상황에 부닥쳤
을 때,
15 너희들이 말하는 성인군자와 같은, 천
사와 같은 마음으로 행동할 수 있는
자가 정녕 깨달은 자며, 변화의 역사
가 이루어지는 자임을 알아야 될 것이
니라.
16 그렇지 못한 자, 평소에 너희들의 마
음에 있는 그 뿌리를 뽑지 못하여 너
희 스스로 외형으로 누르고 사는 자,
17 유사시에 너희 마음의 불과 같은 성
격이요, 또 남을 공격하고 남에게 지
지 아니하려 하는 성격이 돌출되는
그와 같은 행동을 한다면 너희들은 정
녕 깨달은 것이 아님을 알아야 할 것
이니라.
18 너희들이 정녕 나 여호와가 같이하고
있으며, 나 여호와가 있으며, 내가 존
재함을 귀하게 생각한다 하면,
19 너희들이 평소에 천사와 같은 마음을
가지고 사는 그 마음이 유사시에 긴박
한 상황이 닥친다 하여도 그와 같은
상황에서 너희들 마음이 그와 같은 행
동을 할 수 있으며,
20 너희들이 도저히 이해할 수 없으며 용
서할 수 없으며 참을 수 없으며 인내
할 수 없는 그와 같은 상황에서 너희

들이 인내하고 참을 수 있는 그와 같
은 삶을 사는 것은
21 나 여호와가 너희들과 항상 같이하고
존재한다는 그 생각을 잊지 아니하는
자만이 그리 갈 수 있음을 너희들은
알아야 할 것이니라.

4,104 번째 하나님 말씀

2002년 12월 2일 09시 07분

1 사랑하는 나의 아들아!
2 수천 년 동안 믿음의 그 길을 가고 있
는 백성들이 과연 어떠한 형태로 살
아가는가?
3 그들은 저 자신에 빠져 있으며, 저 자
신의 착각에 빠져 있으며,
4 저 자신에 의하여 저 자신을 다스리
지 못하는 그와 같은 삶을 살아가고
있는 자들이니라.
5 그리하여 저희들이 그 믿음 속에 빠
져 있기에 그들은 한쪽밖에는 볼 줄
모르는 그와 같은 어리석은 믿음이요,
6 어리석은 생활로써 저희들이 구원을
받는다 그리 생각하는 것이니라.
7 전체요, 모두를 다 보며 노력해도 갈
까 말까 한 그 길을 한쪽만을 보고 맹
신하는 그들이 과연 어찌 구원의 길을
보겠는가?
8 저 자신에 빠져 있는 자, 한쪽밖에 보
지 못하는 자는 맹신자가 되는 것이
며,
9 그리하여 저희들이 구원을 받았다 하
며 그리하여 맹목적인 믿음에서 깨어
나지 못하는 그와 같은 백성들이니라.
10 그와 같은 나의 피조물 만백성들이
수천 년 동안 믿음의 속에서 흘러왔음
이니,
11 그리하여 맹신하는 자, 맹목적으로 따
라가는 자들이 있기에 잘못 가는 종교
지도자, 잘못된 종교 지도자들이 세
치의 혓바닥으로 나의 피조물 만백성
을 구원의 길이라 인도하면서 그들을
지옥으로 끌고 가고 있음이니, 그와
같이 지금 하고 있는 것이 그들의 믿
음의 형국이니라.
12 너희들은 그와 같은 백성들을 구원하
며 그들에게 나의 법전을 전해 줘 그
들이 눈을 뜨게 하며 그들을 깨우쳐,
13 정녕 저희들이 지금 가고 있는 믿음이
한쪽밖에 보지 못하는, 저 자신에 빠
져 저 자신에 도취되어 있는 그 마음
의 문을 열어 주도록 그리함이 무엇보
다도 소중함을 너희들은 알아야 할 것
이니라.
14 너희들의 가장 큰 기쁨이요, 가장 큰
행복이 무엇인 줄 알겠는가?
15 너희들이 변화되는 그 아름다운 삶을
사는 것이 가장 행복한 것이니라.
16 진정한 진리의 길이 무엇인가를 깨달
으며, 자기가 가고 있는 길이 구원의
길이며, 정녕 참길이며, 저 자신이 변
해 가고 있는 것이요,
17 맹신이요, 맹목적으로 믿음을 가던 그
속에서 하늘의 이치를 알며 나의 법전
을 읽고 깨우쳐 정녕 어떠한 것이 하
늘의 길을 가는 것인가 저희들이 스
스로 그 길을 얻을 때,
18 그리고 저희들이 한 점의 부끄러움이
없는 삶을 살아갈 때,
19 그리고 십계명을 지키며 나의 법전대

로 살아가는 그와 같은 마음으로 변
할 때
20 너희들이 그 속에서 가장 큰 기쁨이
요, 영광을 얻는 것이며 너희들에게
가장 큰 행복임을 알아야 할 것이니
라.
21 너희들은 인생사에 살아가면서 평소
건강할 때 그 병마의 무서움을 아는
가?
22 병마에 시달리고 너희들이 숨을 거둬
야 하는 그와 같은 고통 속에 있을 때
너희들이 평소에 건강관리를 잘못한
것을 얼마나 후회하던가?
23 건강함이 얼마나 소중한 것인지, 세상
에 무엇보다도 행복한 것이 건강이라
는 것을 알게 됨이니, 그때는 이미 때
가 늦지 아니하던가?
24 너희들이 지금 변해져 가고 변화되는
그 모습이 하늘에 오르는 길이며 영광
된 길임을 너희들은 알아야 될 것이니
라.
25 정녕 행복한 자 행복한 줄 모르며, 행
복을 잃었을 때 행복에 취했던 그 지
난날이 얼마나 소중하고 아름다운지
를 그때서야 느끼게 됨이니,
26 너희들은 행복을 잃어버리고 건강을
잃어버리고 모두를 다 잃어버리고 고
통이 너희들을 엄습할 때 그 모두의
소중함을 깨닫는 것이 너희들의 마음
자세이니라.
27 지금 너희들이 나의 법전을 보고 아름
다운 모습으로 살아가며, 아름다운 마
음으로 살아가며, 너희들 스스로 변하
는 것을 알며,
28 착하고 선하게 사는 것이 무엇이며,
십계명을 지켜야 하는 이유가 무엇이
며,
29 나 여호와가 제3의 시대에 나의 법전
을 세상에 내려보내니 그 뜻이 무엇인
가를 깨달아 그를 실천하고 살아가고
자 하는 그 마음을 가졌을 때,
30 그 속에서 영광과 축복과 영화가 있음
을 잊어서는 아니 될 것이며, 그게 가
장 큰 기쁨이요, 영광이요, 행복임을
알라.

부 록

【하나님께서 가르쳐 주신 운동】

천재지변이 일어날 때, 동물이나 미물들은 미리 알고 대피하지만, 인간은 알지 못하고 큰 화를 당합니다. 하나님께서 인간에게 가장 높은 지혜를 주시고 완벽하게 창조해 주셨기에 동물들보다 더 잘 알 수 있지만, 욕심으로 마음이 혼탁해져서 한 치 앞을 보지 못하는 것입니다.

마찬가지로, 인간은 누구나 스스로 필요한 운동을 해서 건강을 지킬 수 있도록 하나님께서 만들어 주셨습니다. 우리의 머리에서 우리 몸에 필요한 동작을 해 달라고 끊임없이 신호를 보내지만, 인간이 혼탁하게 살아서 그 신호를 알아채지 못합니다. 그러니 자연스럽게 자기 몸이 원하는 그 신호를 따라서 운동하는 것이 하나님께서 가르쳐 주신 운동 방법입니다. 바로, 우리의 영이 육을 이끄는 운동입니다.

▶ 하나님 운동법

1. 눈을 감고, 발을 어깨너비로 벌리고 바르게 선다.
2. 몸에 힘을 풀고, 허리를 숙이면서 손과 머리를 아래로 내린다.
3. 허리를 펴고 싶을 때, 천천히 펴면서 하고 싶은 동작을 하면 운동이 시작된다. (사람마다 다르다.)
4. 멈추지 말고, 어떤 동작이든지 자기 몸의 느낌대로 계속 이어서 한다.

▶ 참고 사항

① 눈을 감은 상태로 아무 생각 하지 않고, 자기 몸의 느낌대로 움직입니다.

② 마음을 비우고, 욕심을 버리고, 지난날의 잘못을 반성하면서 몇 차례 시도하다 보면, 자기도 모르게 하고 싶은 동작이 끊임없이 생깁니다.

③ 운동 장소는 방 안이든 운동장이든 관계없으며, 걷거나 달리고 싶을 때는 눈을 떠도 됩니다.

④ 매일 40분 이상, 주 4회 이상, 3개월 이상 하면 음식 조절에 들어갑니다.
- 음식으로 생긴 병은 음식으로 치료하게 되며, 어떤 음식을 먹어야 하는지 스스로 알게 됩니다.
(자기 몸에 필요한 음식만 먹고 싶어집니다.)

⑤ 사랑하는 사람과 함께 운동하면 서로 치료해 주기도 합니다.

⑥ 운동을 하다가 몸의 어느 한 부분을 계속 손으로 자극한다면 그쪽에 이상이 있는 것이니, 의사에게 상담을 받고 적절한 치료를 받으면 됩니다.

⑦ 다이어트 및 기타 건강관리에 효과적입니다.

⑧ 꾸준히 운동하여 영이 맑아지면, 자신의 과거와 미래를 스스로 보게 됩니다.

누구나 스스로 하실 수 있습니다.

간 행 사

《새로운 성경》은:

· 새로운 성경은, 하나님께서 선량하고 선한 자를 선택하여 십계명을 암송하도록 하시고, 십계명을 암송한 다음에 음성으로써 들려주시는 말씀을 듣고 그대로 카세트테이프에 녹음해서 받아쓴 책입니다.

· 90분짜리 녹음테이프 700여 개에 달하는 말씀으로, 1999년 8월부터 2004년 7월까지 총 160권(권당 288쪽)을 완성하였으며, 그 이후에도 현재까지 계속 말씀을 내려 주고 계십니다.

· 새로운 성경은 "하늘을 두루마리 삼고 바닷물을 먹물 삼아 쓰고 써도 다 못 쓴다"는, 끝없이 방대한 하나님의 말씀이 두루마리로 직접 내려오는 것입니다. 이러한 새로운 성경은 구약과 신약을 폐하려는 것이 아니라 "인봉된 성서의 비유의 뜻"을 상세히 설명하여 완성하고자 하나님께서 직접 내려 주신 말씀입니다.

《새로운 성경》의 구성:

· 제 목: 2013년, 160권 모음집을 발간하면서, 본 도서의 제목을 "하나님! 말씀하옵소서"에서 《새로운 성경》 으로 명해 주셨습니다.

· 단행본: 각 권당 288쪽(신국판) 책이 160권까지 시리즈로 출판됩니다.
(모음집은 단행본을 16권씩 묶어서, 총 10부로 구성됩니다.)

《새로운 성경》의 성경적 근거:

· 신약 성경 [요한복음] 16장 13절에 "진리의 성령이 오시면 그가 너희를 모든 진리 가운데로 인도하시리니 그가 자의로 말하지 않고, 오직 듣는 것만을 말하며" 하신 말씀처럼 하나님의 음성을 들은 것만 기록하였으며,

· "장래 일을 너희에게 알리시리라" 하신 말씀과 같이 개인, 나라, 인류의 "장래"일을 하나님께서 알려 주시는 것만 기록하여 책으로 만들었습니다.

《새로운 성경》의 기록 방법:

· 1999년 8월부터 하나님께서 저에게 들려주시는 음성을 기록하였습니다. 처음에는 제가 들은 말씀을 불러 주면 저의 아내가 기록하여, 2000년 1월 29일에 1권 초판이 세상에 나왔습니다. 2000년 4월부터는 주시는 말씀을 받아 녹음기에 기록하여 시리즈로 출간하기 시작하였습니다.

· 녹음을 시작하면서 하나님의 말씀을 받는 데 가속도가 붙었고, 2001년 5월 3일에 1부(1~16권까지)를 인쇄하여 출판하였으며, 2004년 7월까지 총160권 분량의 말씀을 받아 기록하였습니다.

하나님께서 저에게 주신 것은:

· 첫째, 만백성을 상대로 내려 주시는 "기도", 둘째, 수시로 내려 주시는 "묵상", 셋째, 개인의 과거, 현재, 미래를 알려 주시는 "개인 기도", 넷째, 개인의 건강을 위해서 내려 주시는 "음식 처방", 다섯째, 하나님께서 가르쳐 주신 "운동"등이 있습니다. 이 중에 첫 번째, "기도"를 책으로 편찬하였습니다. 사람의 생사, 개인의 미래에 관한 천기는 수록하지 말라 하셨습니다.

강론 안내:

· 하나님께서는 지금도 매일 저에게 새로운 하늘의 비밀의 말씀을 내려 주고 계십니다. 수시로 내려 주시는 말씀을 정리해서 제자를 육성하라는 말씀에 따라 매주 강론을 하고 있습니다. 누구나 무료로 들으실 수 있습니다. (book160.com)

《새로운 성경》을 읽는 분들에게 드리는 선물:

· 개인 기도: 개인의 과거, 현재, 미래에 관하여 말씀을 내려 주십니다.

· 음식 처방: 사람은 음식을 먹고살다가 건강을 잃으니, 음식과 운동으로 건강을 되찾는 방법을 알려 드립니다. 단, 하나님이 계심을 믿고, 십계명을 지키겠다고 진실로 서약하는 분들께 알려드립니다.

《새로운 성경》의 은혜와 기적:

· 새로운 성경 전160권은 16권씩 묶어서 총 10부의 모음집으로 구성됩니다. 모음집 한 부를 읽고 깨우치는 자에게 하나님께서 다음과 같은 기적이 있다고 하셨습니다.

· "첫째, 그가 죽어 하늘에 갔을 때 그의 죄를 묻지 아니하며, 구원을 받는 위대한 은혜가 있으며, 둘째, 그의 소원과 소망이 이루어지고, 셋째, 죽은 자(부모, 형제, 자식, 사랑하고 은혜 입은 분)의 이름으로 구입한 책을 읽고 누군가 한 사람이 깨우칠 때, 그 죽은 자가 지옥에서 천국으로 구원을 받게 되며, 넷째, 유산, 중절 수술 등으로 태어나지 못한 아이를 위하여 구입한 책을 보고 한 명이 깨우쳤을 때, 그 아이가 사람으로 다시 한 번 태어나는 은혜를 받는다."

· "새로운 성경"을 3회 이상 정성을 다해 정독하는 자, 성서의 비밀을 알게 되고, 세상의 이치를 알게 되며, 세상을 지배하고 통제할 수 있는 지혜를 다 얻게 된다고 하셨습니다. 이 책은 만백성이 정독하고 이웃에게 전하여, 평생 가슴에 묻은 슬픔과 고통의 짐을 벗고 미래를 위한 힘찬 삶을 살아가도록 하는 책입니다.

끝으로

· 하나님께서는 흰 눈이 세상을 덮듯이 새로운 성경을 온 세상에 전하라고 하셨습니다. 《새로운 성경》을 각국어로 번역해서 온 인류에게 구원의 길을 깨우쳐 주고, 그 수익으로 가난하고 어려운 백성을 구제하여, 만백성의 영과 육을 함께 구원하는 선지자의 임무를 수행하라고 저에게 명하셨습니다.

· 하늘에서 내려 주신 말씀의 보화를 만백성에게 나누어 주는 것이 선지자의 임무라고 하셨습니다. 새로운 성경을 통해서 얻는 재물을 사용할 곳도 하나님께서 일일이 명해 주십니다. 모든 재물은 저의 자의로 쓸 수 없고, 하나님께서 명하시는 대로만 쓰여집니다.

· 어떤 명분으로든 십일조나 각종 헌금을 거두어들이지 말라 하셨으며, 국내뿐 아니라 각국에 성전과 단독 서점을 운영하며, 한국의 많은 젊은이들을 전 세계에 지도자로 내보내라고 하셨습니다.

· 우리는 세계적으로 새로운 성경을 보급하며 어려운 이들을 돕는 역사를 해 나갈 것입니다. 지금까지 비록 몇 명 안 되는 제자들과 함께 이러한 일을 역사했지만, 앞으로도 계속 하나님께서 기뻐하시는 일들을 해 나갈 것입니다. 부족한 저희에게 여러분들의 지혜와 성원을 보내 주시기를 바랍니다. 많은 분들의 참여와 도움을 간절히 기다립니다. 감사합니다.

한국어로 내려온 《새로운 성경》 단행본을 출간하며
2016년 4월 10일

발행인 **김 용 철**

한국어로 내려온

새로운 **성 경** · 4부 · 제55권

지은이 하나님 말씀
대역자 김용철

초판인쇄 1쇄 2017년 4월 3일

펴낸 곳 도서출판 하얀마음
등록번호 제 10-2107호 (2001년 2월 14일)
주소 서울시 노원구 덕릉로86길5, 2층
전화번호 02) 313-1114
팩스 02) 393-5554
전자우편 book160@hanmail.net
편집위원 조나영 김미향 이석교
제작지원 김서영 이상빈 김정기 이병우 이순남 서성자 이규숙

도서상담 1600-7527
ISBN 978-89-5875-155-7 (04230)
978-89-5875-100-7 (세 트)

값 10,000원
잘못된 책은 구입하신 곳에서 바꾸어 드립니다.

※이 책은 10부로 제작되며, 각 부 16권씩 총160권으로 구성됩니다.※

1부	2부	3부	**4부**	5부	6부	7부	8부	9부	10부
1권	17권	33권	49권	65권	81권	97권	113권	129권	145권
2권	18권	34권	50권	66권	82권	98권	114권	130권	146권
3권	19권	35권	51권	67권	83권	99권	115권	131권	147권
4권	20권	36권	52권	68권	84권	100권	116권	132권	148권
5권	21권	37권	53권	69권	85권	101권	117권	133권	149권
6권	22권	38권	54권	70권	86권	102권	118권	134권	150권
7권	23권	39권	**55권**	71권	87권	103권	119권	135권	151권
8권	24권	40권	56권	72권	88권	104권	120권	136권	152권
9권	25권	41권	57권	73권	89권	105권	121권	137권	153권
10권	26권	42권	58권	74권	90권	106권	122권	138권	154권
11권	27권	43권	59권	75권	91권	107권	123권	139권	155권
12권	28권	44권	60권	76권	92권	108권	124권	140권	156권
13권	29권	45권	61권	77권	93권	109권	125권	141권	157권
14권	30권	46권	62권	78권	94권	110권	126권	142권	158권
15권	31권	47권	63권	79권	95권	111권	127권	143권	159권
16권	32권	48권	64권	80권	96권	112권	128권	144권	160권